Schwarze Magie

Ansha

Schwarze Magie

Wie sie wirkt
und wie wir uns davor schützen

LUDWIG

Inhalt

8 Schwarze Magie – ein gefährliches Thema

Wer sich mit Magie befasst, egal ob es sich dabei um schwarze oder weiße Magie handelt, wird sich den Abgründen der Seele stellen müssen.

8 Von der niederen zur hohen Magie

9 Tod und Teufel oder Gott und die Welt?

11 Wie man seine Seele dem Teufel verkauft

Schwarze Magie beruht auf Angst. Es ist die Angst, die die Seele auffrisst. Um sich von ihr zu befreien, besteht oft die Gefahr, einen Pakt mit dem Teufel zu schließen.

12 Wie man seine Seele findet

13 Wie man den Teufel findet

15 Kontakt mit der dunklen Seite

17 Mystery oder Mysterium

Dem Schatten begegnen heißt, sich selbst kennen zu lernen. Doch dazu gehört Mut und Kraft.

21 Weiße Magie – das helle strahlende Licht

Bei der weißen Magie geht es um ethische Werte, Ideale und Erlösung. Doch jedes Licht wirft auch Schatten. Oft können Moralvorstellungen zu Dogmen werden.

21 Moral und Ethik im Wandel der Zeit

25 Der Schatten hinter der schönen Maske

31 Schwarze Magie – kein Licht ohne Schatten

In den Antipoden Gut und Böse, Himmel und Hölle, Schwarz und Weiß erklärt sich die Welt: So wird schwarze Magie oft mit Satanismus, schwarzen Messen und Schadzauber in Verbindung gebracht.

31 Das Tier 666 und schwarze Vögel

33 Satanismus und schwarze Messen

40 Gifttränke, Schadzauber und Dämonen

41 Zaubertränke und Placebos

45 Formen der Angst und der Magie

49 Grundtechniken der praktischen Magie

Wesentliche Techniken der schwarzen sowie der weißen Magie sind Rituale, um sich zu erden, zu zentrieren, sich zu schützen und zu reinigen.

50 Erdung – der feste Halt im Hier und Jetzt

53 Schützen und Bannen – Sicherheit hinter dem Schutzwall

In vielen Kulturen haben sich Rituale herausgebildet, durch die Dämonen, Geister und böse Gestalten gebannt werden sollen.

58 Reinigung – energetische Ablagerungen vermeiden

60 Der Ritualaufbau

64 Zaubern für sich und andere

71 Tabuisierte Ängste – Verbote verlocken

Ein Tabu zu brechen und Verbote zu übergehen, schadet der Gemeinschaft. Um die zerstörerische Macht des eigenen Gewalt- und Aggressionspotenzials zu kontrollieren, bedarf es der Selbstdisziplin.

71 Das Gute und das Böse

73 Tod und Sterben

75 Wut, Hass und Zerstörung

77 Ekel und Widerwärtigkeiten

78 Scham, Schuld und Sex

80 Weibliche Mysterien und männliche Initiationen

83 Grundtechniken der imaginativen Magie

Die Magie der Einbildungskraft schöpft aus den Tiefen des Unbewussten. Über Visualisierungstechniken, Träume und Trancen verschafft man sich Zugang zu den inneren Welten.

83 Der Bildervorrat des Unbewussten

84 Visualisieren – sich ein Bild machen

85 Träume – der Weg nach innen

87 Trancen – die Suche nach Visionen

88 Reise in die Welt der vier Elemente

90 Die Macht des Glaubens

95 Begegnung mit lichtscheuem Gesindel

Welche Tiere lösen Furcht aus, bei welchen verspüren wir Abscheu und Ekel? Tiere, die uns in Träumen begegnen, geben uns Aufschluss über Ängste aber auch über Kräfte.

97 Spurensuche in der inneren Wildnis

108 Geister, Monster und andere Spukgestalten

111 Hexen, Mütter und Giftspritzen

112 Turm, Tod und Teufel – Angstmacher im Tarot

123 Wie man Dämonen beschwört

Durch das Überwinden von Ängsten werden Energien freigesetzt. Wer sich von Spukgestalten und Dämonen befreien will, muss sie zuerst anschauen.

123 Einen Dämon ans Licht zerren

125 Die Dämonen beleuchten

128 Wie Dämonen entmachtet werden

130 Einen Dämon abbilden

135 **Grundtechniken der hohen Magie**

Bei Techniken wie der Evokation, Invokation und dem bewussten Wünschen wendet man sich mit Hilfe seiner Vorstellungskraft geistigen Wesen und Gottheiten zu.

135 Die offenen Geheimnisse der Magie

141 Evokationen – mit den Göttern reden

144 Invokation – die göttliche Ekstase

145 Wünschen – wenn Bilder Wirklichkeit werden

149 **Mit dem Schatten sprechen**

Um sich mit den dunklen Seiten der Seele auseinander zu setzen, braucht es Mut, Neugier und das Verlangen, sein Bewusstsein zu erweitern. Erst dann kann der Teufel regelrecht an die Wand gemalt werden.

149 Gute Götter, schlechte Götter

152 Wie im Himmel, so auf Erden

155 Der vollkommene Gott

156 Ein Sack voller Schatten

161 Eine praktische Einrichtung – der Sündenbock

163 **Höllische Verhältnisse**

Mythologien und Religionen erzählen von der Teilung in Oben und Unten. Je nach Kulturkreis haben sich verschiedene Vorstellungen von der Unterwelt entwickelt.

163 Jedem seine eigene Hölle

164 Auswirkungen geleugneter Dämonen

167 Himmel und Höllen

177 **Höllenfahrten und schwarze Magie**

Grenzen überwinden und Erleuchtung erfahren, das ist das große Ziel. Doch zuvor geht der Weg durch die Hölle, wo die Götter der Unterwelt herrschen.

177 Abstieg in die Hölle

178 Die Mysterien von Eleusis

182 Gehen Sie doch zur Hölle!

185 Hilfe von den Bewohnern der Unterwelt

186 Saturn – Unfähigkeit oder Selbstbewusstsein

189 Pluto – Ohnmacht oder Macht

192 Hekate – Unsicherheit oder Souveränität

195 Hel – Verschleierung oder Klarheit

197 Nornen – Verwirrung oder Willensfreiheit

Das Grauen und die Angst begleiten die Reisenden auf ihrer Fahrt in die Unterwelt. Was wird sie erwarten?

200 Luzifer – Überheblichkeit oder Selbsterkenntnis
203 Satan – Verführung oder Verantwortung
206 Von einer, die auszog, das Fürchten zu lernen

211 Chaotische Zustände

Vor jeder neuen Ordnung herrscht Chaos. Die Welt des Chaos ist mit Göttern bevölkert, die Archetypen sind für Zweifel, Auflösung und Unsicherheit.

211 Vorstellungen vom Weltenbeginn
212 Praktische Chaoserfahrung
213 Ein bisschen Chaos muss sein
218 Die großen Chaoten
218 Neptun – Rausch oder Mysterium
221 Dionysos – Wahnsinn oder Göttlichkeit
222 Odin – Wildheit oder Weisheit
224 Loki – Verschlagenheit oder Intelligenz
226 Tiamat – verschlingende oder zerstückelte Mutter
228 Kali Ma – Zerstörung oder Schöpfungskraft
230 Der Teufel – Lügen oder viele Wahrheiten
232 Chaosmagie

237 Jenseits von Gut und Böse

Das selbst bewusste, befreite Individuum weiß um die Verantwortung, die es für seine Taten trägt. Aber es weiß auch von seinem freien Willen, den es besitzt.

237 Vom Teufel und »negativen Wesenheiten«

Die Schlange steht für Verführung und Nichtbeachtung von Verboten. Das Brechen von Tabus setzt Kräfte frei, die zerstörerisch wirken können.

238 Über den Schatten springen
239 Das Mysterium der Entscheidung

242 Literatur
246 Über dieses Buch
247 Register

Schwarze Magie – ein gefährliches Thema

Wer von Magie spricht, wird meist betonen, dass er die weiße Magie meint. Kaum jemand wagt es, sich zur Praxis der schwarzen Magie zu bekennen, es sei denn, um seine Gesprächspartner zu schockieren oder ihnen Angst einzujagen.

Ich möchte Sie mit der schwarzen Magie bekannt machen und Sie dazu einladen, sich den Abgründen der Seele zu stellen – eine Einladung, die nicht ganz frei von Gefahren ist, denn sie führt über schmale Grate. Rechts und links davon liegen Perversion, Kriminalität und Wahnsinn, aber auch Erleuchtung und Selbstverantwortung. Nur mit Achtsamkeit und Bewusstsein kann man versteckte Bedrohungen erkennen und Risiken umgehen und aus den gewonnenen Erkenntnissen eine Einweihung oder Initiation oder, anders ausgedrückt, eine neue Stufe der persönlichen Freiheit erreichen. Die schwarze Magie ist der Weg vom unbewussten Ich zum selbstbewussten Individuum. Deshalb möchte ich eine Warnung aussprechen: Wer sich mit schwarzer Magie beschäftigt, muss geistig gesund und gefestigt sein. Sollten Sie echte psychische Probleme haben, kann die Auseinandersetzung mit ihren Techniken und Denkweisen für Sie wirklich böse Folgen haben. Denn was immer hier vorgeschlagen wird, dient dazu, sich selbst ehrlich ins Gesicht zu sehen. Auch wenn man dabei manchmal den Eindruck hat, einer abstoßenden Fratze zu begegnen.

Der Abyssus ist der bodenlose Abgrund, die unbekannte, gefahrvolle Tiefe zwischen den geistigen Welten, den es zu überqueren gilt, um zu neuen Erkenntnissen zu gelangen.

Von der niederen zur hohen Magie

Sowohl die schwarze wie die weiße Magie spielen sich auf verschiedenen Ebenen ab. Die unterste, nicht immer schlechteste Form ist die der praktischen Magie, der Volksmagie oder der niederen Magie. Sie beinhaltet die Grundübungen Wahrsagen, Analogie- und Sympathiezauber, Schutz- und Bannrituale und viele andere Fähigkeiten. Doch in der Einfachheit liegt auch die größte Gefahr: Das unreflektierte Ausführen von »Rezepten« fördert den Aberglauben und kann sogar sehr gefährlich für den unbedarften Anwender werden. Die nächste Stufe ist die imaginative Magie, bei der die praktischen Übungen weniger mit materiellen Hilfsmitteln als im Geist durchgeführt werden. Viele schamanische Techniken haben hier ihren Ursprung – Trancen, Visualisierung und auch die Beschäftigung mit Träumen gehören dazu und das Wünschen und Wollen. Auch hier gibt es alle Schattierungen von Weiß bis Schwarz und die entsprechenden positiven und negativen Auswirkungen. Die hohe Magie verzichtet fast vollständig auf Materielles und ist ein rein geistiger Akt. In ihr verbergen sich die wahren Mysterien, und je nachdem, wie man sich ihnen nähert, führen sie zur Erleuchtung oder zum Wahnsinn.

Es gab und gibt viele Religionen und Glaubensrichtungen, die auf eine eindeutige Personifizierung des Bösen verzichten können.

Tod und Teufel oder Gott und die Welt?

Einst waren Magie und Religion ein und dasselbe, im Laufe der Jahrhunderte trennten sich aber die Auffassungen. Religion betrifft die Götter, die der Mensch verehrt, und die Rituale, Mythen und Traditionen, die sich damit verbinden. Magie hingegen ist nicht gebunden an ein bestimmtes Glaubenssystem, sondern nutzt die magischen Kräfte, die so allgemeingültig sind wie die Naturgewalten. Zwischen Magie und religiösen Systemen gibt es jedoch noch immer Überschneidungen.
Überall bekannt sind selbstverständlich die positiven und negativen Auswirkungen der unsichtbaren Kräfte, und in allen Kulturen wurden diese Eigenschaften stark personalisiert. Im christlich-abendländischen Denken steht der Teufel für das Böse. Damit wird die schwarze Magie auch immer wieder in einem Atemzug mit ihm und seiner dämonischen Gefolgschaft genannt. Göttliche Lichtgestalten, Engel und andere himmlische Gehilfen werden in der weißen Magie bemüht. Gerade im Schattenbereich zwischen beiden Polen liegt die größte Herausforderung für jeden einzelnen Menschen. Diesem Zwischenreich ist dieses Buch gewidmet. Sollte Ihnen dieses mystisch verhüllte Gebiet Angst einflößen, so denken Sie daran, dass der beste Schutz vor den »höllischen Kräften« ein Lachen ist. Denn wie schon Mephisto, der charmante teuflische Schlawiner in Goethes »Faust« sagt: »Ich bin ein Teil von jener Kraft, die stets das Böse will und stets das Gute schafft.«

Wie man seine Seele dem Teufel verkauft

Es ist Ihnen sicher schon einmal passiert: Man hat Sie geärgert, und nicht nur das, man hat Sie verletzt und beleidigt, zu Unrecht beschuldigt, Ihre Selbstachtung in den Staub getreten und Sie in Ihrer freien Entfaltung behindert. Sie sind hasserfüllt, zornig, erbittert und gekränkt, und was die Sache noch viel schlimmer macht – Sie sind ohnmächtig! Sie haben keine Möglichkeit, sich gegen den Verursacher all diesen Ärgers zu wehren, weil Konventionen, Regeln oder Gesetze das verhindern.

Was liegt also näher, als die magischen Kräfte einzusetzen, um aus diesem Dilemma herauszukommen. Zu passender mitternächtlicher oder späterer Stunde gehen Sie an einen Ort, der an Schaurigkeit nichts zu wünschen übrig lässt, und rufen dort die Mächte der Finsternis an – die Dämonen, die alten, rachsüchtigen Götter und Göttinnen oder gar den Höllenfürsten selbst. Ihnen übermitteln Sie Ihren Wunsch nach Rache, geben den Auftrag, denjenigen zu schädigen, der Sie so tödlich beleidigt hat. Willig sind die Geschöpfe des Bösen, und sie werden tun, was ihnen aufgetragen wird. Sie können, ja, Sie müssen sich jetzt entspannt zurücklehnen und beobachten, wie die angerufenen Kräfte ihr schreckliches Werk vollbringen und Sie selbst dafür Erfolg, Reichtum, Liebe und Ruhm erlangen.

Aber so ganz ohne Gegenleistung von Ihrer Seite können Sie diesen Auftrag denn doch nicht vergeben – wie alles im Leben muss für eine Leistung bezahlt werden. Womit, das bestimmen die Vertragsbedingungen mit dem Teufel: Er will nämlich Ihre Seele dafür haben. So schreibt es das Regelwerk der schwarzen Magie vor, wie es seit den dunklen Tagen des Mittelalters überliefert wird. Solche Ideen haben viel Leid über die Menschen gebracht, denn sie haben die neidvolle Vorstellung genährt, dass diejenigen, die ein glücklicheres und erfüllteres Leben als andere führen, einen Pakt mit dem Teufel geschlossen haben. Heute stellt sich allerdings die Frage, ob ein glückliches und erfülltes Leben nur dann zustande kommen kann, wenn man einen Vertrag mit dem Bösen hat.

Widmen wir uns dieser Frage etwas näher!

Schwarze Magie wird unreflektiert immer zuallererst mit dem Teufel und höllischen Mächten in Verbindung gebracht. Das Gebiet ist aber weit vielschichtiger.

Bild links: Faust geht mit Mephisto in Goethes Drama einen Pakt ein. Mephisto bietet ihm an: »Ich will mich hier zu deinem Dienst verbinden,/ Auf deinen Wink nicht rasten und nicht ruhn;/ Wenn wir uns drüben wieder finden,/So sollst du mir das Gleiche tun.«

Die Menschen des Mittelalters hatten genaue Vorstellungen vom Teufel und von der schrecklichen Hölle, in der die Bösen nach dem Jüngsten Gericht gequält wurden.

Wie man seine Seele findet

Die Sprache der Magie, auch die der schwarzen Magie, enthüllt wichtige Wirkungsweisen der Psyche. Darum ist sie noch immer aktuell, und man sollte sich mit ihr kritisch befassen.

Betrachtet man den Teufelspakt als glaubwürdig, so gibt es zwei wesentliche Voraussetzungen. Die erste bedeutet, dass man wohl eine Seele hat. Es gibt Zweifler, die diese Voraussetzung in Frage stellen. Für sie dürfte sich das ganze Thema erledigt haben. Sie sollten das Buch an dieser Stelle zuschlagen. Betrachtet man diese Voraussetzung jedoch als gegeben, so kommt man sofort in Definitionsschwierigkeiten. Denn was ist eine Seele? Haben Sie mit Ihrer Seele schon einmal Kontakt gehabt? Haben Sie irgendeine Vorstellung, welcher Art diese Seele ist?

Viele philosophische und/oder esoterische Lehren und Meinungen existieren über die Seele. Mal wird sie als immateriell dargestellt, mal hat sie Substanz, mal steht sie im Gegensatz zum materiellen Körper, mal ist sie Teil davon, mal ist sie sterblich zusammen mit dem Leib, mal unsterblich. Sofern davon ausgegangen wird, dass die Schöpfung der Welt inklusive der Menschen sinnvoll ist, steht die Seele auch mit den Schöpfungskräften in Verbindung, kann Teil davon sein, kehrt dorthin zurück oder löst sich im Ganzen auf. Frauen, Fremden und Tieren wurde und wird sie häufig abgesprochen, aber in alten Schlössern und auf Friedhöfen spukt sie als Geistwesen herum, und den Okkultisten machen sich die Seelen der Verstorbenen durch vehementes Tischrücken verständlich. Im Christentum wird die Seele erlöst, bei den Griechen und Germanen trieb sie sich in Schatten- und Nebelwelten herum, im Buddhismus und Hinduismus wandert sie, und in der Psychologie, der »Lehre von der Seele«, wird sie schließlich klinisch behandelbar.

Die Notwendigkeit, sich seines Selbst bewusst zu werden

Seele – das ist Glaubenssache, und daher werden Sie, entsprechend der Tradition, der Sie sich verbunden fühlen, eine eigene Vorstellung von Ihrer Seele haben. An dieser Stelle brauchen wir aber eine Definition, um überhaupt weiterzukommen. Am einfachsten ist es daher, den Begriff oder die Idee der Seele als ein vielschichtiges Symbol darzustellen, das alles das beinhaltet, was das Bewusstsein eines Lebewesens ausmacht – die Erinnerungen und Gedanken, die Gefühle und Ahnungen, die Ängste und die Träume, das offensichtliche und das verborgene Wissen, die Quelle der Inspiration und die bekannten und die noch unerkannten Fähigkeiten.

Noch heute besteht die katholische Kirche darauf, dass es den Teufel gibt. Aber auch das ist nur eine von vielen Meinungen.

Um diese Seele kennen zu lernen – und so neugierig sollte eigentlich jeder Mensch sein –, muss man nur versuchen, sich selbst so gut wie möglich kennen zu lernen. Wenn man dann seine Seele gefunden hat, kann man auch entscheiden, wem man sie verkaufen will. Sofern das dann überhaupt noch zur Debatte steht.

Wie man den Teufel findet

Die zweite Voraussetzung für den Vertrag ist selbstverständlich die Existenz des Teufels. Auch hier gibt es Zweifler. Auch wenn Sie nicht an den Teufel glauben, sollten Sie weiterlesen, denn an diesem Zweifel entzündet sich die ganze Diskussion um die schwarze Magie.

Auch über den Teufel gibt es unzählige Vorstellungen und Vermutungen. Er ist der Herr der Finsternis, der gefallene Engel, die Schlange im Paradies und der große Verführer. Alle niederen Triebe, die wir Menschen unter der zivilisierten Oberfläche so schamhaft verstecken, vor allem aber die Sexualität, werden mit ihm in Verbindung gebracht, er ist der Versucher und der ewige Fragensteller, und leider steckt er häufig im Detail. Mit Lust und Akribie wird der

Teufel mitsamt seinen verworfenen Taten in Legenden und Märchen geschildert, kaum eines der Kirchengemälde verzichtet auf eine ausgefeilte bildliche Darstellung des Gehörnten. Über die Biografie des Höllenfürsten werden Sie in den folgenden Kapiteln noch einiges erfahren. Auch hier treffen wir zunächst einmal auf die Annahme, dass die Idee des Teufels als Symbol zu sehen ist, das für das Böse steht. Und wie alle Symbole ist auch dieses mehrschichtig.

In gewissen esoterischen oder weißmagischen Richtungen ist es üblich, die Existenz des Bösen zu leugnen und durch lichtvolle Blicke gen Himmel zu ersetzen. Aber das Verdrängen der dunklen Kräfte hat noch keinem Menschen Glückseligkeit geschenkt.

Es ist das Recht eines jeden Einzelnen, bestimmte Türen zur eigenen Unterwelt geschlossen zu halten, wenn man selbst oder die Zeit noch nicht reif ist, sie zu öffnen.

Nehmen Sie, so unangenehm es Ihnen auch erscheinen mag, zur Kenntnis, dass es das Böse gibt. Es ist immer und überall, und es steckt auch in Ihnen. Haben Sie es schon entdeckt und einen Vertrag mit ihm gemacht?

Die Suche nach den eigenen Abgründen

Bei der Suche nach der eigenen Seele oder dem Selbst stößt man automatisch auf Gebiete, die man lieber nicht betreten möchte. Da kochen wütende Rachegefühle auf, dort treibt einem die Scham die Röte ins Gesicht, hier würgt die Trauer einem schier das Herz ab, und die Angst legt sich beklemmend um die Brust. Ganze Scharen von Dämonen könnte man da wecken, und oft genug treiben sie in Alpträumen, unkontrollierten Angstvorstellungen und seltsamen Ausbrüchen ihr Unwesen. Sie mögen sich nun sagen, dass Sie ein durchaus ausgeglichener Charakter sind und diese staubigen Kellerecken ganz gut ignorieren können.

Natürlich, man kann mit ihnen leben, man kann die Türen vor den lichtlosen Räumen bewusst verschlossen halten. Einige muss man sogar meiden, denn sie zu betreten ist nicht zu jeder Zeit sinnvoll und oft sogar gefährlich. Aber bei anderen, die man nur aus Bequemlichkeit nicht aufräumen will, stecken unter den alten Gerümpelhaufen meist auch ein paar Kostbarkeiten, an die man erst herankommt, wenn der Müll beseitigt ist. Kurz gesagt, im Schattenbereich liegen Schätze vergraben. Und die kann man erst heben, wenn man in einem schwarzmagischen Akt die Dämonen der Unterwelt beschwört. Dazu muss man sich aber erst einmal bewusst werden, dass es eine Unterwelt gibt, die mit Unholden bevölkert ist.

Kontakt mit der dunklen Seite

Zu diesem Bewusstwerden gehört also die Konfrontation mit den dunklen Seiten der Seele. Es gibt dazu verschiedene Möglichkeiten. Eine davon ist die Magie, und sie ist ein sehr alter Weg voller kraftvoller Bilder. Bei der Suche nach der Selbsterkenntnis ist er jedoch ein Weg wie die anderen mehr oder weniger spirituellen Wege auch. Die magischen Techniken sind dabei die Hilfsmittel und die Wegweiser bei der Ergründung der Mysterien. Will man sie nutzen, muss man sich auch mit den unterschiedlichen Formen der Magie auseinander setzen. Wie ein Apotheker die heilenden Mittel kennt, aber auch die Gifte, so muss man, um Überblick zu erlangen, auch die dunklen Seiten der Magie ergründen. Dazu gehört die Auseinandersetzung mit dem Phänomen von Gut und Böse.
Bevor Sie damit beginnen, lernen Sie ein paar Grundsätze von den alten Magiern, denn diese haben sinnigerweise immer dann, wenn sie sich den dunklen Kräften genähert haben, Schutzmaßnahmen ergriffen, um nicht in die Klauen der höllischen Geister zu geraten. Nachdem sie sich ihrer Hilfen versichert hatten, verbannten sie die üblen Gestalten sorgfältig dorthin zurück, wo sie hingehörten.

Das Geschäft mit der Angst betreiben bei weitem nicht nur schwarze Magier, sondern auch ganz harmlos erscheinende Menschen und Institutionen.

Dieser Holzschnitt aus dem Jahr 1608 zeigt den Herren der Hölle und wie die Menschen versuchten, sich mit Hilfe eines Bannkreises gegen ihn zu schützen.

Angst – Ursache und Wirkung der schwarzen Magie

Ergründen Sie einmal, wie es um Ihr Befinden bestellt ist. Wann sind Sie zufrieden, heiter und zuversichtlich? In einem Augenblick, in dem keine Angst Sie behindert! Wenn Sie eine Sache – oder sich selbst – souverän beherrschen, dann haben Sie keine Angst vor dem Versagen und sind erfolgreich. Wer unsicher, gehemmt, kleinmütig und eingeschüchtert ist, kann nicht gleichzeitig gelöst und glücklich sein. Vor allem aber ist er angreifbar durch seine Ängste. Alle schwarze Magie beruht auf Angst – entweder indem sie Angst verursacht oder indem sie Angst überwindet. Darum müssen wir uns zunächst mit der Angst befassen.

Angst blockiert unsere Kräfte – außer wenn wir tatsächlich in eine gefährliche Situation geraten. Dann aktiviert sie unsere Instinkte.

Was heißt Angst haben?

Unsere Vorfahren hatten ganz klar umrissene Ängste. Sie fürchteten sich, wenn ein wildes Tier sie angriff, der Blitz neben ihnen einschlug, der Wald brannte oder eine Flutwelle ihr Lager bedrohte. Solche Gefahren führen zu einer ganz realen, überaus nützlichen Furcht, die sich in körperlichen Reaktionen niederschlägt, den Fluchtinstinkt mobilisiert oder die Kraft zur Verteidigung gibt.
Wir entwickelten uns weiter, wurden komplexer in unseren Gesellschaftsformen und Techniken. Und heute haben wir zusätzlich Angst davor, was die Nachbarn oder Kollegen sagen, den neuesten modischen Trend verpasst zu haben, nicht ausreichend versichert zu sein, mit verschmiertem Make-up herumzulaufen oder eine Schramme ins Auto zu fahren.
Gesunde Furcht muss sein. Wenn Sie ein wütender Pitbull anknurrt, dann sollten Sie sich vorsichtig entfernen und Ihrem Fluchtinstinkt dringend nachgeben. Auch wenn Sie nachts allein in einer leeren U-Bahn sitzen und eine Gruppe zwielichtiger Gesellen randalierend zusteigt, schärft die Angst die Sinne und macht handlungsbereit. Die andere Form der Angst hat keinen objektiven Anlass, kein von außen auftretendes Bedrohungsmoment, sondern kommt aus uns selbst heraus, etwa die Angst, in einer Prüfung zu versagen. Auf dieser Form der inneren Angst basiert alles das, was wir unter schwarzer Magie verstehen, und über sie kommen der Mensch und der Teufel zusammen. Es ist die Angst, die die Seele auffrisst, und damit ist der Pakt besiegelt.

Mystery oder Mysterium

»Das Wesentliche bleibt mysteriös und wird es immer bleiben, kann nur erfühlt, aber nicht erfasst werden«, schrieb Albert Einstein. Mysterien, sagt man, sind etwas Geheimnisvolles – und was muss der Mensch mehr wissen, um sofort eine ungebändigte Neugier zu entwickeln, um hinter diese Geheimnisse zu kommen. So wirken auch Magier und andere Wissende, die über Kenntnisse verfügen, die für den normalen Menschen verborgen sind, meist ein wenig beängstigend. Sie haben den Schleier vor dem Mysterium gehoben und mehr oder weniger tiefe Einblicke erhalten. Ihr Handeln und ihr Rat erscheinen manchmal seltsam, manchmal lächerlich, oft unlogisch, aber immer etwas unheimlich.

Darum hat alles, was mystisch erscheint und hinter dem Schleier des Unerklärlichen verborgen ist, einen düsteren Anklang, was der Neugier zusätzlich noch den prickelnden Reiz der Gefahr und des Abenteuers hinzufügt.

»Myein« ist ein griechisches Wort und bedeutet: »Ich schließe meine Augen«. Denn mit geschlossenen Augen sehen wir die inneren Geheimnisse.

Ein angenehmer Schauder

Angst ist also offensichtlich nicht grundsätzlich etwas Negatives, nicht in jedem Fall ein unerwünschtes Gefühl. Es gibt zwar die unangenehmen Seiten wie die lähmende Angst, die würgende Angst oder die panische Angst, es gibt aber auch so etwas wie »schöne« Angst. Das ist ein Begriff, den wir bei der Beobachtung des leicht verrückten Verhaltens unserer Katze entwickelt haben. Wenn ihr ganz offensichtlich das Fell juckt und sie etwas Nervenkitzel braucht, kratzt sie verbotenerweise an den Möbeln, damit wir aufspringen und drohende Geräusche machen. Dann rast sie mit freudig aufgerichtetem Schwanz laut maunzend außer Reichweite – um sich kurz danach wieder anzuschleichen und die Krallen in das Sofa zu graben. Sie liebt diese »schöne« Angst. Und nicht nur Katzen verschaffen sich dieses Gefühl. Psychologen bezeichnen es als »Lustangst«.

Vergleichbar ist diese Angst bei Menschen wohl am ehesten mit den Gefühlen, die uns in Wettkampfsituationen oder in der Form des Lampenfiebers vor öffentlichen Auftritten packt. Diese Art der Angst stimuliert und setzt Energien und Kraftreserven frei, sie ist Antrieb und Motivation, mit ihrer Hilfe entstehen sportliche Rekorde oder auch künstlerische Höchstleistungen.

Das gefährliche Spiel mit der Angst

Eine seltsame Abart der Angst verschaffen wir uns zur »Entspannung«, denn die gesamte Film- und Fernsehindustrie lebt davon. Krimis, Horror- und Katastrophenfilme und Mysteryserien erfreuen sich bei vielen größter Beliebtheit. Ohne Gänsehaut und Grusel scheint ein Medienspektakel schon gar nicht mehr sehenswert, und die Filmemacher werden immer perfekter darin, das Grauen zu schüren. Es heißt, dass der steigende Konsum derartiger Darstellungen darauf beruht, dass wir unsere Ängste immer offener bekennen und zu bewältigen versuchen. Aber da, wie wir später noch sehen werden, der Weg der Bilder in Bezug auf die Seele keine Einbahnstraße ist, tritt hier auch ein umgekehrter Effekt ein. Schreckensbilder stumpfen nur äußerlich ab, sie nisten sich auch ein und wirken aus unerkannten Tiefen weiter.

Kindern, die das echte Grauen erlebt haben, sei es als Kriegsflüchtlinge, bei Katastrophen oder in zerrütteten familiären Verhältnissen, gesteht man zu, dass sie seelischen Schaden nehmen. Kindern, die sich Horrorfilme ansehen, sollen von den Bildern des Grauens seelisch unberührt bleiben?

Wenn Angst geschürt wird, bleibt das nicht ohne Folgen für den seelischen Haushalt, auch wenn wir uns dessen gar nicht bewusst sind.

Bis in den Schlaf verfolgt

Mystery ist das Spiel mit der Angst vor dem Unbekannten. Aus dem Spiel wird bitterer Ernst. Wenn wir aus einem Alptraum aufwachen, der ähnlich schreckenerregende Szenen in unserem Schlaf schafft, können wir beklemmende Gefühle, Grauen oder Unbehagen manchmal stundenlang nicht abschütteln. Oder stellen Sie sich vor, ein Wahrsager prophezeit Ihnen einen Unfall in naher Zukunft. Sie mögen die Aussage zwar belächeln, aber wird Sie nicht eine unterschwellige Angst die folgenden Tage begleiten?

Eine Frau mit stechendem Blick, die einen Fluch über Sie ausspricht, können Sie mit einem Schulterzucken ignorieren, aber unbehaglich werden Sie sich wahrscheinlich dennoch fühlen. Der Astrologe, der mit bedenklich gesenkter Stimme von einem Saturn-Return und anstehenden Lebensprüfungen spricht, mag für Sie ein Scharlatan sein, aber lässt Sie die Aussage wirklich völlig kalt? Es sind die Bilder der Angst, die hier ihren Einfluss ausüben – Vorstellungen von Unfall, Verfluchung oder Prüfung.

Eine Übung für Unerschrockene

Es ist ganz unterhaltsam, sich in der Theorie über die verschiedenen Formen der Ängste Gedanken zu machen, doch in der Praxis ist der Umgang mit der Angst meist ganz anders. Bevor Sie sich also über die Analyse Ihres eigenen Schattenbereichs und der darin lauernden Dämonen hermachen, sollten Sie sich einer ganz konkreten Angstsituation aussetzen. Keiner, in der Anlass zur Furcht aufgrund von Bedrohung besteht, sondern eine Situation, die nur ein kleines bisschen Angst einjagt.

Wahrscheinlich besuchen Sie hin und wieder das Grab eines Verwandten oder Freundes, um entweder Unkraut zu zupfen, ein paar Blumen oder Kerzen aufzustellen oder für ihn zu beten. Dem Verstorbenen den einen oder anderen Gedanken zu schicken, das ist wahrlich keine Furcht erregende Situation.

Nun machen Sie ein Experiment: Gehen Sie doch einmal in einer mondlosen Nacht um Mitternacht auf den Friedhof, und besuchen Sie das Grab des Verstorbenen. Anschließend denken Sie über Ihre Gefühle nach.

Das Mysterium ist im Gegensatz zur Mystery kein Spiel mit der Angst mehr, sondern die ernsthafte Begegnung mit dem Unbekannten. Aus ihr kann man sehr viel lernen.

Im Reich der Schatten lauert das Unheimliche, Zwielichtige und Angsterregende. Doch nur wo Licht ist, ist auch Schatten, das eine existiert nicht ohne das andere.

Weiße Magie – das hell strahlende Licht

Im üblichen Sprachgebrauch unterscheidet man zwischen weißer und schwarzer Magie, wenn man über Kenntnis und Einsatz der unerklärbaren Kräfte redet, und meint damit den guten oder bösen Gebrauch dieser Energien. Nun hat Schwarzweißmalerei durchaus ihren Nutzen, wenn man eine grobe Abgrenzung eines Themengebiets vornehmen will, aber wie alle Bilder, die die Konturen nicht erkennen lassen, bleibt dem Betrachter die Tiefe verborgen. Auch die weiße Magie hat bei näherer Betrachtung Konturen, und nicht alles, was in guter Absicht gewünscht und gezaubert wird, hat auch ausschließlich positive Effekte.

Der verantwortliche Magier und die Magierin oder Hexe, die sich ausschließlich mit der weißen Kunst befassen, müssen sich immer wieder die Frage stellen, welche Auswirkungen ihre Arbeit hat. Denn sowohl die weiße Magie als auch gutes und richtiges Handeln sind abhängig davon, wie die Werte einer Gesellschaft definiert sind.

Moral und Ethik im Wandel der Zeit

Eines der grundlegenden Probleme, das die Menschheit seit jeher beschäftigt, ist die Frage danach, was gut und richtig ist. Je nachdem, wie die äußeren Bedingungen sich darstellten, hat sich dabei die Skala der Werte kräftig verschoben. Solange die menschlichen Gemeinschaften klein und die Verbundenheit mit der Natur eng waren, war die Frage verhältnismäßig einfach zu beantworten. Alles was das eigene Leben erhielt, Schutz, Nahrung und Geborgenheit gewährte und das Aufwachsen der Nachkommen möglich machte, erschien gut und richtig. Was diese Grundbedürfnisse bedrohte, war nicht gut. Ob es als böse angesehen wurde, wissen wir nicht genau. Denn selbst die Naturkatastrophen auslösenden oder mit gefährlichen Tieren assoziierten Götter und Geister wurden nicht nur gefürchtet, sondern auch wegen ihrer Kräfte und Fähigkeiten verehrt. Mit dem engeren Zusammenleben und der differenzierteren Arbeitsteilung entwickelten sich Gesetze. Sie regelten alles, was die Privatsphäre betraf, die Rangfolge, das Eigentum, das Verhältnis zu den Göttern und vieles mehr. Regelwerke, ob nun schriftlich festgelegt oder mündlich tradiert, sind ein Maßstab innerhalb der Gruppe, die sich mit ihnen identifiziert, für das, was sie als richtig oder falsch

Bild links. Die helle Welt der weißen Magie wird mit dem strahlenden Licht der Sonne assoziiert. Hier gibt es kein Zwielicht und keine Schatten.

betrachtet. Richtiges Handeln ist gut, falsches ist böse. In einer anderen Gruppe war das vielleicht anders geregelt, und wenn beide aufeinander trafen, kamen die ersten Missverständnisse auf. So entstehen Religionskriege, Hexenverfolgungen, Bücherverbrennungen und gesellschaftliche Ächtung. Betrachten wir unter diesem Gesichtspunkt einmal drei Wertebereiche unseres Kulturkreises.

Wenn Sie übrigens den genauen Wortlaut der Zehn Gebote nachlesen wollen, schlagen Sie in der Bibel das 5. Buch Moses (Dtn. 5) auf.

»Auge um Auge« oder »Liebe deinen Nächsten«

Vor beinahe 2000 Jahren begann sich die Lehre eines jungen, idealistischen Mannes Namens Jesus auszubreiten. Auch sein Weltbild fußte auf einem weitaus älteren Regelwerk, das als die Zehn Gebote bekannt ist. Bis auf das erste, das einen Glaubensgrundsatz nennt, und das zweite, welches den leichtsinnigen Einsatz der Worte der Macht betrifft, regeln diese Gebote das menschliche Zusammenleben mehr oder minder allgemeingültig:

III Du sollst dir und anderen alle sieben Tage eine Pause gönnen und dich deiner inneren Weiterentwicklung widmen.

IV Du sollst nicht töten.

V Du sollst Vater und Mutter ehren.

VI Du sollst nicht fremdgehen.

VII Du sollst nicht stehlen.

VIII Du sollst keine falschen Zeugenaussagen machen.

IX Du sollst noch nicht einmal daran denken fremdzugehen.

X Du sollst nicht neidisch sein.

Moses ging in die Wüste, erfuhr in Zwiesprache mit Gott die Zehn Gebote und schrieb sie auf Gesetzestafeln nieder, so überliefert es das Alte Testament.

Matthäus (Mt. 5.21ff.) berichtet, wie Jesus diese Gebote präzisiert und ergänzt. So wird z.B. das Tötungsverbot erweitert um das Gebot, nicht zu zürnen, sondern sich mit dem Gegner zu verständigen und zu versöhnen.

Auf den Zehn Geboten und den Worten der Bergpredigt basiert im Grunde das, was die christlichen Werte ausmacht. Sie entstanden vor 2000 Jahren in einem mediterranen Land und galten in einer rauen Gesellschaft von Ackerbauern, Nomaden und Viehzüchtern.

Die Institution Kirche hat sie den jeweiligen Gegebenheiten angepasst und ausgelegt, allerdings nicht immer im ursprünglich christlichen Sinn. Für einen Teil ihrer recht freien Interpretationen hat Papst Johannes Paul II. am 12. März 2000 um Vergebung gebeten. An anderen hält zumindest die katholische Kirche weiterhin fest. Verstöße gegen die Regeln der christlichen Gemeinschaft werden mit Androhung jenseitiger Strafen geahndet oder durch Ausschluss aus der Gemeinschaft der Gläubigen. Insbesondere die Hinweise auf Höllenfeuer und Verdammnis bergen ein gewaltiges Angstpotenzial. Als Geschäftsidee war das genial. Verschiedene Sektengründer heutiger Zeit kopieren diese Gedanken erfolgreich.

Wer sich mit schwarzer Magie beschäftigt, kommt nicht umhin, sich auch eine Bibel zuzulegen – sie vermittelt äußerst interessante Einsichten zu diesem Thema.

Anstand und Sitte in der Gesellschaft

Neben den verschiedenen religiösen Vorstellungen von korrektem Verhalten haben sich auch gesellschaftliche, meist ungeschriebene Gesetze entwickelt. Der im 18. Jahrhundert lebende Freiherr von Knigge legte mit seinem Werk »Über den Umgang mit Menschen« einige davon schriftlich nieder. Sein Name wird heute noch genannt, wenn es um Fragen des Benehmens geht.

Die Regeln der Höflichkeit bestimmen weitgehend den konfliktfreien Umgang miteinander und basieren darauf, dass die Privatsphäre des Einzelnen respektiert wird. In einer Gesellschaft von eng zusammenlebenden Menschen ist der private Bereich ein schützenswertes Gut, und Verstöße dagegen werden vielleicht nicht gerade als »böse« bezeichnet, jedoch als unangenehm empfunden.

Die Vergangenheit hat gezeigt, dass die Regeln des »guten Tons« umso differenzierter werden, je mehr Freizeit die Mitglieder einer Gruppe haben. Wer täglich seinen Acker bestellen oder in der Fabrik arbeiten musste, konnte keine Zeit für gedrechselte Umgangsformen aufwenden, obwohl auch hier ein Verhaltenskodex existierte.

Von 1780 bis 1784 war Knigge ein führendes Mitglied eines okkulten Illuminatenordens, so wie auch Goethe einem solchen angehörte.

Die gesellschaftlichen Werte sind ständig im Wandel begriffen, sie abzuschaffen ist bislang jedoch noch niemandem gelungen.
Die Strafen bei Regelverstößen gegen Sitte und Anstand sind subtil und können bis zur gesellschaftlichen Ächtung reichen, die nicht selten die Betroffenen in den Ruin oder in den Selbstmord getrieben hat und treiben kann. Der Ausstoß aus einer fest gefügten Gesellschaft, die Sicherheit und Unterstützung garantiert, ist etwas, das nur sehr wenige Menschen verkraften. Hier liegen die ganzen Ängste vor nichtkonformem Verhalten und Versagen begraben.

Recht, Gesetz und öffentliche Ordnung

Weltliche Machthaber bestimmen, welche Rechte und Pflichten ihre Untertanen haben. Hier werden zum einen materielle Fragen geregelt, die sich um Eigentum, aber auch den Körper des Menschen ranken. Das Recht auf Besitz, Leben und einen unversehrten Körper sind heute allgemein akzeptierte Werte, waren es in der Vergangenheit jedoch nicht immer. Die Sklaven und Leibeigenen verschiedenster Völker könnten uns von anderen Rechtsnormen berichten.
Die Pflichten, die staatliche Institutionen ihren Bürgern auferlegen, reichen von Abgaben für die Gemeinschaft, meist Steuern, bis hin zu unentgeltlichen Arbeiten, früher Fronarbeit genannt, und Kriegsdienst. Die staatlich garantierten Menschenrechte sind eine relativ neue Ergänzung. Hochgeschätzte Werte sind hierin vor allem die Würde des Einzelnen und seine Freiheit und Gleichberechtigung. Zuwiderhandlungen gegen das geltende Recht hingegen können mit Entzug dieser Werte bestraft werden, insbesondere durch Freiheitsstrafen oder Geldbußen. Von Verstümmelungen und der Todesstrafe sehen wir in unserem Staat ab, andere Länder haben derartige Strafen durchaus noch in ihrem Strafkatalog.

Esoterische Lichtgestalten: Gurus und Erlöser

In der Esoterikszene gibt es eine ganze Reihe von Richtungen, die sich ausschließlich der lichtvollen Arbeit widmen. Dabei wird davon ausgegangen, dass es ein durch und durch reines und gutes Wesen gibt. Grenzenlose und heiligste Liebe, klarste Erkenntnis, ungestörter Friede und Harmonie und umfassendste Weisheit sind die Begriffe, die mit diesem Wesen verbunden werden, und die Einheit mit ihm ist das höchste Ziel, das es zu erreichen gilt. Lehrer der Esoterik müssen ihren Anhängern einen Halt geben und damit ein Lehrgebäude schaffen, in dem sie ihre Erkenntnisse festlegen. In dem, was sie verkünden, geben sie somit im besten Fall ihren Zuhörern Lebenshilfen, im schlechtesten Fall aber schreiben sie ihren Schülern dogmatische Lebensregeln vor. Ein weiteres Problem haben derartige spirituelle Führer, wenn sie sich nicht selbst an die auferlegten Regeln halten und irgendwann der Heuchelei bezichtigt werden. Auch wenn das Leben in einem lichtvollen Zustand nicht die schlechteste Form ist – der Weg dahin ist mit vielen guten Vorsätzen gepflastert, die einzuhalten einen Menschen überfordern können. Auch den esoterischen Lichtarbeitern ist diese Schwierigkeit durchaus bekannt, und damit sich die Frustration der Suchenden in Grenzen hält, wird entweder auf das Karma verwiesen, oder man greift auf die Vorstellung eines Erlösers zurück.

Die Definition des Lichtes, das, was rein und gut, liebevoll und harmonisch ist, verlangt sofort auch eine Bestimmung dessen, was unrein, schlecht, bösartig und chaotisch ist. Hier liegt eines der großen Probleme, das Sektenführer und esoterische Lehrer haben.

Der Grundgedanke des Karma ist, dass jeder in immer wieder neuen Inkarnationen die Möglichkeit erhält, seine Verfehlungen aufzuarbeiten, bis er endlich den Zustand der absoluten Reinheit erreicht hat und nicht wiedergeboren wird. Die Idee des Erlösers zeigt einen schnelleren Weg, hier kommt durch entsprechend demütiges Verhalten die Rettung von außen. Manchmal sind es historisch-mythische Gestalten wie Jesus oder König Artus, die das Heil bringen, oft aber auch selbst gestrickte Figuren Einzelner oder kleinerer Gruppierungen, wie etwa die Lichtbruderschaft, die erleuchteten Meister und Mahatmas der Theosophen oder gar Außer- und Überirdische. Diese erhabenen Geister sollen in der Lage sein, die sündigen Menschen von ihren Fehlern zu erlösen, sie der Gnade teilhaftig werden zu lassen und die Welt zu retten.

Der Schatten hinter der schönen Maske

Ein hohes Ziel zu haben, einem Ideal nachzustreben ist eine wunderbare Motivation, um ein tadelloses Leben zu führen. Doch die von Staat, Religion und Gesellschaft aufgestellten Regeln haben ihre Tücken. Im Rahmen des konfliktfreien Zusammenlebens wird es beispielsweise manchmal schwierig, uneingeschränkt die Wahrheit zu sagen. Sich diplomatisch zu verhalten ist auch immer mit – zumindest leichter – Lüge verbunden.

Der Verführung durch Sektenführer erliegen manche Menschen nur allzu leicht: Sie sehnen sich nach stabilisierenden Regeln und haben das Bedürfnis, die Geheimnisse des Lebens zu ergründen, und diese Wünsche werden ausgenutzt.

Viele der Wünsche, die Sie haben, bergen in sich den Einfluss auf andere. Ganz deutlich ist das an der Liebesmagie festzumachen, denn dabei geht es größtenteils darum, einen anderen, der noch nicht oder nicht mehr interessiert ist, an sich zu binden. Die Praxis zeigt, dass das helle Licht dunkle Schatten wirft, dass sich weißes Licht im Prisma in alle Regenbogenfarben auffächert, und dieses Faktum zu leugnen heißt, völlig weltfremd zu werden.

Vollkommenheit zu erreichen ist ein hoher Anspruch, und viele derjenigen, die diesen Zustand ihren Anhängern vermittelt haben, sind früher oder später selbst an kleinlichen Fehlern gescheitert.

Die Grenzen der Masken

Es ist richtig und wichtig, Werte zu definieren und Regeln aufzustellen, die das Maximum an Gutsein darstellen. Damit wird ein unübersichtliches Lebensfeld in übersichtliche Bereiche aufgeteilt, es werden Grenzen gezogen, damit man sich nicht im Chaos verirrt. Jede Grenzziehung ist jedoch auch eine Einschränkung der Potenziale, und das tägliche Leben macht es eben manchmal unmöglich, alle Regeln einzuhalten. Außerdem haben wir Menschen nun einmal die erschreckende Eigenschaft der Neugier. Es geht eben nicht, einfach eine Trennungslinie zu ziehen und zu sagen, dass das, was sich dahinter befindet, nicht erlaubt ist. Aussagen wie: »Das darf man nicht!« oder »Das gehört sich nicht!« sind immer wieder Herausforderungen. Sie reizen nur umso mehr, über dieses Zäunchen zu klettern und von den verbotenen Früchten zu naschen!

Im einen oder anderen Fall kann es gut gehen, zum einen, wenn man nicht erwischt wird, zum anderen, wenn das Zäunchen sowieso schon brüchig geworden ist und die Grenze sich verschoben hat. In diesem Fall stellt sich dann die Herausforderung, das neue Gebiet zu erforschen und eine neue Grenze, sprich neu definierte Werte zu finden. Es kann aber auch schief gehen, denn es liegt in der Grenzüberschreitung auch die Gefahr, orientierungslos zu werden, was dazu führt, dass man Schaden erleidet. Die unangenehmsten Folgen sind Heuchelei und Scheinheiligkeit. Diese praktizieren jene, die nach außen vorgeben, ein Muster an Tugenden zu sein, aber jedes Schlupfloch suchen, um das vorgegebene System zu umgehen und auszunutzen. Wir müssen also akzeptieren, dass es Grauzonen gibt, und zwar in allen Lebensbereichen.

Wir müssen Rollen spielen, wenn wir an einem friedlichen Zusammenleben interessiert sind, doch wir sollten uns immer bewusst sein, welche Maske wir gerade tragen.

Erfolg setzt die Maßstäbe und heiligt die Mittel

Einen ganz entscheidenden Einfluss auf das, was als gut und richtig anerkannt wird, hat der Erfolg. In unserer Gesellschaft vor allem der wirtschaftliche Erfolg. Weshalb ja auch noch immer Waffen produziert, Panzer und Kampfflugzeuge verkauft und Vernichtungsmittel hergestellt werden. So sind z. B. Versicherungen einmal in der guten Absicht geschaffen worden, Menschen in Notfällen finanziell zu unterstützen. Aber nun schüren ihre Vertreter die Angst der Einzahler, damit immer höhere Policen abgeschlossen werden. Um den Hunger der Menschen zu stillen, hat man die Felder gedüngt – mit dem Erfolg, dass die Erträge immer größer wurden. Genauso hat man die Tiere zugefüttert – mit immer fragwürdigeren Futtermitteln. Der Erfolg gab recht, das Fleisch wurde billig. Vor überdüngten Feldern und kranken Tieren hat man lange die Augen geschlossen. Auch die naturwissenschaftliche Ethik ist abhängig von ihren Erfolgen, und so wird es kaum jemandem einfallen, den Hersteller von Schlafmitteln als das personifizierte Böse darzustellen. Erst wenn sich Nebenwirkungen einstellen, wird über Verantwortung und Moral gesprochen. Sie dürfen in diesem Zusammenhang über viele Graubereiche im politischen, wirtschaftlichen und sozialen Leben kritisch nachdenken. In der Magie müssen Sie es sogar. Mit den magischen Kräften setzen Sie das um, was Sie wollen. Und wenn Sie die Techniken beherrschen, werden Sie damit Erfolg haben. Ob dieser Erfolg die Maßstäbe für Ihr Leben setzt, ist eine andere Frage.

Die Fortschritte in den Wissenschaften sind erst einmal zweckfrei – doch der Einsatz mancher Errungenschaften treibt die Erde an den Rand der Vernichtung, wie die Atombombe zeigt.

Übung: Ein guter Tag

Dieser kleine Exkurs durch die verschiedenen Auffassungen von Ethik und Moral sollte Sie zum Nachdenken anregen, wie weit Gut und Böse als absolute Wahrheiten zu betrachten sind. Und damit Sie auch eine praktische Erfahrung zu diesem Thema machen, nehmen Sie sich einmal vor, ganze 24 Stunden lang wirklich gut zu sein. Stellen Sie dazu einen Katalog der Eigenschaften und Werte auf, die für Sie positive Bedeutung haben:

Ein kleiner Tipp, um das lichtvolle Verhalten richtig auszukosten: Machen Sie doch an diesem Tag Ihre Steuererklärung!

- Vermeiden Sie alle unfreundlichen Gedanken.
- Seien Sie zu allen Mitmenschen ausschließlich liebevoll, auch zu denen, die Sie nicht mögen.
- Vermeiden Sie alles, was in irgendeiner Form destruktiv ist im Handeln und auch in Worten und Gedanken.
- Ärgern Sie sich nicht.
- Verzichten Sie auf jede Art von Lüge und Unwahrheit, schaden Sie keinem Lebewesen, und übertreten Sie kein Gesetz oder Gebot.
- Verzeihen Sie denen, die Sie beleidigen oder demütigen, und begegnen Sie ihnen liebevoll und aufmerksam.
- Seien Sie vor allem geduldig mit Dummen, Faulen und Nörglern.
- Verbringen Sie diesen Tag wirklich bewusst damit, gut zu sein.
- Notieren Sie alle Abweichungen, die Ihnen dabei passieren.

Böse Blicke werfen

Johann Benjamin Erhard, ein Schüler des Philosophen der Aufklärung, Immanuel Kant, hat folgende sieben Grundsätze für böses Verhalten aufgestellt:

- Sei niemals wahrheitsliebend, und scheine es niemals zu sein. Denn wenn du wahrheitsliebend bist, können die anderen auf dich rechnen; du dienst ihnen, aber sie dienen nicht dir.
- Erkenne kein Eigentum an, sondern versichere, dass das Eigentum heilig und unantastbar ist und allen gehört. Wenn du alles ohne jede Anfechtung als dein Eigentum besitzen kannst, dann hängt alles von dir ab.
- Sieh die Moral der anderen als Schwäche an, und bediene dich ihrer für deine Zwecke.
- Stachele jeden zur Sünde an, während du die Moral als Notwendigkeit proklamierst.
- Liebe niemanden.
- Mache jeden unglücklich, der von dir nicht abhängig sein will.
- Sei konsequent bis zum Letzten, und bereue nie etwas. Was du einmal beschlossen hast, tu auf jeden Fall, komme, was mag.

Diese Grundsätze wurden 1795 in der »Apologie des Teufels« veröffentlicht und prangern das scheinheilige Verhalten der Menschen in der Gesellschaft an.

Nach dem wirklich guten Tag können Sie sich »böse« verhalten, wenn Sie dazu den Mut haben. Alternativ dazu können Sie auch versuchen, eine Stunde lang nur böse Blicke um sich zu werfen. Tun Sie das zunächst einmal einige Minuten vor dem Spiegel, damit Sie einen Eindruck davon bekommen, wie Sie auf andere wirken. Dann gehen Sie unter Menschen, beispielsweise zum Einkaufen, zu einem Treffen mit Freunden, in eine wichtige Besprechung oder einfach in einer belebten Straße bummeln. Vermeiden Sie es jedoch, einen Gruß freundlich zu erwidern, zu lächeln oder hilfsbereit zu sein.
Beobachten Sie die Reaktionen Ihrer Mitmenschen auf Ihr Verhalten. Es kann sein, dass Sie Beschimpfungen einstecken müssen. Möglich ist auch, dass Sie sich mit einem Haufen Energieparasiten in der Aura mit einer tiefen Depression zurückziehen müssen.
Wenn das eintritt, sollten Sie eine Auradusche nehmen. Lesen Sie im Kapitel über Reinigung nach, was zu tun ist. Fazit des »bösen Tages« ist: Was Sie an Negativem aussenden, kommt zu Ihnen zurück.

Schwarze Magie: Kein Licht ohne Schatten

Man kann die Farbe Weiß nicht beschreiben, wenn man nicht auch das Schwarz mit einbezieht. Man kann das Licht nicht sehen, wenn man nicht auch die Dunkelheit erkennt. Es hat keinen Zweck, nur nach dem Guten zu streben und das Böse zu leugnen. Drehen Sie diese Sätze um, und Sie landen bei der schwarzen Magie: Man kann nicht nach dem Bösen streben, ohne auch das Gute zur Kenntnis zu nehmen. Man kann auch nicht wachsen, ohne etwas zu zerstören. Jede Mahlzeit, die Sie zu sich nehmen, hat zuvor einem Tier oder einer Pflanze das Leben gekostet. Und das Bevölkerungswachstum hat irgendwann vermutlich die Zerstörung unseres Planeten zur Folge.
Alle religiösen oder ethischen Gedankengebäude beschäftigen sich mit dem Problem, irgendwo eine Grenzlinie zwischen Gut und Böse zu ziehen. Und auch die schwarze Magie hat ihre Regeln und Gesetze.

Ich greife gerne zu Goethes »Faust«, die ergiebigste deutschsprachige Zitatensammlung zur schwarzen Magie, und hier findet man den Hinweis: »Die Hölle selbst hat ihre Rechte.«

Das Tier 666 und schwarze Vögel

Mit der Szene der schwarzen Magie sind einige Namen innig verbunden. Eine wichtige Rolle spielte Aleister Crowley, der sich selbst als das »Tier 666« bezeichnet hat. Diese kryptische Namensgebung bezieht sich auf die Apokalypse (Off. 13.18), in der ein schauriger Drache – das Tier – namenloses Unheil verbreitet: »Wer Verstand hat, der berechne die Zahl des Tieres; denn es ist eines Menschen Zahl, und seine Zahl ist 666.«

Aleister Crowley

Crowley wurde 1875 in Leamington (England) geboren und wuchs in einer streng religiösen und viktorianisch prüden Familie auf, was sicher seine Faszination an bestimmten Themen förderte – Sex, Magie und Ekstase. Er lebte, im Gegensatz zu seinen Zeitgenossen, seine Überzeugungen aus, verschliss Frauen und Freunde, nahm Drogen, trank exzessiv, trat diversen magischen Logen bei, prakti-

Bild links: Aus uralten Zeiten haben sich heidnische Orte der Kraft erhalten wie diese keltische Kultstätte in der Steiermark, die moderne Hexen noch heute nützen können.

zierte Sexualmagie und gründete schließlich seinen eigenen Orden. Er trug eine Unmenge magischen und mystischen Wissens zusammen und scheute sich nicht, auch die ausgefallensten Rituale selbst durchzuführen. Vor allem die von ihm akribisch beschriebenen Rituale seiner Jugendjahre sind Grundlage für schwarzmagische Praktiker. Er selbst distanzierte sich später davon. Auf den Grundlagen, die Crowley geschaffen hat, baute Prof. Dr. Gerald Gardner in den fünfziger Jahren den Wicca-Kult auf, und die Hexen bekennen sich heute noch zu Crowleys Motto: »Tu, was du willst!«

Insbesondere seine Hinweise auf Tieropfer und das Trinken von Katzenblut hat Crowleys Rituale für einen bestimmten Menschentyp interessant gemacht – Magier sind das allerdings nicht.

Anton Szandor La Vey

Der 1930 geborene Anton Szandor La Vey war eigentlich Musiker und Löwenbändiger, Polizeifotograf und Assistent bei Hypnosevorführungen. Vor allem seine Arbeit als Polizeifotograf hat ihn wohl am ausschließlich Guten im Menschen zweifeln lassen, und mit seinem Gefühl für publikumsreife Inszenierungen gründete er in der Walpurgisnacht 1966 die »Church of Satan« in San Francisco. Nebenbei beriet er die Filmemacher bei einer Reihe von Spielfilmen, die magisch-okkulten Charakter hatten, und spielte selbst die Rolle des Teufels in Roman Polanskis Film »Rosemary's Baby«. In seinen Büchern »Satanic Bible« und »Satanic Rituals« findet sich Gedankengut von Crowley. Auch wenn sich La Vey und seine satanische Kirche gerne schockierend geben, es ist vor allem der medienwirksame – und damit finanziell lohnende – Kommerz, der damit in Verbindung steht und verklemmten, gehemmten und frustrierten Mitgliedern die Beteiligung an »verbotenen« Akten erlaubt.

Charles Manson

Bei Charles Manson handelt es sich weniger um einen Schwarzmagier oder Satanisten, sondern um einen Kriminellen und einen pathologischen Fall.

1934 wurde Charles Manson in Cincinnatti als unehelicher Sohn einer 16-Jährigen geboren. Er lebte schon mit zehn Jahren auf der Straße, kam in Jugendheime und Besserungsanstalten und hatte bereits als Jugendlicher etliche kriminelle Delikte vorzuweisen. Bis 1967 saß er in Haft. Als er entlassen wurde, begann er eine Karriere als Musiker. Seinen Bewunderern vermittelte er, dass er die Wiedergeburt Crowleys, Jesus' und Satans sei. Am 9. August 1969 brachten er und die »Family« die Schauspielerin Sharon Tate und ihre Freunde in einem rituellen Mordakt um.

Szene aus »Rosmary's Baby« von Roman Polanski: In diesem unheimlichen Film wohnt der Satan buchstäblich nebenan, und eine junge Frau wird Mutter seines Kindes.

Satanismus und schwarze Messen

Es gibt einige Vorschriften zur Gestaltung schwarzer Messen, Sie finden dazu ausreichend Literatur im ganz normalen Buchhandel. Was von den meisten sofort mit der schwarzen Magie in Verbindung gebracht wird, sind die Begriffe der schwarzen Messe, der Teufelsanbetung und des Satanismus. Doch es gibt hier gewisse Abgrenzungen. Die schwarze Messe muss nicht unbedingt Elemente der schwarzen Magie enthalten. Der Satanismus bedient sich zwar gelegentlich der schwarzen Messe, nicht aber unbedingt der Magie. Bei der schwarzen Messe ist das Ritual der praktische Teil, in dem das Handeln im Vordergrund steht. Der eigentliche Satanismus ist die theoretische Basis hierzu. Die Anrufung des Teufels oder ähnlicher landläufiger Personifikationen des Bösen sind jedoch üblich.

Schwarze Messen werden von denjenigen praktiziert, die unreflektiert auf Schockwirkung aus sind, wie z. B. auch die Unterhaltungsindustrie in ihren Horrorfilmen.

Erschreckender Teufelskult

Alles das wird von rechtschaffenen Menschen mit einem Schaudern betrachtet und vehement abgelehnt. Sie sollen hier nicht zum Satanismus bekehrt werden, aber ich möchte Sie daran erinnern, dass das verdrängte Böse nicht automatisch das Gute ist. Darum ist zumindest ein kurzer Überblick über diese Reizthemen notwendig.

Das Kreuz steht Kopf

Betrachten wir die Bestandteile einer schwarzen Messe, wie man sie sich gemeinhin vorstellt, im Einzelnen:

Es gibt in der schwarzen Messe – wie auch bei der kirchlichen Feier – eine Liturgie, einen Altar, bestimmte Symbole und zeremonielle Handlungen, die von einem Priester durchgeführt werden. Das Prinzip ist verhältnismäßig phantasielos, denn es besteht im Grunde aus der Umkehrung der kirchlichen Riten und Symbole. Ein umgedrehtes Kreuz und das rückwärts aufgesagte Vaterunser sind zwei dieser Elemente. Dann spielt natürlich das von der Kirche so streng tabuisierte Thema Sex eine entscheidende Rolle, weshalb nackte Frauen auf dem Altar oder als Altar und der öffentlich durchgeführte Geschlechtsakt wichtig sind. Statt der harmonischen Kirchenmusik wird dröhnend ekstatische Musik eingesetzt. Die Gebete und Anrufungen richten sich nicht an die himmlische Dreifaltigkeit, sondern an die höllischen Kräfte, manchmal in Küchenlatein oder eigens dafür geschaffenen Sprachen, aber auch im Klartext gesprochen.

Es gibt einige Vorschriften zur Gestaltung schwarzer Messen. Sie finden dazu ausreichend Literatur im ganz normalen Buchhandel.

Schwierigkeiten haben die Zelebranten damit, das Abendmahl zu schwärzen, denn Blut und Leib spielen darin schon eine entscheidende Rolle. Brot und Wein werden also durch andere Stoffe, manchmal schmackhafte, manchmal Ekel erregende, ersetzt. In einigen pathologischen Fällen wird auf das Symbol verzichtet und reales Blut und Fleisch eingesetzt, und es können Mord, Verstümmelung, Tierquälerei und andere bestialische Akte durchgeführt werden. All diese Umkehrungen machen den bizarren Reiz dieser Vorstellung aus, die erst durch die »gute« Vorlage der kirchlichen Messen möglich ist.

Entfesselte Energien

Magische Logen und Orden, die sich (hoffentlich) mehr mit den Inhalten der satanischen Lehre und der Sexualmagie auseinander setzen, betreiben differenziertere Formen der schwarzen Messe.

Der mystische Satanismus ist weitgehend passiv, das Ritual umfasst Gebete, die Absage an Gott, anschließend die Ergebung und Erwartung des angerufenen göttlichen (bzw. teuflischen) Willens. Die Sexualität wird symbolisch dargestellt.

Die rein sexualmagischen Riten sehen die sexuelle Vereinigung von Priester und Priesterin vor, wobei das Sperma mit dem Blut des Opfertieres, meist ein Hahn, vermischt, auf Hostien gestrichen und der Gemeinde gereicht wird. Anschließend folgen ekstatischer Tanz, Gesang und Orgie. Das Prinzip dahinter lautet, dass zurückgehaltene Kräfte einengen, entfesselte aber befreien.
Eine weitere Spielart besteht darin, dass die Teilnehmer die sexuellen Riten nur bis kurz vor den Höhepunkt treiben, um dann den Samen zurückzuhalten. Angeblich soll dieser dann zum Gehirn aufsteigen und sich dort in geistige Potenz verwandeln.

Der »Große Exorzismus« darf nur von einem Priester mit Genehmigung des Bischofs durchgeführt werden, wenn nachgewiesen ist, dass Dämonen von einem Menschen Besitz ergriffen haben.

Schwarze Magie im Namen des Kreuzes

Wer plötzlich in fremden Sprachen spricht, geheime Dinge beschwört, Körperkräfte entwickelt, die nicht mit Alter und Gesundheitszustand in Einklang stehen, und eine irrationale Abneigung gegen Gott entwickelt, der ist von Dämonen besessen und kann nur durch einen Exorzismus gerettet werden. So sagen die Theologen. Das Ritual des Exorzismus stammt aus dem 17. Jahrhundert und wurde bisher nur geringfügig geändert. Erst 1952 wurde dem ausführenden Priester nahegelegt, zunächst zu prüfen, ob nicht eine »banale psychische Krankheit« bei dem Besessenen vorliegt. Der Exorzismus setzt also einen Teufels- und Dämonenglauben voraus, wie er im Mittelalter üblich war. Er ist definitiv eine magische Handlung, die offiziell von der Kirche und ihren Priestern betrieben wird.

Teufelsaustreibungen

Es hat spektakuläre Fälle gegeben, die an die Öffentlichkeit gedrungen sind. So wurde 1976 die 23-jährige Anneliese Michel durch einen Exorzismus qualvoll getötet. Selbst in die Hand genommen hat eine Teufelsaustreibung 1999 eine Mutter in Australien, die der Meinung war, dass ihr vierjähriger Sohn besessen sei. Sie warf ihn zu diesem Zweck in kochendes Wasser. Die Frau gehörte einer christlichen Sekte an, der »Versammlung Gottes«. Rituelle Greueltaten werden also nicht nur im Namen des Teufels durchgeführt, sondern auch im Namen Gottes. Das sollte nachdenklich stimmen, ob nicht vielleicht noch etwas anderes hinter diesem, wenn auch verabscheuungswürdigen, so doch menschlichen Handeln steht.

Des Teufels Advokat

Gerne bezeichnet die Kirche das, was ihrer Lehre zuwiderläuft, als Satanismus. Und das ist eine ganze Menge. Aber das Wertemodell, das sich aus der buchstabengetreuen Auslegung der biblischen Mythologie ergibt, ist wirklich nicht rundum sympathisch. Zu viele Tabus, Einengungen der persönlichen Freiheit, lebensfeindliche Vorschriften und Schuldzuweisungen hat man im Laufe der Jahrhunderte daraus abgeleitet. Schlägt man jedoch die angegebenen Quellen dazu im Buch der Bücher nach und liest sie im Zusammenhang, dann wird man von unlogischen Schlussfolgerungen nur so überwältigt. Warum beispielsweise können im Buch Hiob Gott und Satan in einem beinahe komödienhaften Dialog eine Wette darüber abschließen, ob der arme Hiob wohl bei allen satanischen Versuchungen und Plagen standhaft bei seinem Glauben bleibt? Gott und Satan sind ebenbürtige Partner, die Menschen ein Spielball zwischen den beiden. Das Nachdenken über solche Fragen führt zu Erkenntnissen, die einer Institution wie der Kirche nicht recht sein können, und selbst noch so spitzfindige Auslegungen ihrer Vertreter verhindern nicht, dass der Zweifel an ihrer Unfehlbarkeit bestehen bleibt.

Die Regeln in Frage zu stellen ist aus der Sicht von Traditionalisten, Dogmatikern und Machthabern eine verwerfliche Einstellung, denn sie bedroht die bestehende Ordnung.

Satanische Glaubensgrundsätze

Satanismus ist mehr als nur die Verehrung des Bösen – die eigentliche Qualität des Satanismus ist Rebellion und Infragestellung geltender Werte und Regeln. Es ist die Kraft der Zerstörung, die sich in dem permanenten Fragen manifestiert. Sie ist ganz ohne Zweifel eine gefährliche Macht, und in falsche und vor allem unkundige Hände gegeben richtet sie gewaltigen Schaden an.
Die Satanisten um La Vey haben eine Reihe von Grundsätzen ihres Glaubens formuliert, die ich hier wiedergeben möchte:

- Satan repräsentiert Hingabe statt Enthaltsamkeit.
- Satan repräsentiert vitale Existenz statt spiritueller Hirngespinste, reine Weisheit statt heuchlerischer Selbsttäuschung.
- Satan repräsentiert Güte gegenüber denen, die sie verdienen, statt an Undankbare verschwendete Liebe.
- Satan repräsentiert Vergeltung statt Darbietung der anderen Wange.

- Satan repräsentiert den Menschen als ein Tier – manchmal besser, meistens schlechter als vierbeinige –, das durch die intellektuelle »Entwicklung« zum bösartigsten aller Tiere geworden ist.
- Satan repräsentiert alle so genannten Sünden, da sie alle zu körperlicher, geistiger und emotioneller Genugtuung führen.
- Satan ist der beste Freund, den die Kirche jemals hatte, da er sie all die Jahre im Geschäft gehalten hat.
- Gib keine Stellungnahme, wenn du nicht gefragt wirst. Erzähle niemandem deine Sorgen, wenn du nicht sicher bist, dass derjenige sie hören will.
- In jemand anderes Heim erweise ihm Respekt, sonst betritt es nicht.
- Wenn dich ein Gast in deinem Heim belästigt, behandle ihn grausam und ohne Gnade.
- Unternimm keinen sexuellen Vorstoß, solange du nicht die entsprechenden Signale bekommst.
- Nimm nichts an dich, was dir nicht gehört, außer es ist eine Bürde für den anderen und er schreit danach, entlastet zu werden.
- Erkenne die Macht der Magie an, wenn du sie erfolgreich eingesetzt hast, um deinen Wünschen zum Erfolg zu verhelfen. Wenn du die Macht der Magie verleugnest, nachdem du sie mit Erfolg beschworen hast, wirst du alles verlieren, was du erreicht hast.
- Beschwere dich nicht über etwas, dem du dich nicht selbst aussetzen musst.
- Füge Kindern keinen Schaden zu.
- Töte kein nichtmenschliches Tier, außer du wirst angegriffen oder zu Nahrungszwecken.
- Wenn du auf offenem Grund unterwegs bist, belästige niemanden, wenn dich jemand belästigt, bitte ihn, damit aufzuhören. Wenn er nicht aufhört, vernichte ihn.

Diese »satanischen« Thesen sind übrigens kein Geheimwissen, das nur Eingeweihten von Teufelskulten zur Verfügung steht, sondern allgemein zugänglich in den entsprechenden Büchern und Dateien.

Sind Sie entsetzt, oder könnten Sie die eine oder andere Aussage vielleicht sogar mittragen? Es sind trotzige Aussprüche von Menschen, die den Unterschied zwischen sozialen oder christlichen Doktrinen und gelebter Realität erkannt haben und sich gegen die darin enthaltene Heuchelei zur Wehr setzen. Doch es wird ein tendenziöses Bild gemalt und geleugnet, dass es auch so etwas wie Rücksichtnahme und Güte gibt. Das Problem der Satanisten ist es, dass sie mit einer solchen konsequenten Einstellung nicht das ganzheitliche Selbst – oder die Seele – finden, sondern nur das Ego aufblähen. In diese Falle laufen allerdings die fleckenlos weißen Esoteriker genauso.

Die Kraft der Zerstörung ist ganz ohne Zweifel eine gefährliche Macht. Wird sie in falsche und vor allem unkundige Hände gegeben, richtet sie gewaltigen Schaden an.

Jugendsatanismus

Wer sich nur um des Schockeffekts willen als »Satanist« outet, sich mit Kultemblemen schmückt, sich krampfhaft bemüht, den exzentrischen Vorbildern nachzueifern, hat nicht verstanden, worum es wirklich geht. Es sind meist junge Menschen, die sich in dieser Form wichtig machen, die damit ausprobieren, wie weit sie Macht durch Angst ausüben können. Über die Mythologie und Identität Satans wissen sie äußerst wenig, es ist für sie ausreichend, dass die Beschäftigung etwas mit dem »Bösen« zu tun hat. Alles das hat weniger mit Magie als mit leichtem bis schwerem Jugendirresein zu tun. Es kann aber zu gefährlichen Exzessen führen, vor allem, wenn sich Gruppen oder Sekten zusammenfinden, die andere terrorisieren.

Es gibt seriöse Untersuchungen über den Jugendsatanismus, bei denen sich einige interessante Resultate ergeben. Erfahrung mit satanistischen Ritualen – wozu nach gängigem Vorurteil schon nächtliches Gläserrücken gehört – haben 5 Prozent der Jugendlichen, wobei mehr Männer als Frauen daran interessiert sind und ein »Überhang bei Vertretern niedrigen Ausbildungsniveaus« liegt. Man unterscheidet neun Ausprägungen des Satanismus:

Dark Wave, Gothic, Schwarze Szene – so heißen Zirkel, die Jugendliche besonders anziehen. Sie umgeben sich mit satanischen Symbolen.

- **Experimenteller Satanismus**, der die Hypothese überprüfen will, ob es Satan nun wirklich gibt.
- **Freizeitsatanismus,** bei dem Neugier auf Verbotenes im Vordergrund steht; er bleibt meist ohne Folgen, kann aber Ängste auslösen.
- **Satanismus als Verkaufsschlager**, wobei die Beschäftigung mit Musik (Metal etc.) und Filmen von Bedeutung ist.
- **Satanismus als Protest** gegen Eltern und/oder Kirche; er kann destruktive Aktionen beinhalten, ist aber nur vorrübergehend.
- **Satanismus als Gruppenidentität** zeigt sich in plakativem Auftreten nach außen, innerhalb der Gruppe werden satanische Mutproben verlangt.
- **Satanismus als Weltanschauung** findet sich bei Jugendlichen eher selten, er gilt seinen Anhängern als Religion.
- **Satanismus als Symbol** steht für einen schrankenlosen Egoismus und hat keine eigentlichen Rituale.
- **Satanismus als Lebenshilfe** wird von denjenigen angenommen, die nicht in der Lage sind, ihr Leben selbst zu gestalten. Sie finden in den Ritualen eine Macht, die sie unterstützt.
- **Pathologischen Satanismus** findet man bei psychisch gestörten Verbrechern, wobei der Satanismus hier eine sekundäre Rolle spielt. Jedes andere System bietet derartigen Fällen ebenfalls einen passenden Rahmen.

Das Böse hat zu allen Zeiten die Phantasie der Menschen angeregt, und manchmal ist Satanskult einfach nur eine Modeerscheinung.

Bevor sie jugendliche Satanisten verurteilen, sollten Sie sich die Frage stellen, woher die jungen Menschen ihre Vorstellung vom Teufel haben. Eine Erziehung, die das Böse ausgrenzt, verlockt geradezu, sich damit zu befassen!

Diese Aufstellung stammt von der Evangelischen Informationstelle »Kirchen, Sekten, Religion« (www.relinfo.ch). Hier wird das Thema erfreulich wenig hysterisch abgehandelt, und Sie finden auch praktikable Ratschläge, sollte ein Familienmitglied oder Freund in Schwierigkeiten sein. Jugendliche betreiben meist einen unreflektierten Satanismus, den man beobachten, aber nicht überbewerten sollte. Doch wenn sich Erwachsene tiefergehend mit dem Satanismus beschäftigen, ist das insbesondere für labile Personen nicht ungefährlich. Denn wer sich auf ein mehr oder weniger starkes Gerüst von Regeln, Normen, Prinzipien und Gesetzen stützt, dem werden Lebenshilfen entzogen, wenn er diese selbst gezogenen Grenzen beständig hinterfragen soll.

Andererseits gibt es auch Situationen und Zeiten, in denen ein zu starres Gefüge aus Traditionen, veralteten Grundsätzen und staubigem Dogmatismus in Frage gestellt werden muss, um das gesamte System aufzurütteln und wieder lebensfähig zu machen. Die

Geschichte hat viele Beispiele für solche Rebellionen und Revolutionen vorzuweisen. Nicht alle sind »satanisch«, aber sie basieren alle darauf, dass sich Weltbilder und Verhaltensmuster geändert haben.

Gifttränke, Schadzauber und Dämonen

Die Hexen und Zauberer des Mittelalters wussten, wie man die magischen Kräfte wirkungsvoll einsetzt.

Jeder assoziiert automatisch mit schwarzer Magie magische Handlungen, die zum Schaden anderer durchgeführt werden, vornehmlich um selbst einen Vorteil daraus zu ziehen. Und damit wird natürlich auch die ganze Höllenbrut der dämonischen Kräfte in Verbindung gebracht. Hexen, Zauberer und Alchemisten, die in düsteren Kammern ihre giftigen Gebräue kochen oder an gruseligen Orten finstere Geister beschwören, sind zu einem Klischee geworden, und dieses Bild erzeugt noch heute Unbehagen und Angst.

Wirkungsvolle magische Rezepte

Warum nehmen wir eigentlich an, dass die mittelalterlichen Magier und Hexen so mächtige und wirksame Zauber kannten? In den alten Zauberbüchern, den Grimoires, werden eigenartige Rezepte und Sprüche genannt, mit denen man angeblich allerlei Übles anrichten kann. Hexen haben ihre Flugsalben zusammengerührt, Zaubermittel gebraut, Aphrodisiaka gemischt und Gifttränke gekocht.

Voodoo-Altar mit Fetischen – die kleinen Püppchen werden zu Werkzeugen dunkler magischer Praktiken.

Mit Sympathiezaubern, zu denen immer ein wenig Materie vom Opfer nötig ist, klassischerweise Haare, Fingernägel, Kleidungsstücke etc., waren sie zudem in der Lage, Krankheit und Unheil über andere Mitmenschen zu bringen. Aus ihnen wurden Figuren, Fetische oder Amulette gefertigt, mit Flüchen und üblen Wünschen aufgeladen und in der Nähe des Betroffenen deponiert. Nicht nur auf diese materiellen Hilfsmittel haben sich die Magier verlassen, sondern Beistand aus dem Geisterreich herbeizitiert. Flüche, Verwünschungen und allerlei Schadzauber sollten ihn bewirken. Dazu wurden komplexe Rituale und Anrufungen ausgearbeitet, Schriften und Sprachen entwickelt, um mit den Dämonen zu kommunizieren. Wenn etwas dabei schief ging, dann blieb der unvorsichtige Zauberer als Besessener zurück, den die gerufenen Geister nicht mehr verlassen wollten.

Eine informative Rezeptsammlung aus alten Zauberbüchern hat der italienische Professor für Toxikologie Enrico Malizia zusammengestellt. Literaturhinweis siehe Seite 243.

Zaubertränke und Placebos

Solche mittelalterlichen Praktiken wurden zwar durch die Erkenntnisse und Fortschritte in den Naturwissenschaften mehr und mehr zurückgedrängt und als unsinnig bezeichnet. Nichtsdestotrotz haben sie ihre Faszination behalten, und sie werden auch heute noch praktiziert. Warum Zaubertränke erfolgreich sein können, sehen Sie am folgenden Beispiel.

Zaubertrank, der Menschen in Tiere verwandelt

Zutaten

Bilsenkraut • Stechapfel • Fünffingerkraut • Belladonna • Fliegenpilz • Eisenhut • gefleckter Schierling • Christrose • indischer Hanf Urin einer Kröte • menschlicher Urin • getrockneter Urin • getrocknetes Blut des Tieres, in das der Mensch verwandelt werden soll

Zubereitung

Alle Zutaten müssen in einer wässrigen Lösung auf kleiner Flamme mindestens drei Stunden kochen. Die Lösung filtern und mit Met vermischen. Der zu verwandelnden Person werden bis zu drei Gläschen von diesem Zaubertrunk gegeben, und in einer Zauberformel wird der Name des Tieres ausgesprochen, in das die Person verwandelt werden soll.

Dieses Rezept stammt aus einem mittelalterlichen Grimoire, und wenn man sich die giftigen Substanzen darin vor Augen führt, dürfte die schlimmste Nebenwirkung dieses Gebräus sein, dass sie den Betroffenen in ein totes Tier verwandelt. Nur der Urin und das Blut sind harmlose Inhaltsstoffe. Aber da der Schreiber des Rezepts nichts über die Mengen gesagt hat, könnte es sein, dass der indische Hanf, wenn er denn in großen Mengen und überwiegend verwendet wird, bei dem Opfer die Vorstellung erweckt, ein Tier zu sein.

Suggestion ist das Geheimnis

Sieht man einmal von der nachgewiesenen Wirksamkeit dieser und ähnlicher Giftmischungen ab, in denen Tollkirsche, spanische Fliege, Bilsenkraut, diverse Nachtschattengewächse und Pilze verarbeitet wurden, beruht die Wirkung solcher Rezepturen auf Suggestion, die durch die zugehörigen Zaubersprüche ausgelöst wird, unterstützt von Drogen, die das Bewusstsein verändern. Sie setzen innere Prozesse in Gang, die nicht zu unterschätzen sind.

Selbst faktisch harmlose, wenn auch oft Ekel erregende Tränke und Pülverchen, deren Einnahme zunächst wenig Schaden anrichtet, können, im richtigen Zusammenhang eingesetzt, entsprechende Folgen haben. Denken Sie daran, dass auch Placebos – Scheinmedikamente ohne Wirkstoffe, meist einfache Zuckertabletten – körperliche Reaktionen hervorrufen können, wenn sie mit den passenden medizinischen Ritualen verabreicht werden. Oder noch einfacher, dass allein die Vorstellung, etwas Verdorbenes gegessen zu haben, Brechreiz auslösen kann.

Wenn ein Mensch davon überzeugt ist, dass die von einem Magier ausgesprochenen Verwünschungen Krankheit, Unfall oder gar Tod verursachen, treten diese Ereignisse auch ein.

Warum Flüche Wirkung zeigen

Mit den Flüchen ist es ganz ähnlich. Wir Europäer haben uns in den letzten Jahrhunderten ungeheuer stark in die Lebensformen anderer Völker gedrängt – durch Kolonisierung, Eroberung oder Missionierung. Dabei haben wir in sagenhafter Ignoranz Beeinflussung durch Verfluchung oder Ähnliches als schlichten Aberglauben abgetan, denn so etwas konnte uns ja weitgehend nichts anhaben. Der Zauberer oder Schamane, der mit dem Knochen auf einen Menschen deutet und damit einen Tod bringenden Fluch übermittelt, verursacht bei seinem Stammesgenossen, dem damit völlig klar ist, dass er nun sterben muss, eine psychische Reaktion, die bis zum Herzstillstand gehen kann. Der europäische Missionar zuckt beim Anblick des Eingeborenen mit seinem Knochen und seinem unverständlichen Gemurmel nur mit den Schultern, spricht sein Gebet und fühlt sich sicher. Das bestätigt ihn wiederum in seinem Bewusstsein, besseres Wissen, eine höhere Entwicklungsstufe und vor allem den wahren Glauben zu haben. Auf diese Weise waren die Eindringlinge vor der Magie in anderen Kulturen geschützt. In unserer eigenen Kultur sind wir es nicht.

Nicht umsonst wird ein Arzt auch als »Halbgott in Weiß« tituliert. Wir gehen davon aus, dass jemand, der die Geheimnisse der Medizin studiert hat, auch in der Lage ist, uns zu helfen.

Moderne Flüche: Falschdiagnosen und Mobbing

Wie würden Sie sich denn fühlen, wenn Ihr Arzt Ihnen mit ernstem Blick etwas von einem Knoten in der Brust, einem auffälligen schwarzen Pigmentfleck oder bedenklichen Laborwerten erzählt? Dem Mediziner trauen Sie zu, dass er das, was er sagt, auch wissenschaftlich begründen kann und dass deshalb durchaus eine Gefahr für Ihre Gesundheit besteht. Gegen die aufkommende Angst können Sie sich vermutlich kaum wehren, und die körperlichen Reaktionen beginnen mit Herzklopfen und steigendem Blutdruck.
Was aber, wenn er die falschen Unterlagen zu Rate gezogen hat, was kein seltener Fall ist, und die Diagnose einen ganz anderen Patienten betraf? Auch Ärzte können sich irren oder aus Profitgedanken heraus den Befund schwärzer färben, als er wirklich ist.

In manchen Ländern sind die Rituale von Schamanen noch ein lebendiger Teil der Kultur, etwa in Nepal.

Krebs ist unter anderem eine Autoimmunkrankheit und kann nach neuesten Erkenntnissen auch aufgrund von psychischen Störungen ausgelöst werden. Angst vor Krankheit kann krank machen.
Auch üble Nachrede zeigt ihre Wirkung ähnlich wie eine Verfluchung. Wenn hinter Ihrem Rücken gemobbt wird, Sie seien ein absoluter Versager, dann werden Sie sich vermutlich häufiger fragen, ob Sie nicht einen Fehler machen. Und schon passiert er.

Bezeichnend ist, dass insbesondere die Succubi und Incubi die Menschen nachhaltig belästigt haben. Beides sind Dämonen, die nachts erscheinen und die Schläfer zu sexuellen Handlungen verführen. Der Succubus trat meist in der Gestalt einer schönen Frau auf, der Incubus als begehrenswerter Mann. Bevorzugte Opfer der Succubi und Incubi waren vor allem zölibatär lebende Mönche, Nonnen und Priester.

Von Dämonen besessen

Kommen wir zu dem dritten Bestandteil der schwarzen Magie – zu den geistigen Helfern aus der Unterwelt, den Dämonen. In den Aufzeichnungen der Magier, aber vor allem auch der kirchlichen Exorzisten finden sich unzählige namentlich benannte Dämonen, die sich offensichtlich wie die Fliegen an die Menschen hefteten.
Die Art und Weise, wie die Untersucher aber zu ihren Erkenntnissen über diese höllische Gesellschaft gekommen sind, ist äußerst zweifelhaft. Zum einen wurden unter Folter Geständnisse erpresst, durch Suggestivfragen flossen eigene Vorstellungen in die Beschreibungen des Bösen ein, oder das Gestammel gequälter, halb besinnungsloser Opfer wurde entsprechend interpretiert.
Es hat aber auch zahlreiche Beispiele dafür gegeben, dass sich Personen der Dämonenvorstellung bedient haben, um gegen eine bestimmte Ordnung aufzubegehren. So sind Fälle kollektiver Besessenheit in Klöstern verzeichnet, deren Mitglieder ihre sexuellen Verdrängungen oder unterdrückten Aggressionen in hysterischen Anfällen herausbrüllten. Damit waren sie von der Verantwortung für ihr unkonformes, unangepasstes Handeln und Denken befreit und konnten es auf die von außen einwirkenden dämonischen Kräfte schieben, die Besitz von ihnen genommen hatten.
Dass es die so plastisch dargestellten Dämonen der früheren Zeit heute nicht mehr gibt, könnte Sie beruhigen. Aber ich muss Sie enttäuschen – es existiert noch immer etwas, das mit ihnen mehr als vergleichbar ist. Und mit dem beschäftigt sich die Magie – weiß wie schwarz – auch heute noch.
Noch einmal zurück zu der Frage, warum wir die mittelalterliche Magie oder die anderer Völker für so bedrohlich und wirkungsvoll halten. Sie war es nämlich wirklich, denn die Magier und Hexen

waren praktizierende Psychologen, die eine ausgezeichnete Menschenkenntnis besaßen und die Wirkungen von Suggestion und Psychopharmaka virtuos beherrschten. Und jeder glaubte fest an die Möglichkeit der Zauberei – so fest wie auch an die Segnungen der Religion. Deshalb wirkte die Magie.

Formen der Angst und der Magie

Auch wenn wir es gerne leugnen würden und die Welt lieber rein sachlich betrachten möchten, so sind es doch die Gefühle, die eine ungeheure Macht ausüben. Es gibt keine Entscheidung, und mag sie noch so gut mit Fakten untermauert sein, die nicht auch von Gefühlen, unbewussten Eindrücken oder hintergründigen Wünschen gesteuert ist.

Es ist keineswegs so, dass alles nur »aus dem Bauch« bestimmt wird, es ist eine Frage der Intensität, wie weit emotionelle und unbewusste Einflüsse bei den täglichen Entscheidungen mitspielen. Da die Magie, gleich welcher Farbe, diese Kräfte bewusst einsetzt, kann man mit ihr verblüffende Resultate erzielen. Im Fall der weißen Magie wird überwiegend mit der Macht von Liebe und Harmonie gearbeitet, die schwarze Magie bedient sich der Angst in ihren unterschiedlichen Formen.

Die nächsten Kapitel unterscheiden hier die praktische, die imaginative und die hohe Magie, und jede dieser Stufen arbeitet mit einer anderen Qualität der Angst.

Angst durchzieht unser ganzes Leben, aber sie ist auch ein großer Antrieb. Nur wenn sie übermächtig oder krankhaft ist, wird sie zum Hemmnis.

Praktische schwarze Magie

Die praktische schwarze Magie benutzt die Urängste des Menschen, die mit dem physischen Überleben in Zusammenhang stehen. Gegen sie können wir nichts unternehmen, denn sie sind für unsere Existenz noch immer notwendig oder nicht von ihr zu trennen. Da diese Ängste aber so mächtig sind, haben wir selbst die gedankliche Beschäftigung mit ihnen tabuisiert. Das gilt vor allem in den Bereichen Tod, körperlicher Verfall, Schmerz, Aggression und Sex. Wer solche Tabus bewusst verletzt, weckt bei seinen Mitmenschen Ängste und verursacht Schockeffekte, Terror und Panik. Darum kann es bei der praktischen schwarzen Magie auch zu handfesten

Quälereien bis hin zur rituellen Vernichtung eines lebenden Wesens kommen. Sie kann aber auch eine größere Gelassenheit gegenüber den tabuisierten Themen erzeugen.

Imaginative schwarze Magie

Die imaginative schwarze Magie arbeitet mit eingebildeten Ängsten, die wir uns weitgehend selbst einpflanzen. Sie machen hochgradig verletzlich, vor allem, wenn sie schon sehr tief eingedrungen sind. Die schwarze Magie wendet hier alle Formen der Verfluchung und Verzauberung an, die subtil die Schwächen des Opfers ausnutzen und es damit manipulieren. Das kann bis zur geistigen und körperlichen Zerstörung führen. Die schwarze Magie kann aber auch als ein Mittel eingesetzt werden, sich mit den inneren Dämonen bewusst auseinander zu setzen und sie zu überwinden.

Viele unserer alltäglichen Entscheidungen werden von Angst bestimmt: von der Angst vor Verlusten, vor der Zukunft oder vor der Kritik unserer Mitmenschen.

Hohe schwarze Magie

Die hohe schwarze Magie schließlich nimmt sich der verdrängten Ängste an, die entweder anerzogen wurden oder aus schmerzhaften Erfahrungen und Verletzungen entstanden sind und die man, um nicht ständig von ihnen gequält zu werden, aus seinem Bewusstsein gelöscht hat. Sie sind aber weiterhin vorhanden und wirken, ohne dass wir sie steuern können, in unser Leben ein. Wer hohe schwarze Magie zum Schaden anderer betreibt, hat ein subtiles Instrument in der Hand, anderen die Hölle auf Erden zu bereiten. Wer sie betreibt, um sich selbst zu finden, wird durch seine eigene Hölle gehen. Wer aber einmal durch die Hölle gegangen ist, der hat sich selbst überwunden. Wir haben es selbst in der Hand, wie weit Ängste unser Leben bestimmen können, und ihre Wirkungen eindämmen.

Schwarze Magie kann vieles

Es ist nicht verkehrt, wenn Sie der schwarzen Magie gegenüber eine gewisse Angst zeigen. Die Techniken selbst sind zwar weitgehend ungefährlich, nicht aber, was man damit anrichten kann. Deshalb möchte ich Sie bitten, bewusst mit den Instrumenten der Magie umzugehen. Magie kann Gesundheit und Leben ebenso zerstören, wie sie heilen und erschaffen kann. Und das meine ich ernst.

Übung: Angsttagebuch

Natürlich können Sie sagen, dass Sie vor den Einflüssen der schwarzen Magie gefeit sind, dass alles nur Aberglaube, mittelalterlicher Spinnkram oder Erfindung phantasievoller Autoren ist. Aber halten Sie doch einmal Rückschau, und beantworten Sie sich ehrlich die Frage, wann Angst Ihre Entscheidungen beeinflusst hat.

Die Angst vor Veränderung, Fremdbeeinflussung und vor dem Tod sind die Basisbestandteile der schwarzen Magie. Mit diesen Kräften arbeiten die schwarzen Magier, hieraus schöpfen sie ihre Bilder, gestalten sie die Rituale und wählen ihre Symbole.

- Wann haben Sie eine Versicherung abgeschlossen, weil Sie Angst vor Krankheit oder Einbruch hatten?
- Wie oft sind Sie zu Hause geblieben, weil Sie Angst vor der Dunkelheit hatten?
- Wem sind Sie aus dem Weg gegangen, weil Sie Angst vor seiner Kritik hatten?
- Wie häufig sind Sie in den frühen Morgenstunden aufgestanden, weil erdrückende Sorgen Sie nicht mehr schlafen ließen?
- Wie oft haben Sie sich selbst gedemütigt, damit ein anderer Sie nicht verlässt?
- Wann haben Sie Herausforderungen nicht angenommen, weil Sie Angst vor dem Versagen hatten?
- Wann haben Sie sich vom Pech verfolgt gefühlt oder von den bösen Blicken einer Person?

Notieren Sie solche Ängste, damit Sie später diese Dämonen gezielt beschwören, zähmen und vielleicht sogar austreiben können.
Denn das ist auch Arbeit mit der schwarzen Magie.

Auf einen Blick

In diesem Kapitel haben Sie einige der Vorstellungen kennen gelernt, die mit der schwarzen Magie assoziiert werden:

- die Umkehrung der für gültig erkannten Werte und Traditionen und ihre Anerkennung in der Teufelsanbetung
- das Infragestellen des gewohnten, abgesicherten Weltbilds im Satanismus.
- die Angst vor Tod, Krankheit und Versagen, die Schadzauber und Flüche wirksam macht
- die Fremdbeeinflussung durch böse Geister, was sich als dämonische Besessenheit äußert

Grundtechniken der praktischen Magie

Praktische Magie ist handfeste Zauberei, die sich der materiellen Welt bedient, um sich zu schützen, Wandlungen durchzuführen und natürlich auch, um Wünsche wahr werden zu lassen. Sie nutzt all die greifbaren Hilfen, die in irgendeiner Form in Verbindung mit den Wünschen und Wandlungen stehen, die sie bewirken sollen. Das sind bedeutsame Gegenstände, symbolische Handlungen und bildhafte Entsprechungen. Um sie zu erkennen, sollte man sich einige rituelle Techniken aneignen und sich vor allem mit den Analogien befassen, den geheimen, hintergründigen Bedeutungen der Dinge. »Es gibt in der Magie nur ein Dogma: Das Sichtbare ist die Verkörperung des Unsichtbaren.« Dieser Satz stammt von Eliphas Lévi, einem der großen und einflussreichen Magier des 19. Jahrhunderts. Beginnen wir mit den nützlichen rituellen Basistechniken der Magie, die Bestandteil eines jeden magischen Wirkens sind und weder der weißen noch der schwarzen Magie zugerechnet werden können. Sie sollten diese Techniken so gut beherrschen, dass Sie sie ohne »Spickzettel« jederzeit und überall ausführen können. Nicht nur, wenn Sie magisch arbeiten, sondern auch in normalen Alltagssituationen, in denen Sie sich selbst einen Halt geben wollen. Genau dazu dienen sie nämlich. Es sind die wichtigen Fähigkeiten, sich zu erden und zu zentrieren, sich zu schützen und zu reinigen, denn wie bei allen Arbeiten mit nicht ganz ungefährlichen Energien oder Stoffen gilt auch bei der Magie, sich gut vorzubereiten. Wenn Sie mit giftigen Chemikalien arbeiten wollen, ziehen Sie auch schützende Handschuhe an, gehen mit Konzentration und Aufmerksamkeit ans Werk und reinigen sich anschließend von Rückständen.

Als weitere grundlegende Voraussetzung für das praktische magische Arbeiten sollten Sie wissen, wie man ein Ritual aufbaut, die wesentlichen Bestandteile und Abläufe kennen und sie sich so einprägen, dass Sie nötigenfalls auch aus dem Stegreif ein kleines Ritual gestalten können. Außerdem finden Sie in diesem Kapitel noch Hinweise dazu, welche Tücken und Fallstricke Ihnen dabei begegnen können und was Sie vermeiden sollten.

Eliphas Lévi – eigentlich Alphonse-Louis Constant – lebte von 1810 bis 1875. Er sollte eigentlich Priester werden, wurde aber wegen seiner eigenwilligen religiösen Ansichten von der Kirche ausgeschlossen.

Bild links: Zu einer schwarzen Messe gehören mächtige Symbole. Und da der Tod eine das Leben bestimmende Kraft ist, wird er durch Knochen und Schädel vergegenwärtigt.

Erdung – der feste Halt im Hier und Jetzt

Sich mit Magie zu beschäftigen, bedeutet jedes Mal, ein klein wenig abzuheben, sozusagen die Welt zu wechseln. Magische Arbeit reicht immer über die reale Welt hinaus, vor allem dann, wenn Sie mit den Methoden der visuellen und hohen Magie arbeiten. Die dabei entstehenden oder genutzten Energien und auch die dadurch aufgewühlten Gefühle dürfen nicht unkontrolliert durch die Welt geistern, sonst werden sie in der Tat zu Plagegeistern. Es ist daher wichtig, sich selbst vor und nach der Beschäftigung mit ihnen fest in der Realität zu verankern. Den tröstlichsten und beständigsten Halt dafür gibt uns die Erde. Das Gefühl der Verbindung zum Boden unter unseren Füßen hilft uns, nach einem Ausflug in die magische Welt wieder ins energetische Gleichgewicht zu kommen.

Es gibt viele Arten, wie man den Kontakt zur Erde aufnehmen kann. Probieren Sie die verschiedenen Möglichkeiten aus, und wählen Sie dann für sich diejenige aus, die Ihnen am angenehmsten erscheint und bei der Sie das Gefühl größter Sicherheit haben.

Klassische Erdungshaltung

Der stabile Stand, den Sie vielleicht schon aus verschiedenen Sportarten oder von der Wirbelsäulengymnastik her kennen, ist die beste und einfachste Art, sich zu erden. Wenn der Körper fest steht und in seinem Schwerpunkt ruht, hat auch der Geist ein Korsett, das ihn stützt. So nehmen Sie die richtige Haltung ein:

- Stellen Sie die Füße flach und etwa schulterbreit auf den Boden, wenn möglich sogar barfuß.
- Lassen Sie die Knie leicht gebeugt, und pendeln Sie anschließend mit dem Becken so lange hin und her, bis Sie merken, dass Sie so fest stehen, dass Sie nichts mehr umwerfen kann.
- Richten Sie die Wirbelsäule auf, ziehen Sie die Schultern leicht nach hinten und gleichzeitig nach unten, und heben Sie das Kinn dabei ein wenig an.
- Heben Sie die Arme dann langsam hoch, und halten Sie die geöffneten Handflächen nach oben.
- Schließen Sie die Augen, und atmen Sie einige Male tief in den Bauch ein.
- Während der gesamten Übung sollten Sie sich vorstellen, wie Sie sich mit der schützenden, beruhigenden Kraft der Erde verbinden.
- Alle überschüssigen Energien wie Nervosität, Stress, Angst oder Anspannung können Sie durch Ihre Füße in den Boden leiten.

Sollten Sie an einem Mangel an Energie leiden und sich ausgehöhlt und leer fühlen, dann können Sie genauso gut den Vorgang umkehren und frische Energie aus der Erde nach oben steigen lassen.

Einen Baum umarmen

Eine sehr handgreifliche Methode des Erdens besteht darin, dass Sie sich der Mithilfe eines Baumes versichern. Bäume sind eng mit der Erde verbunden, geduldig und beruhigend.
Um sich zu erden, suchen Sie Ihren Lieblingsbaum auf. Umarmen Sie seinen Stamm, lehnen Sie Ihre Wange gegen ihn, und schließen Sie die Augen. Entspannen Sie sich, und versuchen Sie, sich mit allen Sinnen auf den Baum einzustellen. Verschmelzen Sie für eine Weile mit dem Baum, werden Sie eins mit Wurzel, Stamm und Krone. Der Baum nimmt Ihnen Ihre überschüssigen Energien ab, oder er erfüllt Sie mit neuer Kraft. Wenn Sie ruhig geworden sind, lösen Sie die Umarmung. Übrigens, ein Baum ist ein Lebewesen, und man kann ihm für seine Unterstützung ein Dankeswort sagen.

Die Kraft der Steine

Eine andere einfache Form der Erdung können Sie folgendermaßen durchführen: Knien Sie sich auf den Boden, legen Sie die Hände rechts und links neben die Füße, und beugen Sie sich so weit vor, dass Ihre Stirn den Boden berührt. Schließen Sie die Augen, atmen Sie ein paar Mal tief ein, und stellen Sie sich dann vor, wie die Kraft der Erde durch die Stirn Einlass findet und Sie erfüllt. Sie werden merken, wie ruhig Sie dadurch werden.

Gebete werden und wurden immer in einer der Erdungshaltungen gesprochen – kniend, flach auf dem Boden liegend oder in der uralten Geste der Oranshaltung. Wenn Ihnen Kniefälle zu schwer fallen oder der Boden es nicht erlaubt, können Sie auch einen Stein, etwa einen Bergkristall, auf Ihre Stirn legen und seine Kraft auf sich wirken lassen.

Die Erde in Ihren Händen

Dieser Vorschlag mag Ihnen völlig unmagisch vorkommen, er ist es aber nicht, und mancher Gärtner oder manche Gärtnerin wird Ihnen sicher schon bestätigt haben, welche Beruhigung die Arbeit mit dem fruchtbaren Boden verschafft. Vom Umgraben ganzer Beete bis hin zum Blumenumtopfen ist die Beschäftigung mit der Erde eine ganz konkrete Maßnahme, um sich aus den abgehobenen geistigen Welten wieder zurück in die Realität zu begeben und dabei alle herumgeisternden Energien zu neutralisieren.

Küchenmagisches Erden

Die Beschäftigung mit den Produkten der Erde ist ebenfalls eine gute Möglichkeit, sich im realen Leben zu verankern. Wenn Sie zur praktischen Küchenmagie neigen – nicht die schlechteste Form, sein Leben zauberhaft zu gestalten –, dann kneten Sie Brotteig. Nicht aus der Fertigmischungstüte, sondern richtig mit Mehl und Körnern. Und auch nicht mit dem Rührgerät, sondern wirklich mit den eigenen Händen. Wenn das Produkt fertig gebacken ist, haben sie eine zweite Möglichkeit, sich damit zu erden, nämlich indem Sie es bewusst aufessen.

Ein sicherer, fester Stand ist in allen Lebenslagen nützlich, vor allem aber dann, wenn es auf das äußere und das innere Gleichgewicht ankommt.

Tanz – Verbindung mit der Erde

Wenn Ihnen »irdische« Bewegungen mehr liegen als stilles Verharren, dann ist selbstverständlich Tanzen ein wunderbares Mittel, um sich zu erden. Nicht ausgefeilt und filigran, nicht auf Zehenspitzen und mit feinen Pirouetten, sondern erdverbunden und nach dem eigenen Rhythmus sollten Sie tanzen. Stampfen Sie ruhig mal auf, bleiben Sie aber mit beiden Füßen auf dem Boden. Improvisieren Sie, oder machen Sie Anleihen bei Folkloretänzen. Frauen, die sich schon einmal mit Bauchtanz befasst haben, wissen, wie gut diese Bewegungen die Energien leiten. Die dramatische schwarze Magie verlangt für diese Form der Erdung natürlich einen Tanz um bemooste Grabsteine, wobei diese dabei nur theatralisches Zubehör sind und keinerlei magische Verstärkung der Erdung bewirken.

Eigene Ideen zur Erdung

Lassen Sie sich von diesen Vorschlägen auch inspirieren, Ihre eigenen Erdungstechniken zu entwickeln. Es kommt vor allem darauf an, ruhig zu werden, die Balance der aufgewühlten Gefühle und Kräfte wiederherzustellen und sich dabei auf die Beständigkeit der Erde zu konzentrieren. Sie können das auch bei einem ganz bewussten Spaziergang oder dem Anlehnen an einen Felsblock durchführen. Wenn Sie eine sehr starke Erdung brauchen, können Sie sich auch lang ausgestreckt auf dem Bauch auf die Erde legen und die Finger in den Boden krallen. Wichtig ist bei allen diesen praktischen Maßnahmen, dass Sie spüren, wie die Energie fließt.

Erdung für das innere Gleichgewicht

Nicht nur bei der magischen Arbeit ist das Erden, das Finden des inneren Gleichgewichts, wichtig. Auch wenn Sie sich nervös oder unruhig fühlen oder unter Stress stehen, helfen diese Übungen. Sie sind auch nützlich, wenn Ängste Sie beunruhigen, vor allem, wenn Sie dabei mehrmals tief einatmen.

Schützen und Bannen – Sicherheit hinter dem Schutzwall

Bei der magischen Arbeit werden verborgene Kräfte geweckt, doch nicht alle will man an sich heranlassen. Die Methoden des mentalen Schutzes sind vielfältig und haben lange Tradition. Genau wie das Erden können sie nicht nur bei der magischen Arbeit eingesetzt werden, sondern haben auch durchaus ihren großen Nutzen, wenn Sie in alltäglichen Situationen vor geistigen An- und Übergriffen gefeit sein wollen. Sie sind allerdings kein Mittel, um sich gegen gewalttätige Angriffe zu schützen. Wenn Sie also ein Bösewicht mit dem Messer bedroht, helfen Ihnen lautes Schreien, schnelle Füße oder ein paar gezielte Abwehrtechniken aus den Kampfkünsten weitaus mehr als ein in die Luft gezeichnetes Pentagramm.
Doch in vielen unangenehmen Alltagssituationen finden Sie in der Magie wertvolle Helfer. Die unfreundliche Kollegin, die Sie mit einem abschätzigen Blick mustert, können Sie wesentlich nervenschonender ignorieren, wenn Sie z. B. den Erzengel Michael oder einen scharfzahnigen, knurrenden Dämon an Ihrer Seite wissen.
Sehen wir uns verschiedene Schutzmaßnahmen an, wie sie seit alter Zeit in der magischen Praxis Verwendung finden. Auch hier können Sie experimentieren und versuchen herauszufinden, welche der Methoden Ihnen am meisten liegt.

Die Schutzübungen gehören weitgehend schon zum Bereich der imaginativen Magie, da hier Ihre Vorstellungskraft besonders wichtig ist. Bei all diesen praktischen Übungen sollten Sie nicht vergessen, mehrmals tief und ruhig einzuatmen, um die Spannung im Körper zu lösen.

Das Schutz-Pentagramm

Das klassische Schutzritual, das auch von den alten Magiern überliefert wird, liegt im Ziehen des Fünfsterns. Das so genannte Pentagramm ist eines der wichtigsten Symbole in der Magie.

- Nehmen Sie Ihre rechte Hand, und beginnen Sie, von der linken Hüfte aus eine Linie zur Stirn zu ziehen. Stellen Sie sich diese Linie als leuchtende Spur vor.
- Ziehen Sie jetzt eine zweite Linie von der Stirn zur rechten Hüfte.
- Ziehen Sie die dritte Linie von der Hüfte zur linken Schulter.
- Ziehen Sie die vierte Linie von der linken Schulter zur rechten Schulter.
- Ziehen Sie die fünfte und letzte Linie von der rechten Schulter zurück zur linken Hüfte.

Sie sehen vor sich das leuchtende, bannende Pentagramm. Versuchen Sie, dieses Symbol nur in Gedanken entstehen zu lassen, und wenden Sie es an, wenn sich eine unangenehme Situation entwickelt.

Der magische Kreis sollte immer so groß sein, dass Sie sich innerhalb seiner Grenzen einige Schritte bewegen können.

Der magische Kreis in der materiellen Variante

Etwas mehr Aufwand erfordert der magische Kreis, aber eigentlich ist er unverzichtbar bei allen magischen Maßnahmen. Er basiert auf der Schutzwirkung der vier Elemente Feuer, Wasser, Erde und Luft. Dazu benötigen Sie für jedes Element einen Gegenstand, der die entsprechende Eigenschaft vertritt. Sie sollten sich dabei vor allem um einen möglichst engen Bezug zu diesen symbolhaften Gegenständen bemühen, indem Sie sie entweder selbst herstellen, sammeln oder zumindest verzieren. Magie lebt von persönlichen Beziehungen. Eine der Möglichkeiten ist dabei auch das Weihen, etwa einer Kerze für den Zweck, für den sie eingesetzt wird. Manchmal salbt man sie dazu mit bestimmten Duftölen oder – in der schwarzen Magie – mit verschiedenen Körpersäften.

- Feuer erleuchtet und reinigt. Alle Kerzen sind hier geeignet, vom simplen Teelicht bis zur gesalbten Ritualkerze ist alles möglich und sollte dem Anlass und Ihrem Gefühl entsprechen. Die Kerze oder Kerzen stehen im Süden des Kreises. Alternativ können Sie auch einen Kreis aus Kerzen aufstellen; gut dafür geeignet sind Teelichter. Der Kreis muss aber groß genug sein, um sich darin bewegen zu können, damit Sie nicht buchstäblich entflammt werden.
- Ein Gefäß mit Wasser, ob Kelch, Schüssel oder Glas, bleibt Ihrer Wahl überlassen, muss im Westen stehen. Das Wasser fängt die negativen Strömungen auf.

◎ Räucherwerk gilt als ein Symbol der Luft, auch Duftlampen oder stark riechende Essenzen können verwendet werden, aber am stimmungsvollsten ist die Räucherschale, aus der der Rauch aufsteigt. Er ist das sichtbare Verbindungsglied von den Menschen zu den Göttern, Geistern und Dämonen. Die Räucherschale gehört in den Osten des Kreises, die Wahl des Duftes entspricht dem Anlass des Rituals und den angerufenen Geistern – oder Ihrer Stimmung.
◎ Die schwarze Magie schreibt als Symbol für die Erde eine Hand voll Friedhofserde vor oder einen Totenkopf. Es geht aber auch mit einem Stein oder einem irdenen Teller, den Sie im Norden platzieren. Die Erde hält den Kontakt zur Wirklichkeit aufrecht.
Sie können nun entweder eine magische Handlung in diesem Kreis durchführen, in seinem Zentrum geschützt sitzen und über eine Frage meditieren oder sich ganz einfach ausruhen.

Die Luft ist das Element des Ostens, das Feuer das des Südens, das Wasser gehört zum Westen, und die Erde symbolisiert der Norden.

Der magische Kreis in der visualisierten Variante

Ihre Vorstellungskraft fordert der im Geist gezogene magische Kreis; er ist genauso wirkungsvoll wie der aus Gegenständen hergestellte. Sie können auch beide Kreise miteinander verbinden.

Das Hexagramm bannt und schützt. Es entfaltet seine Wirkung auch, wenn es in die Luft geschrieben wird oder wenn man es sich vorstellt.

◎ Beginnen Sie mit dem Gesicht nach Osten, und rufen oder denken Sie: »Hört, ihr Kräfte des Ostens, der Luft und des klaren Verstandes. Ich bitte euch, seid bei mir!« Ziehen Sie in Gedanken einen Viertelkreis nach Süden, der dabei eine leuchtende Spur in Ihrer Vorstellung hinterlässt.
◎ Rufen oder denken Sie: »Hört, ihr Kräfte des Südens, des Feuers und des flammenden Willens. Ich bitte euch, seid bei mir!« Drehen Sie sich nach Westen, und hinterlassen Sie die Flammenspur Ihrer Gedanken.
◎ Rufen oder denken Sie: »Hört, ihr Kräfte des Westens, des Wassers und der tiefen Gefühle. Ich bitte euch, seid bei mir!« Drehen Sie sich nach Norden, und hinterlassen Sie in Gedanken die Flammenspur.
◎ Rufen oder denken Sie: »Hört, ihr Kräfte des Nordens, der Erde und des tatkräftigen Handelns. Ich bitte euch, seid bei mir!«
◎ Drehen Sie sich einmal ganz im Kreis, und hinterlassen Sie um sich herum den leuchtenden magischen Kreis.
Gut ausgestattete Ritualmagier ziehen diesen Kreis entweder mit dem Schwert oder dem Dolch. Diese Waffen können real sein oder nur in der Vorstellung existieren.

Den schützenden, beruhigenden Kreis der Erzengel um sich herum zu versammeln ist auch wunderbar geeignet, wenn man sich schlaflos im Bett herumwälzt. Mit den uralten Bildern dieser den Menschen wohlgesinnten Wesen vor Augen schläft man sicher bald ein.

Anrufung von Schutzgeistern

Es kommt sicher dem einen oder anderen von Ihnen mehr entgegen, sich schützende Kräfte persönlicher vorzustellen. Von alters her sind Engel dafür hervorragend geeignet. Das Prinzip der Erzengelanrufung ist das gleiche wie beim magischen Kreis.

◎ Drehen Sie sich mit dem Gesicht nach Osten, rufen Sie den Erzengel Raphael an, und bitten Sie um seine heilende Gegenwart. Er erscheint in einem wehenden orangefarbenen Gewand und sendet orangefarbene Strahlen der Heilung aus.
◎ Drehen Sie sich um 90 Grad weiter nach Süden, und rufen Sie den Erzengel Michael an. Bitten Sie um seine schützende Gegenwart. Visualisieren Sie den strahlenden Fürsten des Lichtes als eine geflügelte, sonnengelbe Gestalt mit einem flammenden Schwert.
◎ Wenden Sie sich nach Westen, und bitten Sie Gabriel um seine inspirierende Gegenwart. Vor Ihrem inneren Auge sollte er in einem lila Gewand erscheinen, über das sich silbernes Mondlicht ergießt.

◎ Drehen Sie sich noch einen letzten Viertelkreis weiter, und bitten Sie den Erzengel Uriel um seine beständige Unterstützung. Das Bild, das Sie sich von ihm machen, zeigt einen Engel in einem braunen Gewand, der mit beiden Beinen fest auf der Erde steht.

Ob Sie diese Anrufungen laut oder nur in Gedanken sprechen, entscheiden Sie selbst. Sie können aus der Anrufung einige Verse machen; sie haben den Vorteil, dass sie sich leichter einprägen und auch unter Anspannung schnell zur Verfügung stehen.

Aura-Magie

Alle Lebewesen sind von einer Energiehülle umgeben. Mit der Kirlian-Fotografie kann man Aura sichtbar machen. Sie kann sowohl von außen als auch von uns selbst beeinflusst werden. Eine gesunde, starke Aura ist der größte Schutz, den wir haben.
Ihre Aura beeinflussen Sie mit Ihren Gedanken und Gefühlen. Versetzen Sie sich in einen entspannten Zustand, und stellen Sie sich eine hübsche, weiße Wolke über Ihrem Kopf vor. Konzentrieren Sie sich ganz auf sie, und fühlen Sie, wie aus ihr strahlendes Licht über Sie herabströmt, Sie ganz umgibt und vor allen Anfeindungen von außen beschützt. Diese Übung ist auch sehr nützlich, wenn Sie den Eindruck haben, dass sich Unreinheiten oder Verletzungen in Ihrer Aura befinden. Das Licht schützt nicht nur, es reinigt und heilt auch.

Auch diese Übung kann nichtmagisch eingesetzt werden, mit ihr können Sie sich von lästigen Energievampiren distanzieren – also von Menschen, bei denen Sie das Gefühl haben, dass sie Ihnen Kraft und Nerven rauben.

Eigene Ideen zum Schutz

Selbstverständlich können Sie auch eigene Schutzmaßnahmen erfinden und ausprobieren. Mag sein, dass Sie einen Schutzengel bemühen möchten, ein schamanisches Krafttier um Beistand bitten oder auch eine symbolische Handlung nutzen wollen, die Ihnen schon immer das Gefühl der Sicherheit gegeben hat, wie etwa eine Perlenkette durch die Finger laufen lassen oder das Umfassen eines Amuletts oder Edelsteins. Gläubige schlagen ein Kreuzzeichen. Das Gefühl der Sicherheit ist das Wesentliche bei all diesen Handlungen. Am besten verbannt man herumirrende Energien durch eine gesunde Selbstsicherheit. Und als Letztes die allerwichtigste und wirkungsvollste Form des Schutzes: Humor! Worüber Sie lachen können, davor haben Sie auch keine Angst.

Reinigung – energetische Ablagerungen vermeiden

Es lässt sich nicht immer vermeiden, dass sich ungebetene Geister bei Ihnen einnisten oder, mit anderen Worten, sich Kräfte nicht neutralisieren lassen wollen. Die Folge ist, dass sie in Ihren Gedanken herumspuken, sich auf unangenehme Art bemerkbar machen, Sie nervös, ärgerlich, vielleicht auch depressiv oder mutlos werden lassen. Auf jeden Fall hindern Sie derartige Ablenkungen daran, sich zu konzentrieren, und die Arbeit mit den magischen Welten sollte man immer mit voller Aufmerksamkeit durchführen.

Das Buch »Reinigungsrituale für Haus und Wohnung« von Ansha vermittelt Ihnen viele weitere Hinweise zur magischen Reinigung.

Rituale verwandeln dunkle Mächte

Erden hilft nicht in jedem Fall, denn damit leiten Sie nur die Energien ab, die Sie gerufen haben und die Sie kennen. Die Reinigung hingegen kommt auch den nicht bewussten Störgeistern auf die Spur. Führen Sie also vor und nach jeder Beschäftigung mit der Magie sicherheitshalber ein kleines Reinigungsritual durch, vor allem, wenn Sie sich mit den Schattenwelten beschäftigt haben, denn die Reinigung wird Ihnen helfen, um die von dort auftauchenden Kräfte zu transformieren.

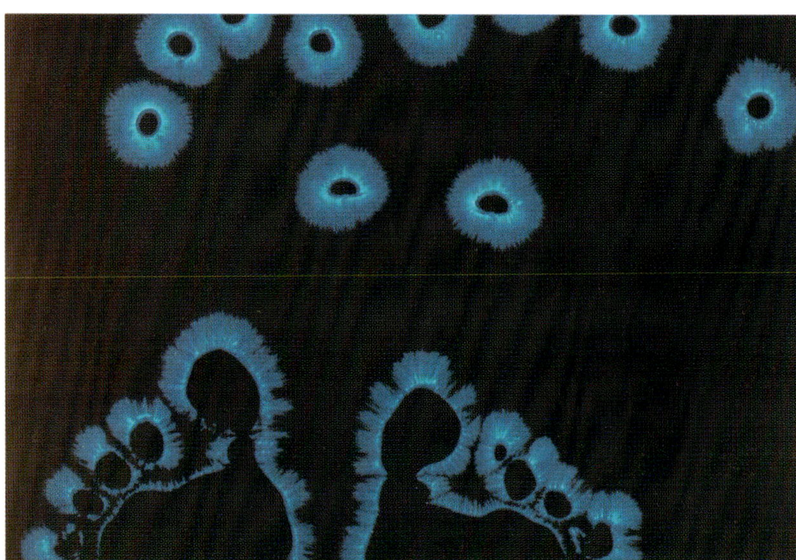

Normalerweise können wir die Aura nicht sehen, die jeden Menschen umgibt. Doch es gibt fotografische Methoden, die sie zum Vorschein bringt.

Aura-Dusche

Ein sehr einfaches Reinigungsritual, das dazu beiträgt, Abstand von den täglichen Sorgen und Belastungen zu finden, ist die Aura-Dusche. Gehen Sie unter die Dusche, lassen Sie angenehm warmes Wasser laufen, und stellen Sie sich dabei einfach vor, dass jeder Tropfen aus Licht besteht und alle dunklen Flecken und lästige Energieparasiten Ihrer Aura wegspült.

Reinigender Salbeirauch und Räucherkohle

Räucherwerk ist ebenfalls gut geeignet, um eine saubere Atmosphäre zu erzeugen. Traditionell wird Salbei dabei verwendet. Getrocknete Salbeiblätter haben einen würzigen, reinen Duft, wenn sie verbrannt werden. Benutzen Sie eine feuerfeste Schale, die mit Sand gefüllt ist, und verbrennen Sie drei, vier Blättchen darauf. Den Rauch können Sie im Raum verfächeln oder zu sich wehen lassen. Getrocknete Blätter verbrennen schnell. Wenn Sie länger räuchern wollen, verwenden Sie Räucherkohle, die es in Tablettenform gibt, und legen fest zusammengerollte Salbeikugeln darauf.

Selbstverständlich können Sie auch mit anderen Mitteln räuchern; es gibt eine Vielzahl von Weihrauchmischungen im Handel, oder Sie stellen Sie nach eigenem Geschmack aus verschiedenen duftenden Zutaten zusammen. Wichtig ist, dass Ihnen der Duft das Gefühl von Reinheit gibt.

Auch Töne können reinigend wirken, so beispielsweise der dumpfe Klang eines Gongs oder das schwingende Klingen von Klangschalen.

Salz und Salzwasser

Ein uraltes Reinigungsmittel ist Salz. Sie können mit pulverisiertem Salz einen Kreis um sich ziehen oder es auf die Türschwelle des Raumes streuen, in dem Sie Ihre magische Arbeit verrichten. Sie können es auch in Wasser auflösen und sich darin waschen oder Ihre Räume mit Salzwasser aussprühen. Betrachten Sie das aber als symbolische Handlung, und verwenden Sie nur kleine Mengen. Weder Möbel noch Gardinen müssen dabei triefend nass werden. Eine dramatische Salzreinigung erzielen Sie, wenn Sie pulverisiertes Salz in Flammen aufgehen lassen. Letzteres müssen Sie sehr vorsichtig tun und immer feuerfeste Gefäße verwenden, damit nicht ein losgelassener Feuerdämon Ihre Wohnung in Brand setzt.

Große Reinigung

Wenn Sie sich große Aufgaben – ob magisch oder im Alltag – vorgenommen haben, können Sie auch ein großes Ritual aus der Reinigung machen. Dazu gehört es, die Räume zu reinigen, und zwar sowohl auf der materiellen Ebene durch Aufräumen und Putzen als auch mit Hilfe immaterieller Reinigung durch Räucherung oder mit Düften. Für Sie selbst gehören Fasten, Entschlacken, Bäder, eventuell Schwitzkuren dazu und natürlich die geistige Reinigung der Aura. Solche Maßnahmen gab und gibt es in allen Kulturen, und wenn Sie es recht bedenken: Auch bei Ihnen dient nicht jedes Wannenbad und nicht jede Dusche nur der äußeren Sauberkeit.

Eigene Ideen zur Reinigung

Bei der Reinigung können Sie kreativ werden. Was in der Natur reinigend wirkt, kann auch im übertragenen Sinne eingesetzt werden. Was sauber riecht, ob Zitrone oder Lavendel, Essig oder Fichtennadeln, wird auch auf Ihre Seele reinigend wirken. Stöbern Sie in Ihrem Duftgedächtnis nach – Gerüche wirken sehr subtil auf das Unbewusste und helfen damit, sich sicher und sauber zu fühlen. Reinigende Handlungen wie Ausbürsten, Abwaschen, Lüften und Ordnung schaffen haben auch eine übertragene säubernde Wirkung. Üble Geister lieben unaufgeräumte Schlupfwinkel – in Ihrer Umgebung wie auch in Ihrem mentalen Befinden.

Der Ritualaufbau

Zur praktischen Magie gehört das Ritual. Es besteht aus einer Folge von symbolischen Handlungen, die dazu dienen, den Magier in eine fest gefügte Welt innerhalb der unübersichtlichen Strömungen von geistigen Kräften und Energien zu versetzen.

Das Ritual setzt Grenzen in einem chaotischen System, und für den Anfänger ist es daher wichtig, sich an diese Grenzen zu halten.

Magische Traditionen

Die etablierten magischen Systeme, meist solche mit langer Tradition, haben unumstößliche Regeln aufgestellt, die streng von den Ausübenden einzuhalten sind. Das hat sicher Vorteile, wenn man sich noch ohne jegliche Vorkenntnis auf dieses geheimnisvolle und damit noch nicht beherrschbare Gebiet begibt. Stellen Sie sich vor, Sie wollen ein Musikinstrument spielen lernen. Auch dann müssen Sie sich zunächst an die Grundübungen halten, damit Sie ihm überhaupt ein paar wohlklingende Töne entlocken können. Später, wenn Ihnen die Beherrschung der Saiten oder Tasten in Fleisch und Blut übergegangen ist und sich das Gefühl für Melodie und Rhythmus eingestellt hat, können Sie improvisieren und damit die gesetzten Grenzen überschreiten.

Viele angehende Magier meinen, dass ein Ritual umso wirkungsvoller ist, je geheimnisvoller und unverständlicher Abläufe und Ingredienzen sind, und vergessen, dass die Absicht die Wirkung erzielt.

Die traditionelle oder auch dogmatische Zeremonialmagie hat jedoch den Nachteil, dass sie auf zum Teil sehr alte, manchmal geradezu verschrobene Praktiken zurückgreift, die zu ihrer Zeit sicher einen tieferen Sinn hatten. Allerdings sind die Zusammenhänge in vielen Fällen verloren gegangen oder setzen eine solch intensive Beschäftigung mit den individuell entwickelten Systemen voraus, dass der eigentliche Nutzen eher zweifelhaft ist. So hat etwa Dr. John Dee (1527–1608), der Begründer der Henochschen Magie, eine eigene Sprache und Schrift für seine Rituale entwickelt. Die meisten magischen Orden und Geheimbünde haben ebenfalls ihre eigenen Zeremonien entworfen, die mehr oder weniger authentisch auf ägyptische, orientalische oder sonstige exotische Traditionen zurückgreifen. Besonders kreativ sind heute in der Ritualgestaltung die so genannten Chaosmagier.

In einer magischen Zeremonie werden der Teufel und die Geister der Unterwelt beschworen.

Sie können sich natürlich ein solches System aneignen. Wenn Sie beispielsweise durch den Klang der barbarischen Namen oder das ekstatische Lallen in einer selbst erfundenen Chaossprache in die entsprechende Stimmung versetzt werden, tun Sie es. Sie können aber auch mit dem gesunden Menschenverstand an die Problematik herangehen und sich an ein paar Prinzipien orientieren.

Die praktische Durchführung eines Rituals

Formulieren Sie zuerst die Zielsetzung des Rituals. Man führt kein magisches Ritual um seiner selbst willen durch, sondern verbindet damit immer eine Veränderung der unangenehmen oder die Stabilisierung einer bestehenden Situation, oder man vergewissert sich alter Traditionen. Definieren Sie, was Sie erreichen wollen. Im Grunde fertigen Sie damit das Drehbuch und den »Zauberspruch« an, den Sie im Laufe des Rituals übermitteln werden.

Was Sie hier beschrieben finden, ist die Form, nicht der Inhalt des Rituals, es sind die Griffe auf dem Klavier, nicht die Musik. Ob Sie die Form mit weißen, grauen oder schwarzen Inhalten füllen, entscheiden Sie.

- Stellen Sie die notwendigen materiellen Hilfsmittel zusammen, legen Sie Ort und Zeit für die magische Arbeit fest.
- Führen Sie die persönliche Reinigung und eventuell auch eine Raumreinigung durch.
- Erden und zentrieren Sie sich nach der von Ihnen bevorzugten Methode.
- Bauen Sie Schutz oder Bannung auf, beispielsweise dadurch, dass Sie den magischen Kreis ziehen.
- Im Hauptteil des Rituals finden dann die eigentlichen magischen Operationen statt. Dazu gehören das Wecken von magischen Energien und ihre Anwendung oder auch nur ihre Erfahrung, das magische Aufladen von Talismanen und Amuletten, mystische Erlebnisse, Opfergaben, Heilungsmagie oder Divinationen, also die Herbeirufung eines höheren Wesens. Vergessen Sie dabei nie, die gerufenen Geister wieder zu verabschieden!
- Abschließend erfolgt noch einmal Reinigung, Erdung und Aufhebung des Schutzkreises. Damit wird symbolisch der Wiedereintritt ins Alltagsbewusstsein signalisiert.

Bereiten Sie das Ritual auf jeden Fall nach, indem Sie Anlass, Form, Erfahrung und Ergebnisse schriftlich festhalten und einer kritischen Betrachtung unterziehen.

Gefahren der magischen Praktiken

Dieses Kapitel beschäftigt sich mit formalen, bislang auch wertfreien magischen Praktiken, und dennoch birgt diese Art der Magie gewisse Gefahren in sich, die man sich vor Augen halten muss. Formalismus hat seine eigenen Gesetze, die Sie auch aus dem täglichen Leben kennen. Denn die Form alleine löst das Problem nicht, die formal richtig erstellte Bilanz hat wenig mit dem Gewinn oder Verlust eines Unternehmens zu tun. Insbesondere dann, wenn man nicht verstanden hat, welchen Sinn bestimmte Verfahren haben, kann man leicht dem Irrtum unterliegen, dass ein korrekt nachgesprochener Bannspruch schon mentalen Schutz gewährleistet. Sinnentleerte magische oder religiöse Handlungen bewirken nichts. Ein bisschen intolerant den durchaus gläubigen Heiden gegenüber heißt es dazu in der Bibel: »Wenn ihr aber betet, sollt ihr nicht plappern wie die Heiden, die sich einbilden, dass sie erhört werden, wenn sie viele Worte machen!« (Mt. 6.7). Ein achtlos heruntergeplapperter Rosenkranz bleibt wirkungslos.

Einen Rat geben dürfen Sie einem anderen Magier natürlich, helfen auch, aber werden Sie bitte nie dogmatisch, auch wenn Sie damit Überlegenheit demonstrieren können.

Eigene Verantwortung für die Grenzen

Die Form ist eine Hilfestellung, eine bewusst gezogene Grenze, die man sich selbst auferlegt. Kein anderer hat dafür die Verantwortung außer Sie selbst. Wenn Sie ein noch so hochgelobtes Verfahren anwenden, sich dabei aber unsicher und unwohl fühlen, dann wird der Erfolg ausgesprochen mäßig sein. Auf der anderen Seite sollten auch Sie niemals jemandem vorschreiben, in welcher Art er sich zu erden, zu schützen oder zu reinigen hat.

Eine andere Gefahr besteht darin, die Form zu früh aufzugeben oder für völlig überflüssig zu erachten. Mag ja sein, dass Sie sich voller Elan und Neugier auf die magische Arbeit stürzen wollen und sich mit den vorbereitenden Maßnahmen nicht lange aufhalten wollen. Doch wenn aufsässige Tagesgedanken, unklare Gefühle, eine ungerichtete Aufmerksamkeit oder gar nervöse Fahrigkeit bei der magischen Arbeit auftreten, dann kann das zu ungewöhnlichen, meist nicht gewünschten Resultaten führen. Und dann werden Sie, wie Goethes Zauberlehrling, die Geister, die Sie riefen, nicht mehr los Vor allem aber: Wenn Sie sich mit den Schattenwelten befassen, ist es unabdingbar, dass Sie sich auf ein festes rituelles Gefüge stützen können, in dem Sie sich sicher und wohl fühlen. Es gehört gewiss zu den erschütterndsten Erlebnissen, sich in der Unterwelt zu verirren.

Zaubern für sich und andere

Zur praktischen Magie gehört der praktische Zauber – nicht der Bühnentrick, sondern das mit materiellen Hilfsmitteln durchgeführte Beeinflussen der Realität. Hier geraten wir sofort von den wertfreien Praktiken in die erste Grauzone, denn wann immer ein Mensch seinen Willen durchsetzt, wird etwas anderes davon beeinflusst. Begeisterte Vertreter der reinweißen Magie neigen gerne dazu, das zu vergessen. Selbst der wirklich gut gemeinte Wunsch kann Nebenwirkungen haben, vor allem, wenn er sich auf andere bezieht. Wünschen Sie Ihrem arbeitslosen Nachbarn eine neue Arbeitsstelle, schön, dann geschieht das sicher in bester Absicht. Sein Pech, wenn er dort von den Kollegen gemobbt wird, sich eine Allergie holt oder vor lauter Stress ein Magengeschwür bekommt.

Nun muss man deshalb nicht auf das Zaubern verzichten, im Gegenteil, es ist sehr nützlich. Nur sollte man von Heuchelei und Selbstbetrug absehen. Wer sich einen Vorteil verschaffen will, ob mit oder ohne Magie, sorgt an einer anderen Stelle im Gewebe der Welt für einen Nachteil.

Völlig schadensfreies Zaubern oder Handeln gibt es nicht. Es gibt natürlich Gradunterschiede zwischen magischen Akten, die bewusst darauf ausgerichtet sind, Verderben zu bewirken, und mehr oder weniger fahrlässiger Schadensverursachung.

In diesem Kapitel erhalten Sie einen Überblick über die Technik des Zauberns mit Hilfsmitteln, insbesondere Analogie- und Sympathiezauber, aber auch Hinweise auf anderes magisches Handwerkszeug, dessen Beherrschung Ihre Entwicklung unterstützen kann.

Teufelsdreck und Wachsfigürchen

In Trockengebieten wächst eine Doldenpflanze mit der botanischen Bezeichnung *Ferula asa foetida*, aus deren Wurzeln gummiartiges Harz gewonnen wird. Sie hört auch auf die schönen Namen Teufelsdreck oder Stinkasant. An ihrem Beispiel lässt sich sehr schön zeigen, was es mit Analogien auf sich hat: Was so übel stinkt, das ertragen noch nicht einmal die Dämonen. Was hingegen süß duftet wie Rosen und Flieder, zieht die Liebe an, was frisch riecht wie Zitronen und Orangen, macht frisch und sauber, was einen herben Geruch hat wie Thymian oder Zwiebel, gibt Energie.

Das gleiche Phänomen können Sie über den Geschmack nachvollziehen. Auch hier sind süße Speisen und Gewürze mit Harmonie und Liebe verbunden. Denken Sie an reife Herzkirschen, Erdbeeren und Äpfel. Sauer macht lustig, bitter schmeckt die heilende Medizin, und Knoblauch vertreibt die Vampire.

Farben als Analogien können Sie ebenfalls leicht verstehen. Es gibt das feurige Rot, das sanfte Rosa, das strahlende Gelb, das quietschende Orange, das kühle Blau, das saftige Grün, das erdige Braun, das nüchterne Grau, melancholisches Violett und, nicht zu vergessen, das unschuldige Weiß und das tiefe Schwarz.

Ein Ritual kann mit praktischen Handlungen und materiellen Hilfsmitteln durchgeführt werden, es kann sich aber auch gänzlich im Geist abspielen, wie Sie es bei der imaginativen Magie vorfinden.

Analogiezauber

Über Aussehen, Geschmack, Geruch, manchmal auch die zu ertastende Struktur können Sie eine ganze Reihe von Entsprechungen zwischen Gegenständen, Gefühlen und Kräften erstellen.

Auch wenn Sie Redewendungen, Sprichwörter, alte Traditionen oder Märchen zu Rate ziehen, werden Sie auf viele derartige Zusammenhänge stoßen.

In den magischen Wissenschaften haben vor allem die Astrologen und Alchemisten umfangreiche – und zum Teil ziemlich haarspalterische – Analogiesysteme entworfen. Pragmatischer sind schon immer die Frauen vorgegangen. Wer kocht, den Garten pflegt, Kinder großzieht und kranke Alte betreut, der wird automatisch zur Kräuterhexe und kennt die Sinnverwandtschaften!

Wenn Sie also einen Wunsch realisieren wollen, dann können Sie als Hilfsmittel alles das verwenden, was Ihr Anliegen unterstützt. Wenn Sie Erfolg haben wollen, dann sind das Grün des Wachstums, die kraftvoll herben Düfte und alle Gegenstände aus Gold die richtigen Beigaben – entweder auf dem Altar oder im Kräuterbeutel, dem Talisman oder auch bei der persönlichen Bekleidung. Wollen Sie etwas verbannen oder zerstören, sind schwarze und rote Objekte die passende Wahl, dazu scharfe Gerüche bis hin zu Gestank sowie Dinge aus Blei.

Bringen Sie diese Hilfsmittel in das Ritual mit ein, in Kleidung, Schmuck, Raum und Altar. Vor allem aber nutzen Sie die Analogien, wenn Sie das materielle Modell Ihres Wunsches formen. Dieses »Wunschmodell« kann z. B. ein Talisman aus einem passenden Material oder stimmiger Farbe sein oder auch ein magischer Beutel gefüllt mit entsprechenden Gegenständen, eine Art Medizinbeutel. Diese Modelle helfen, den Wunsch an die magischen Kräfte zu übermitteln, was im Hauptteil des Rituals geschieht.

Sympathiezauber

Die Arbeit mit den Analogien ist gar nicht so schwierig, wenn man sich erst einmal auf die Suche nach Ähnlichkeiten macht, die sich in der Sinnverwandtschaft von Dingen zeigen.

Noch weiter geht der Sympathiezauber. Hier wird die Entsprechung über die körperliche Verbindung zu dem Objekt hergestellt, das es zu verzaubern gilt. Sofern es sich um Menschen handelt, sind Haare, Nagelschnipsel, Stofffetzchen aus der Kleidung oder auch Handschriftliches beliebte Hilfsmittel. Was dann damit veranstaltet wird, kann unterschiedliche Auswirkungen haben: Schadzauber sind genauso möglich wie Heilungs- oder Liebeszauber.
Doch weder das eine noch das andere ist besonders leicht durchzuführen, wie Sie in den weiteren Kapiteln erfahren werden. Denn auch zum Zaubern braucht man mehr als nur die technischen Hilfsmittel und die formalen Methoden. Das Wachsfigürchen und die hineingepiekte Nadel alleine bewirken weder Heilung noch Krankheit, der Medizinbeutel nicht das neue Auto. Erst wenn Sie Ihren Wunsch formuliert, übermittelt und dann losgelassen haben, kann der Zauber wirken. Loslassen, damit ist gemeint, dass der Wunsch Ihnen gleichgültig wird.

Amulette geben Kraft, sie schützen und helfen in vielen Lebenslagen.

Zauberhafte Hilfsmittel

Gegenständlich arbeitet die Magie auch mit den Dingen, die einerseits die eigenen magischen Kräfte verstärken oder sie andererseits mehr oder weniger bildhaft darstellen. Sie werden weniger zum Zaubern eingesetzt, sondern eher, um zukünftige Entwicklungen zu deuten. Lediglich Talismane und Amulette haben dabei schützende oder auch wunscherfüllende Wirkung. Der Umgang mit dem Handwerkszeug will gelernt werden, manchmal rein technisch, wie bei Pendel und Wünschelrute. Manchmal ist auch sozusagen »Vokabeln lernen« notwendig, wenn man sich die Bedeutung von Karten, Runen oder I-Ging-Hexagrammen beibringen will.

Magische Kräfte in Symbolen

Analogie und Sympathie haben viel mit den magischen Bedeutungen der alltäglichen Gebrauchsgegenstände zu tun, eine etwas abstraktere Form findet sich in den Zeichen und Symbolen der Menschheit. Nahezu alle Kulturen haben Bildzeichen geschaffen, die die magischen, die unsichtbaren Kräfte darstellen. Manche sind sehr anschaulich und direkt zugänglich wie die Tarotkarten, andere wie etwa das I Ging sind völlig abstrakt. Irgendwo dazwischen liegen solche Systeme, die auf Zahlen oder Buchstaben zurückgreifen, wie die Numerologie, die germanischen Runen oder das keltische Baumalphabet Ogam.

In der praktischen Magie wird der Wunsch zunächst in ein materielles Modell umgesetzt, mit dem man sich bei der Herstellung geistig auseinander setzt.

Auch mit diesen Symbolen kann man zaubern, also bestimmte Kräfte in Bewegung setzen. Bei den Runen gibt es eine sehr direkte körperliche Möglichkeit, das zu tun, nämlich indem Sie die Haltung der entsprechenden Rune annehmen. Aber eine Warnung vorweg: Runenmagie ist kraftvoll, und sie ist schnell und unbarmherzig. Seien Sie vorsichtig mit dem, was Sie sich wünschen! Meist werden diese Symbolsysteme zur Deutung der unsichtbaren Strömungen einer Situation verwendet, um daraus die zukünftige Entwicklung abzuleiten. Je nachdem, wie gut Ihre Sensitivität, Ihre Beobachtungsgabe und Ihre Menschenkenntnis ausgebildet sind, können Sie damit recht treffende Ergebnisse erzielen. Grundlegende Kenntnisse eines der Orakel sollten Sie sich auf jeden Fall aneignen, denn nichts hilft mehr, die Kräfte der Magie nach und nach zu verstehen. Zusätzlich sollten Sie sich ein gutes Nachschlagewerk für Traumsymbole zulegen, denn sobald Sie beginnen, mit den magischen Kräften zu arbeiten, werden Sie wunderliche Träume haben. Es wird hochinteressant für Sie sein, diese zu deuten.

Verstärker magischer Kräfte

Mit Pendel und Wünschelrute, aber auch mit Glaskugel und magischem Spiegel bringt man verborgenes Wissen an die Oberfläche. Es empfiehlt sich die eingehende Beschäftigung mit einem dieser magischen Verstärker, um sich seiner eigenen Fähigkeiten bewusst zu werden. Nichts geht über das Staunen als praktische Erkenntnis, wenn man am eigenen Leib erfährt, wie es sich anfühlt, wenn das Pendel über einer Wasserader ausschlägt. Mit Kristallkugel und Spiegel erhalten Sie die ersten Hilfsmittel, die das Aufsteigen der inneren Bilder unterstützen. Diese Techniken sind allerdings schwieriger als das Pendeln und setzen geistige Disziplin voraus. Zudem müssen Sie schon recht sicher im Erkennen und Deuten von Symbolen sein, denn die Szenen, die Sie sehen werden, sind Traumbildern sehr ähnlich und selten einfach logisch zu erklären.

In ihrem Buch »Grundkurs Pendeln« beschreibt Ansha, wie man gezielt den Einsatz des Pendels für den praktischen und magischen Gebrauch erlernt.

Was zu einem Ritual gehört

Gleichgültig, mit welcher Methode Sie zaubern oder orakeln wollen – bevor Sie die magischen Kräfte in Bewegung setzen, binden Sie die magische Handlung in ein Ritual ein. Vorher reinigen, schützen und erden Sie sich, erst dann können Sie im Hauptteil des Rituals den eigentlichen Zauber wirken.

Schreiben Sie sich ein Drehbuch für die magischen Akte, passen Sie den Aufbau und den Ablauf Ihrem Geschmack an und auch den Inhalten der Arbeit. Ich will Ihnen bewusst keine Vorgaben machen, denn nur, was man sich selbst erarbeitet, womit man sich intensiv auseinander setzt, hat die größte Chance zum Erfolg. Aber damit Sie nicht völlig ratlos vor den vielen Möglichkeiten stehen, hier ein paar nützliche Zutaten zum persönlichen Ritual:

- Schaffen Sie sich ein privates Eckchen, in dem Sie Ihre magische Arbeit durchführen.
- Wählen Sie farbige Kerzen entsprechend dem Anlass und Wunsch; Kerzenlicht unterstützt geheimnisvolle Stimmungen.

- Besorgen Sie sich ein Räucherfass oder eine Keramikschale mit Sand, Räucherkohle und verschiedenes Räucherwerk.
- Verwenden Sie Duftlampen und Duftöle.
- Wenn Sie mit Farben Ihre Arbeit unterstützen wollen, dann können Sie sich entsprechend kleiden, Ihre magische Ecke damit schmücken oder alles in entsprechendes Licht tauchen.
- Da auch Musik überaus magisch wirkt, können Sie sie als Untermalung durchaus einsetzen. Wählen Sie nach Temperament und dem Wunschinhalt aus, oder musizieren Sie selbst.
- Vor allem aber reinigen, schützen und erden Sie sich.

Ob ein Symbol der schwarzen oder der weißen Magie zugerechnet wird, ist abhängig von Kultur und Zeitgeist. Insbesondere die Runen haben eine deutliche Wandlung durchgemacht.

Auf einen Blick

- Erden bedeutet, sich in der realen Welt zu verankern.
- Schützen und Bannen schirmt vor störenden Einflüssen ab.
- Die Reinigung befreit von störenden Elementen.
- Bereiten Sie sich auf ein Ritual vor. Es ist eine Art Drehbuch für die Wunscherfüllung.
- Magie arbeitet mit Analogien, etwa Symbolen, Düften, Farben und Tönen.
- Verabschieden Sie die gerufenen Mächte wieder.

Die Magie der Runen ist sehr kraftvoll. Ihre Zeichen symbolisieren unsichtbare Kräfte, die bei Befragung in Bewegung gesetzt werden.

Tabuisierte Ängste – Verbote verlocken

Die Form des Rituals, die Entsprechungen und Symbole sind nur ein Teil dessen, was die Magie ausmacht. Es sind die greifbaren, erlernbaren Praktiken. Womit der Magier aber wirklich arbeitet, das sind die unsichtbaren Kräfte. Und hier zeigt die Magie ihr ganzes Spektrum von strahlendstem Weiß bis zum finstersten Schwarz. Darum ist sie gefährlich, und darum behaupten alle, die sich mit ihr abgeben, nur Gutes mit ihr zu bewirken.

Alle guten und bösen, richtigen und falschen Taten sind miteinander verwoben, und zwischen Opfer und Täter besteht immer eine Beziehung.

Das Gute und das Böse

Über die Vorteile der als positiv empfundenen Kräfte wie Liebe, Mitleid, Weisheit, Verständnis, Güte, Vergebung, Gesundheit, Wachstum, Fruchtbarkeit, Erfolg, Gerechtigkeit und Frieden gibt es im Prinzip wenig zu sagen: Sie liegen auf der Hand. Niemand hat etwas dagegen, wenn diese Kräfte geweckt und eingesetzt werden. Wir haben aus gutem Grund unsere Werte in positive und in negative unterschieden. Das, was man nicht tun soll, ist alles das, was der Gemeinschaft des Lebens schadet. Wir haben Verbote ausgesprochen und eine ganze Reihe von Handlungen und Gefühlen mit Tabus belegt. Das ist sinnvoll. Aber – das Verbotene lockt.

Die alte Frau und ihre Katze

Stellen Sie sich folgende Situation vor: Eine allein stehende alte Dame lebt genügsam in ihrem Häuschen, ist friedfertig und hilfsbereit den Nachbarn gegenüber und hat immer ein freundliches Wort für die spielenden Kinder vor ihrer Haustür übrig. Mit ihr zusammen lebt eine verschmuste Katze, die sie verwöhnt und mit der sie in einsamen Stunden Gespräche führt. Beide hängen innig aneinander. Eines Tages ist die schwarze Katze verschwunden. Alle Nachbarn beteiligen sich an der Suche, und das Tier wird gefunden: tot, verbrannt, verstümmelt. Opfer einer schwarzen Messe.

Bild links: Es reizt uns, das Tor zur jenseitigen Welt aufzustoßen, auch wenn wir nicht genau wissen, was sich dahinter verbirgt.

Der Tabubruch

Das Verbot zu töten hat Tierquäler dazu verlockt, eine hilflose Katze umzubringen, denn der Tod ist mit einem der stärksten Tabus überhaupt belegt und setzt damit die größte Macht frei. Für eine Weile haben diese Menschen eine Form ihrer Freiheit errungen, sie haben Grenzen durchbrochen, die sie schmerzhaft eingeengt haben, und sie haben ein Ventil gefunden, sich gegen alte, peinigende Verletzungen zu wehren. Wir verdammen eine solche Handlung als schwarze Magie.

Auch zu sehr sorgende Liebe kann Schaden verursachen und macht unaufmerksam gegenüber natürlichen Feinden.

Voller Rachegefühl

Die alte Dame erfährt nun, dass es keine rechtliche Handhabe gegen die Tierquäler gibt. Kein Gesetz würdigt, dass die kleine Katze ihre einzige wirkliche Freundin war, auf die sie all ihre Liebe projiziert hat. Welche Kräfte mag sie jetzt wohl beschwören? Vergebung? Verständnis? Güte? Liebe?
Wenn sie noch ein bisschen menschlich ist, dann kocht die Hölle Rache in ihrem Herzen. Kann man ihr den Zorn verdenken? Kann man ihr untersagen, Verwünschungen über die Täter auszusprechen? Wenn man ihrer Wut und Trauer kein Ventil gibt, dann werden die dunklen Kräfte sie auch noch einholen und in die schwarze Schlucht der Depression entführen. Also mag es durchaus sein, dass sie den rächenden Gott des Alten Testaments bemüht, der ihr »Auge um Auge« verspricht. Wir nennen diese Handlung Fluch, und auch sie gehört zur schwarzen Magie.

Ein leichtes Opfer

Und dann gibt es noch die schwarze Katze, die ihr Leben lang nur Zärtlichkeit und freundliche Zuwendung kennen gelernt und ihr übliches Misstrauen Feinden gegenüber aufgegeben hat. Sie ist ein leichtes Opfer, sie ist aus ihrer gewohnten Umgebung entführt, verschreckt und gequält worden und stirbt unter Schmerzen und Schreien. Welche Spur mag ihre kleine Seele wohl im Gewebe der Welt hinterlassen haben? Was mag sie wohl der löwenköpfigen Göttin Sekhmet über die Menschen berichten? Die Anrufung der dunklen Götter nennen wir schwarze Magie.

Es gibt immer mehrere Aspekte, die man berücksichtigen sollte, wenn man Verbote betrachtet. Schauen wir uns die gängigsten Tabuthemen einmal unter diesem Gesichtspunkt an.

Tod und Sterben

In unserer Kultur stehen wir dem Tod eines Lebewesens, vornehmlich aber dem eines Menschen mit Angst gegenüber. Die Vorstellung des Todes löst bereits starke Gefühle aus, deshalb schieben wir diese Gedanken gerne zur Seite. Die Mauer, die wir um dieses Thema gezogen haben, ist eine der höchsten und stabilsten, es erfordert gewaltige Kraft, sie zu überwinden. Daher bringen diejenigen, die diese Grenze überschreiten, auch mächtige Energien auf und fühlen sich entsprechend stark. Die Herrschaft über Leben und Tod billigen wir normalerweise nur einem Gott zu. Der Tod liegt nicht in der Hand des Menschen, jedenfalls nicht erlaubterweise. Darauf, diese Macht zu erwerben, kann man verzichten; man kann sie erlangen und verantwortungsvoll einsetzen, wie beispielsweise Ärzte es tun, oder sie missbrauchen. Eines kann man nicht: Man kann sie nicht ignorieren. Der Tod gehört zum menschlichen Leben, und damit geht er jeden früher oder später etwas an.
Um die Macht des Todes praktisch kennen zu lernen, haben manche schwarzen Magier Menschen und Tiere umgebracht. Mit diesem Ruf können sie Angst und Schrecken verbreiten und so ihre Opfer sehr leicht manipulieren. Eine Todesdrohung ist sehr wirksam, aber der Tod als Botschafter ist es ebenfalls.

Wir haben den Tod aus unserem Leben verdrängt in die sterile Reinheit von Kliniken und Pflegeheimen, doch damit ist die Angst vor ihm nicht geringer geworden. Im Gegenteil.

Archaische Opferkulte

In früheren Zeiten wurden den Göttern Menschen- und Tieropfer gebracht, aus ähnlichen Gründen, wie auch die Magier Opfer brachten. Der Tod eines Lebewesens galt als die mächtigste Form der Anrufung. Manche Menschen opferten sich auch freiwillig, um für andere bei den Göttern Fürsprache zu erhalten. Einer von ihnen ließ sich kreuzigen, weil er glaubte, damit die Menschheit zu erlösen.
»Es gehört zu den archaischen Mustern, tiefer Angst dadurch zu entfliehen, dass man sich konkrete Objekte sucht, die es erlauben, die Stimmung diffuser Hilflosigkeit und Verzweiflung in gerichtete

Furcht zu verwandeln«, schreibt Professor Dr. Richter in seinem Buch »Umgang mit Angst«, und damit erklärt sich wohl auch der häufige Einsatz von Totenschädeln, Skeletten oder Leichenteilen in der schwarzen Magie. Er hat mit der Überwindung dieser Angstgrenze zu tun.
Wenn in alten Rezepten die Anweisung steht, darin etwa das Fett eines Gehenkten zu verarbeiten, dann können Sie sich vorstellen, mit welchen schauerlichen Gefühlen das zu beschaffen ist. Selbst mitternächtliche Friedhofsbesuche erfordern Überwindung, vor allem, wenn man sich gewiss ist, dass dort die übel wollenden Geister der Toten auf einen warten und man vorhat, ein Grab zu schänden. Aber auch ohne solch makabre Details ist die Beschäftigung mit dem Tod mit Angst verbunden.

Die Macht des Todes erkennen

Die Überwindung des Todes verspricht absolute Macht. Auf dieses Versprechen fallen vor allem Menschen herein, die ansonsten keine Macht besitzen, die ohnmächtig den Anforderungen des Lebens gegenüberstehen, sich ständig als die armen, geknechteten Unterdrückten fühlen, denen alle anderen angeblilch immer nur Übles wollen. Wenn solche Personen mit halb verstandenen magischen Praktiken konfrontiert werden, dann ziehen sie allzu leicht den

Dämonisches fürchten wir in den Abgründen der Seele und den verborgenen Schichten der Welt.

Schluss, dass es ihr Machtvakuum ausfüllt, wenn sie Lebewesen quälen und umbringen. Wir befassen uns in diesem Kapitel mit der praktischen Seite der Magie, und darum müssen wir uns auch mit dem Tod praktisch beschäftigen. Sofern Sie im Arztberuf oder in der Kranken- und Altenpflege, als Unfallsanitäter oder -sanitäterin arbeiten, auf die Jagd gehen, Soldat oder Soldatin sind, im Schlachthof, in einem Bestattungsunternehmen oder in einem anderen Beruf arbeiten, der mit sterbenden Lebewesen zu tun hat, werden Sie Ihre praktischen Erfahrungen bereits gesammelt haben. Sie werden wissen, ob Sie die Achtung vor dem Tod behalten haben oder ihm gleichmütig begegnen.

»Wenn man sich den Tod nur als etwas vorstellt, was angetan, was gemacht wird, kann man Angst in Hass verwandeln und diesen im Kampf gegen die Verursacher ausleben.«
H.-E. Richter

Wenn Sie schon einmal an der Grenze zum Tod gestanden haben – aufgrund eines Unfalls oder einer Krankheit –, dann erübrigt sich für Sie dieses Kapitel. Wer sich mit dem Tod praktisch auseinander setzen möchte, der braucht sich wahrhaftig nicht selbst oder andere an den Rand des Todes zu bringen. Solche Übungen sind lebensgefährlich. Aber Sie können sich sehr ernsthaft mit der Sterbebegleitung beschäftigen, entweder bei eigenen Angehörigen oder als karitative Hilfskraft in einem Hospiz. Freiwillige Helfer werden dort oft gesucht.

Auch Haustiere brauchen Beistand, wenn sie sterben oder eingeschläfert werden müssen. Überwinden Sie sich und stehen Sie Menschen oder Tieren im Tod bei, denn Sterben ist oft eine einsame Angelegenheit.

Wut, Hass und Zerstörung

Mit einem wutverzerrten Gesicht können Sie den meisten Menschen schon Angst einjagen, mit einem hassvollen Blick jemanden zum Schweigen bringen. Aggressives Verhalten ist in einer eng zusammenlebenden Gemeinschaft nicht duldbar. Es ist verboten, es macht Angst, aber die Überwindung des Aggressionstabus setzt große Kräfte frei.

Aggression als solche ist lebensnotwendig, denn sie sichert das Überleben und dient der Selbsterhaltung. Auch Zerstörung muss sein, um dem Neuen Platz zu geben. Solange diese Kraft angemessen und sinnvoll eingesetzt wird, ist sie hilfreich. Sie ist es nicht, wenn man sie nicht kontrollieren kann. Sind Sie schon einmal vor

Aggression wirkt zerstörend, doch in kontrollierter Form ist sie ein wichtiger Antrieb, der zu Höchstleistungen führen kann.

Wer in den Fans eines anderen Fußballclubs, in Ausländern oder Andersgläubigen Blutfeinde sieht und sie mit Hass verfolgt, leidet unter einer tief verborgenen Angst, die sich in Hass und Gewaltrausch entlädt.

Wut explodiert, haben vor rasendem Zorn gekocht oder vor blindem Hass gezittert?

In der Magie kann man starke Gefühle als Trägersubstanz für Wünsche benutzen: Liebe, Mitleid und Fröhlichkeit eignen sich dafür ebenso wie Hass, Wut und Zerstörungswillen. Wer in sich ein großes aggressives Potenzial schlummern hat, das ansonsten kein Ventil findet, um sich in umweltverträglicher Form zu entladen, der wird natürlich bei seinen magischen Arbeiten leicht auf den Zorn als Hilfsmittel zurückgreifen. Auch auf diese Art wird ein Gefühl der Macht erzeugt, einerseits, weil man ein Verbot übertreten hat, andererseits, weil man Angst erzeugt hat.

Solange es dabei bleibt, dass der schwarze Magier lediglich seine Wut und seinen Hass kontrolliert und bewusst im Ritual herausbrüllt, kann man das noch tolerieren. Ein Zuschauer auf dem Fußballplatz macht das nicht anders. Wenn aber Schaden bringende Handlungen damit einhergehen, wird es problematisch.

Noch schlimmer aber sind die Kräfte oder Dämonen, die damit geweckt werden können und anschließend diesen Menschen begleiten. Denn verbunden mit dem persönlichen Machtgefühl kann der unkontrollierte Einsatz schwelender Aggressionen wirklich gefährlich werden. Nicht nur für andere, sondern auch für den Magier, der sich damit letztendlich selbst zerstört.

Die Macht der Gewalt erkennen

Auch auf dem Gebiet der Gewalt und Aggression gilt, dass man zwar auf die zerstörerische Macht verzichten, sie bewusst zulassen oder missbrauchen kann, dass sie aber nicht zu ignorieren ist. Die Erfahrung der eigenen Gewalttätigkeit ist immer mit Gefahren für sich und andere verbunden, denn sobald die innere Beteiligung eintritt, ist eine Steuerung meist nicht mehr möglich. Es ist Selbstdisziplin nötig, und die vermittelt Ihnen am besten die Beschäftigung mit einer Kampfsportart oder die Teilnahme an einem Selbstverteidigungskurs.

Wenn Sie also das Bedürfnis haben, die gezielte und kontrollierte Kraft der Zerstörung körperlich kennen zu lernen, dann sollten Sie sich in einer der härteren Kampfsportarten einmal in der Technik des Bruchtests unterweisen lassen. Wenn Sie vor Ihrem ersten Ziegelstein oder einem dicken Holzbrett stehen und die Materie mit der bloßen Hand zertrümmern sollen, werden Sie vermutlich erkennen, wozu der Mensch fähig oder nicht fähig ist.

Und jede Frau, gleich welchen Alters oder welcher körperlichen Konstitution, sollte einmal in ihrem Leben einen Kurs in Abwehrtechniken besucht haben.

Ekel und Widerwärtigkeiten

Die Mutproben Halbwüchsiger bestehen häufig aus irgendeiner Form von Ekelüberwindung und haben mit Satanismus oder schwarzer Magie meistens nichts zu tun.

Schon beim Thema Teufelsdreck haben wir die widerlichen Gerüche gestreift. Alles, was uns körperliches Unwohlsein verursacht, empfinden wir als eklig. Die Grenze ist allerdings bei den Menschen sehr unterschiedlich und hat nicht nur körperliche Ursachen. Auch Erziehung und Gewohnheit spielen eine entscheidende Rolle. Ich erinnere mich an einen gesetzten Herrn Oberlehrer aus meiner Jugend, er war der Vater meiner Freundin. Eines Tages fanden wir auf seinem gepflegten Rasen einen harmlosen Wiesenchampignon. Der arme Mann wurde geradezu hysterisch und traute sich nicht, den Pilz anzufassen. Ich fand sein grünliches Gesicht erheiternd und rupfte den Champignon einfach aus. Nach diesem Vorfall war für mich jedoch aus der aufgeblasenen Lehrerautorität gänzlich die Luft herausgelassen. Ich fühlte mich ihm grenzenlos überlegen. Auch hier haben wir wieder das Phänomen, dass eine Grenze überwunden wurde. Wenn Schwarzmagier also in ihren Messen oder Ritualen Stoffe verwenden, die gemeinhin als Ekel erregend gelten, dann schöpfen sie eine billige Macht daraus.

Die Macht des Ekels erkennen

In der körperfeindlichen Kultur, die jahrhundertelang unsere Vorstellungen geprägt hat, sind beinahe alle Körperausscheidungen zu Ekelprodukten erklärt worden, deren man sich schämt. Das hat in gewisser Weise der Entwicklung einer allgemeinen Hygiene gedient, aber auch zu seltsamen Formen der Verdrängung und daraus resultierenden Perversionen geführt.
Alle möglichen schleimigen, glitschigen Tiere werden als ekelhaft empfunden, woraus der reichliche Gebrauch von Kröten in den alten Zaubertränken herrührt.

Symbole des Ekels

Zur praktischen Überwindung von Ekel sind weder schwarze Messen noch seltsame Askesetechniken notwendig, bei denen man sich mit seinen Fäkalien umgibt, wie es manche Übungen aus dem schwarzmagischen Bereich vorschreiben. Pflegen Sie mal einen Kranken, der an Durchfall und Erbrechen leidet, dann haben Sie auf ganz schlichte Art eine wertvolle Erfahrung gemacht. Mütter können sich diese Übung sparen.
Um Ekel zu spüren, können Sie auch während der Zeit der Krötenwanderung mithelfen, die Tiere über die Straße zu tragen, sofern diese Ihnen eklig erscheinen.

Die von moralischen Autoritäten geforderte Unterdrückung starker Triebe ist immer wieder als ein äußerst wirksames Machtmittel eingesetzt worden.

Scham, Schuld und Sex

Verbote stacheln an, und wer eine völlig natürliche Regung verbietet, erhöht damit nur ihren Reiz. Der praktische Magier, der seine Macht daraus gewinnt, die Grenze von Scham und Schuld gegenüber der sexuellen Begierde zu überwinden, und dazu eine schwarze Messe braucht, muss ein armer, verklemmter Geselle sein. Denn fast alle anderen praktizieren das, was er als Grenzüberwindung empfindet, mit gesunder Selbstverständlichkeit.

Sexualmagische Praktiken

Hier haben wir es mit einem von Tradition und Kultur aufgestellten Tabu zu tun. Dass solche Praktiken heute noch zum Kanon der schwarzen Magie gehören, zeigt, wie langsam die seit Jahrhunderten eingehämmerten Verbote verschwinden. Gefährlich ist, dass sie meist mit den Themen Ekel, Gewalttätigkeit und Demütigung in Verbindung stehen.

Sieht man einmal davon ab, dass indoktrinierte Schuld- und Schamgefühle natürlich eine große Kraft zur Überwindung kosten, so muss man dennoch dem Sex und den mit ihm verbundenen Emotionen einige magische Bedeutung zumessen. Zum einen stehen die positiv besetzten Begriffe wie Liebe und Fruchtbarkeit damit in Verbindung. Frühe religiöse Riten haben oft auch die Vereinigung von Gott und Göttin in Gestalt eines Priesterpaares beinhaltet, um Wachstum und Fruchtbarkeit zu erbitten. Die Anziehungskraft zwischen den Geschlechtern erwächst nun einmal aus dem ursprünglichsten aller Wünsche – nämlich dem, das Leben zu erhalten und sich fortzupflanzen. Schmackhaft gemacht wird dieser Wunsch den Lebewesen durch das damit verbundene körperliche Hochgefühl. Orgasmus ist Ekstase – und das ist der zweite, überaus wichtige Grund, warum hier ein Verbot entstanden ist. Denn die Ekstase ist ein Zustand, in dem Magie gewirkt werden kann. Im Bereich der imaginativen Magie werden wir uns diesem Thema näher widmen.

Die magischen Orden, die gerade in der strengen puritanischen Gesellschaft des 19. Jahrhunderts mit sexualmagischen Riten gelockt und großen Zulauf bekommen haben, sind nur ein typisches Beispiel für die Heuchelei, die hinter der anständigen Fassade betrieben wurde.

Kröten empfinden viele Menschen wegen ihrer Haut und ihrem schlammigen Lebensraum als unangenehme Tiere. Schleim, Blut, Exkremente – damit verbinden wir starke Ekelgefühle.

Shiva und Parvati – in diesen indischen Göttern manifestieren sich Vorstellungen des Männlichen und Weiblichen.

Weibliche Mysterien und männliche Initiationen

Abschließend noch einige Überlegungen zu den vier Themen Tod, Aggression, Ekel und Sex. Alle vier sind auf das Engste mit dem Leben an sich verbunden, wobei der Tod am Ende, der Geschlechtsakt am Anfang steht. Blut, Schleim und Exkremente gehören zur Geburt des neuen Lebens dazu, lauter Dinge, die gemeinhin Ekel verursachen. Aggression jedoch basiert auf dem Selbsterhaltungswillen. Es gibt bei diesen Themen zwei unterschiedliche Erfahrungswelten, nämlich die männliche und die weibliche. Der Übergang vom Mädchen zur Frau ist mit Blut verbunden, er findet statt, wenn die erste Menstruation eintritt. Auch zum Verlust der Jungfräulichkeit gehören Blut und Schmerz, ebenso zur Geburt eines Kindes. Man nennt einen solcher Wechsel von einem Stadium in ein anderes auch Initiation. Sie ist eine Einweihung in eine neue, bisher geheime Welt des Wissens und der Erkenntnis. Bei den Frauen bestimmt die Natur weitgehend Zeitpunkt und Art der körperlichen Erfahrung. Es sind Mysterien, die den Männern verborgen bleiben. Um zu vergleichbaren Erkenntnissen zu gelangen, gibt und gab es in allen Völkern die Initiationsriten für Männer, die zum einen spezifisch männliche Kenntnisse wie die der Jagd oder des Kampfes umfassen, aber auch vielfach mit Blut und Schmerzen einhergehen.

Die Rituale der schwarzen Magie – und damit die praktische Auseinandersetzung mit den oben angeführten Themen – werden interessanterweise fast ausschließlich von Männern geplant und durchgeführt. Die Verwendung von Blut, Urin, Kot und anderen Körpersekreten findet sich in diesen Zeremonien genauso wieder wie Schmerzen, Demütigungen und rituelle Verletzungen. Es scheint ein befremdendes Vorgehen zu sein, könnte man nicht dahinter vermuten, dass Männer sich auf diese Art den weiblichen Geheimnissen nähern wollen? Ein Geheimnis zu haben bedeutet auch, Macht zu haben. Frauen haben sie, darum sind sie unterdrückt worden, und ihre Mysterien sind ihnen entrissen worden um der oberflächlichen Macht willen. Das ist wieder eine andere Seite der schwarzen Magie. Machen Sie sich Gedanken zu diesem Thema; sie werden vermutlich sehr fruchtbar sein und einer Einweihung nahe kommen.

Auch wenn wir gewohnt sind, unsere Einbildungen zu unterdrücken oder zu leugnen – die Fähigkeit dazu haben wir, und wir benutzen sie eigentlich ständig unbewusst.

Die Macht der Geheimnisse

Der bekennende schwarze Magier Frank Lerch meint dazu: »Es scheint wirklich so zu sein, dass Frauen, die einmal in das Mysterium ihrer Weiblichkeit eingetaucht sind, weniger dazu neigen, den Kontakt zu ihrer Urkraft wieder zu verlieren als ihre männlichen Kollegen, die vom Dämon der Angst leichter zu fesseln sind.« Sehr ähnlich hört sich die Bemerkung des Psychoanalytikers Dr. H.-E. Richter an, der sagt, dass das männliche Selbstbild eher auf Unterdrückung und Verleugnung von Angst beruht, die »von den Frauen in größerer Offenheit akzeptiert und bekannt werden«. Und er bringt es auf die Formel: »Das sichtbare Leiden der Frauen ist die unsichtbare Krankheit der Männer.«

Auf einen Blick

- *Tabus und Verbote sind berechtigt. Aber gerade weil sie es sind, ist die verantwortungsvolle Auseinandersetzung mit ihnen unbedingt notwendig, damit nicht die Verdrängung ihrer Inhalte genau das hervorbringt, was durch die Tabus verhindert werden soll.*
- *Angst ist eine Triebfeder der schwarzen Magie. Anderen Angst einzujagen erzeugt ein Gefühl von Macht.*

Grundtechniken der imaginativen Magie

Wenn in der praktischen Magie sowohl materielle Hilfsmittel als auch praktische Erfahrungen notwendig sind, dann ist für die imaginative Magie vor allem der geistige Prozess maßgebend. Auch er beinhaltet noch eine Reihe praktischer Übungen und Erlebnisse, aber weitgehend bewegen wir uns hier schon im immateriellen Bereich. Imagination ist Einbildung – »in sich hinein bilden« ist damit gemeint, nicht Dünkel oder Arroganz. Es bedeutet, sich ein Bild zu schaffen und dieses Bild zu verinnerlichen. Oder die bereits verinnerlichten Bilder aus dem Unbewussten hervorzuholen, zu bearbeiten und wieder neu gestaltet zurückzugeben. Jedes Mal geht dabei eine magische Veränderung in einem selbst vor sich, die erstaunliche Auswirkungen auf die materielle Welt haben kann.

In der imaginativen Magie kommt es nicht mehr auf praktische Übungen an; alle magischen Rituale erzeugt die Vorstellungskraft.

Es ist natürlich nicht so, dass Sie notgedrungen erst einmal das gesamte praktische Pensum der Magie absolvieren müssen, um sich der inneren Stufe der Magie widmen zu können. Je nachdem, welche Lebenserfahrungen Sie haben, wie weit Sie mit bestimmten sensitiven Fähigkeiten begabt sind oder sie sich angeeignet haben, können Sie auch sofort mit den imaginativen Praktiken beginnen. Dennoch sollten Sie zumindest die grundlegenden Schutzmaßnahmen auch hier nicht vernachlässigen. Erden, schützen und reinigen muss man sich auch, wenn man mit den Kräften des Geistes ringt und vor allem, wenn man sich den uralten, manchmal recht finsteren Bildern der Seele stellt.

Der Bildervorrat des Unbewussten

Die Magie der Einbildungskraft greift auf die Speicher des Unbewussten zurück. Die Entdeckung dieser seelischen Bereiche haben wir Anfang des 20. Jahrhunderts vor allem Sigmund Freud und Carl Gustav Jung zu verdanken, die diese für ihre Zeit revolutionäre Erkenntnis zur Wissenschaft erhoben – der Psychologie. Aber so neu sind ihre erstaunlichen Entdeckungen gar nicht, denn das

Bild links: Im Paradies lauert die Verführung in Gestalt einer Schlange – sie ist nicht das einzige Tier mit einer symbolischen Bedeutung.

Unbewusste hat es ja schon buchstäblich seit Menschengedenken gegeben. Die Magier, Mystiker und Schamanen aller Zeiten und Kulturen wussten sehr viel darüber, vielleicht mehr als alle heutigen Psychologen zusammen.
Ihr Wissen haben diese Frauen und Männer jedoch nicht als Wissenschaft bezeichnet, sondern in Traditionen, Religionen und ethisch-moralische Weltbilder eingebunden. Dass solche Erkenntnisse für uns zum Teil neu, oft geheimnisumwittert, mysteriös und sogar gefährlich erscheinen, liegt vor allem daran, dass in unserem christlich-abendländischen Kulturkreis bestimmte Techniken untersagt wurden. Die kirchliche Glaubenslehre hat die persönliche Selbstfindung mit strengen Verboten belegt. Nur die Priesterschaft verfügte noch über einen gewissen Teil der Kenntnisse wie etwa Meditation, Visionssuche oder Evokation. Mag sein, dass man damit den Einzelnen vor den Risiken dieser Erfahrungen bewahren wollte, näher aber liegt wohl der Verdacht, dass man damit ein Machtmittel in der Hand hielt: Manipulation durch Angst. Hier kommt dann auch wieder der Teufel ins Spiel.
Wir dürfen uns heute von dieser Art der geistigen Bevormundung emanzipieren, wir sollten es sogar, denn die Rezepte zur Heilsfindung, die uns von der Kirche zur Verfügung gestellt wurden, bedürfen des Hinterfragens. Und das ist ein Akt, der mit Sicherheit von den Vertretern dieser Institution als satanisch angesehen wird. Sehen wir uns zunächst die grundlegenden Techniken der Imagination an.

Wenn man es recht bedenkt, machen wir uns eigentlich dauernd Bilder von etwas. Nur Magie nennen wir es nicht, weil wir nicht weiter darüber nachdenken und uns solcher Vorgänge gar nicht bewusst sind.

Visualisieren – sich ein Bild machen

Es wird in der esoterischen Literatur oft ein Geheimnis um das Visualisieren gemacht. Dabei ist es ein normaler Vorgang, der ständig abläuft. Ob wir uns an eine Wegbeschreibung erinnern, an einen anderen Menschen denken, uns nach einem Traumstrand sehnen oder die erschreckende Vorstellung eines Unfalls vor Augen haben, immer treten innere Bilder auf. Die Straßenecke mit der Ampel und die Tankstelle dahinter können so plastisch sein, dass man mit Händen und Füßen Richtung und Wegverlauf erklärt. Das Gesicht des Geliebten kann klar wie ein Foto sein, und der Strand mit seinen heruntergekommenen Hotels ist nur deshalb so frustrierend, weil man sich ein anderes Bild von ihm gemacht hat.

Alle diese Bilder werden meistens nicht absichtsvoll heraufbeschworen, sondern stellen sich je nach Gemütslage und äußeren Gegebenheiten von selbst ein. Gerüche, Klänge, eine flüchtige Bemerkung können sie hervorrufen.

Die Methode der Visualisierung

In der Magie wird das Visualisieren von Bildern und Szenen nicht dem Zufall überlassen, sondern gezielt eingesetzt. Die Schwierigkeit liegt im Prinzip nicht in der Sache selbst, sondern darin, bestimmte Bilder heraufkommen zu lassen, sich auf sie zu konzentrieren und mit ihnen zu arbeiten. Das verlangt geistige Disziplin und Übung. Das Visualisieren ist nicht möglich, wenn man sich in einem unausgeglichenen Zustand befindet, sich von äußeren Einflüssen oder nagenden Gedanken ablenken lässt und nervös, angespannt oder ängstlich ist. Es funktioniert auch nicht, wenn man sich selbst unter Erfolgsdruck setzt.

Magie ist, wenn sie ernsthaft betrieben wird, immer auch harte Arbeit, die Ausdauer und Konzentration erfordert. Wie alles anders auch gelingt sie nicht von allein.

Daher wird man sich vor der Beschäftigung mit den inneren Bildern erden und zentrieren und eine Entspannungsübung durchführen. Die einfachste Methode besteht darin, etwa zwanzigmal tief in den Bauch einzuatmen. Ansonsten sind alle Übungen aus dem autogenen Training anwendbar oder auch ihre eigenen erprobten Tricks, die Sie einsetzen, um ruhig zu werden.

Üben Sie an dieser Stelle einmal, im Geist fünf Minuten lang einen Rundgang durch Ihre Wohnung zu machen. Lassen Sie sich keinesfalls von anderen Bildern ablenken: nur Ihre Wohnung bitte, und in jede Ecke schauen! Das ist absichtsvolles Visualisieren.

Träume – der Weg nach innen

Im Schlaf erscheinen uns die inneren Bilder in mehr oder weniger prachtvollen Filmen. Man kann sich an die Träume erinnern, wenn man sich ein wenig darin übt. Die einfachste Methode besteht darin, sich nach dem Aufwachen das Traumgeschehen noch einmal bewusst zu machen. Das ist eine Übung, die Sie mit der zuvor beschriebenen vergleichen können. Dadurch, dass Sie sich den Traum und seine Inhalte gezielt vor Augen führen, vergessen Sie ihn auch nicht so schnell, sondern Sie können sogar nach und nach weitere Details ergänzen. Was in den Träumen geschieht, ist ausgesprochen aufschlussreich für die magische Arbeit, denn hier wird Unbewusstes und oft auch Vorbewusstes sichtbar. Nicht selten werden Lösungen für anstehende Probleme im Traum gesehen. Vor allem aber können Träume bei der Auseinandersetzung mit den magischen Kräften hilfreich sein.

Traumdeutung ist ein uraltes magisches Wissen, dessen sich die frühen Völker bedient haben, um in die Zukunft zu schauen, Probleme zu bewältigen und Heilung zu erreichen.

So werden Träume gedeutet

Traumdeutung ist ein eigenes Gebiet der Magie. Sie setzt die Kenntnis der Symbole und Archetypen voraus. Dieses Wissen gehört zur praktischen Ausbildung, und Sie können es vor allem durch die Beschäftigung mit der Mythologie, den Märchen und Sagen erlernen. Es gibt Nachschlagewerke zur Traumdeutung, in denen die Symbole erklärt werden, doch müssen sie mit Vorsicht eingesetzt werden. Symbole sind immer mehrdeutig, und ihr wahrer Sinn erschließt sich nur aus dem Zusammenhang.

Hier ist der zweite Ansatz zur Traumdeutung zu suchen. Bevor Sie an die substanzielle Aussage gelangen, müssen Sie den Traum von der in ihm auch stattfindenden Verarbeitung von aktuellem Geschehen reinigen. Das sind die Erlebnisse, die Sie am Tag mehr oder minder bewusst aufgenommen haben und dann während der unbewussten Schlafphase aufbereiten. Lassen Sie sich nicht davon stören, dass es manchmal tagelang nur solche belanglosen Dinge sind, die Sie träumen. Setzen Sie sich nicht unter Erfolgszwang, denn hin und wieder, und vor allem bei zunehmender Beschäftigung mit magischen Themen, werden sich auch die Inhalte ändern.

Berücksichtigen Sie auf jeden Fall die Gefühle, die Sie bewegen, wenn Sie aus einem Traum aufwachen. Nicht immer werden sie angenehm sein, denn es tauchen vermutlich auch wirkliche Alpträume auf. Verdrängen Sie diese nicht, sie sind wertvollstes Material, um an die dunklen Bereiche Ihres Bewusstseins zu kommen. Notieren Sie das Geschehen. Im Laufe der Zeit wird sich für Sie erhellen, was Ihre Seele Ihnen sagen will.

Sie werden in den nachfolgenden Kapiteln einige der dunklen Archetypen kennen lernen, die Ihnen wahrscheinlich den einen oder anderen beklemmenden Traum leichter erklärbar machen. Hat man der Angst aber erst einmal einen Namen gegeben, kann man leichter mit ihr zurecht kommen oder sie sogar besiegen. Darin liegt das

Wunder der Traumheilung. Es hindert Sie allerdings auch niemand daran, sich mit den angenehmen Träumen und den hoffnungsvollen Inhalten auseinander zu setzen!

Trancen – die Suche nach Visionen

Träume kann man nach einer Weile der Übung in eine bestimmte Richtung steuern, ganz beeinflussen kann man sie nicht. Tagträume oder Trancen sind da einfacher zu handhaben.
Genau wie um das Visualisieren lassen einige esoterische Lehren um Trancen einen dichten Schleier des Mysteriösen wallen. Er verbirgt aber nur ein ganz normales Verhalten, das Ihnen sicher nicht fremd ist. Wenn Sie entspannt im Liegestuhl liegen und sich ausmalen, wie schön der kommende Abend wird, dann ist das schon eine Trance, in der Sie sogar aktiv das Geschehen steuern.

So gelangen Sie in Trance

Der Unterschied zur magischen Anwendung der Trance liegt einerseits in ihrer Tiefe, zum anderen in der Themenauswahl. Entspannung bis kurz vor dem Eindösen regelt die Tiefe. Dazu gibt es Hilfsmittel, um diesen Zustand möglichst schnell und gezielt zu erreichen. Monotone Geräusche wie Trommeln oder Rasseln werden in der schamanischen Praxis angewendet, Atemtechniken und auch körperliche Erschöpfung durch Tanz, Hunger, Schmerzen oder Lust sind weitere Methoden, um in Trance oder in die nächste Stufe, die Ekstase, zu gelangen. Auch Rauschmittel können in diesen Zustand führen.

Trance-Reisen sind nicht mit einer Hypnose zu vergleichen, sondern man ist sich jederzeit seiner Umgebung und seines inneren Erlebens bewusst.

Sie sind erwachsen und selbst verantwortlich. Ich muss Ihnen an dieser Stelle sicher nicht sagen, dass einige der Trance-Einleitungen ausgesprochen gefährlich sind. Weder exzessives Fasten noch Selbstgeißelungen oder psychoaktive Drogen sind notwendige Voraussetzungen, um die Trance-Welten zu betreten. Abgesehen davon verlangt in diesen Fällen die Steuerung des Geschehens und das Festhalten der wesentlichen Inhalte eine eiserne körperliche und geistige Disziplin und jahrelange Übung. Entspannungstechniken und Monotonie führen zum gleichen Ergebnis, und auch hier kann man bei etwas Erfahrung mit sich selbst in große Tiefen hinabsteigen.

Unkontrollierte Trancen

Unfreiwillige Trancen sind gefährlich, denn sie lenken von der realen Situation ab und können zu Fehlverhalten und Unfällen führen. Sie treten ein

- bei langen Fahrten auf leerer Autobahn durch monotone Sinneseindrücke
- bei Arbeiten an Geräten, die gleichförmige Bewegungsabläufe verlangen aufgrund der Monotonie
- beim Jogging, besonders dem Marathonlauf durch Monotonie und Erschöpfung
- bei langen Märschen zusammen mit rhythmischer Marschmusik (vor allem beim Militär angewendet)
- durch rhythmische Marschmusik und Alkohol, z. B. im Karneval und bei Volksfesten.
- durch rhythmische Popmusik (z. B. Techno), verstärkt durch Drogen oder ekstatisches Tanzen
- bei Ritualen durch monotone Gesänge und Weihrauch
- bei Nachtwachen durch Übermüdung und Erschöpfung
- bei Fastendiäten

Um die Tattwas wurde ein gewaltiges Geheimnis gemacht, das nur die Eingeweihten bestimmter Orden kennen durften. Die Arbeit mit ihnen diente dem Erwerb magischen und mystischen Wissens und der Einweihung in die Tattwa-Sphären.

Welche der vielfältigen inneren Welten Sie betreten wollen, steuern Sie am einfachsten über das gezielte Visualisieren von Einstiegssymbolen. Als Unterstützung können Sie dabei das Symbol groß und deutlich aufzeichnen und es sich eine Weile vor Augen halten.

Reise in die Welt der vier Elemente

Für die ersten Schritte der Reise empfehle ich Ihnen vier sehr einfache Symbole, die Sie in erstaunliche Welten entführen können. Fertigen Sie sich dazu vier postkartengroße schwarze Pappen an, auf die Sie ein rotes Dreieck, einen hellblauen Kreis, eine silberne Mondsichel und ein gelbes Quadrat aus farbigem Papier aufkleben. Damit haben Sie die Tattwa-Symbole hergestellt, die in den Yoga-Systemen die vier Elemente darstellen.

Das aufrecht stehende Dreieck entspricht dem Element Feuer und damit Ihrer Energie und der Welt Ihres Willens, der blaue Kreis entspricht dem Element Luft und der Welt des Verstandes, die silberne Mondsichel entspricht dem Element Wasser und der Gefühlswelt, und das gelbe Quadrat entspricht dem Element Erde und Ihrer Verbindung zum Irdischen. Durch Betrachten eines der Bilder, das anschließende Visualisieren und den Eintritt in die Welt des Symbols können Sie herausfinden, welche Bedeutung diese Welt für Sie hat.

Um von einer solchen Reise in die Tattwa-Welten zurückzukommen, gehen Sie wieder durch das Symbol in die reale Welt des Tagesbewusstseins.

Zugang zu den Innenwelten

Es gibt zwei Methoden, um diese Symbole zum Eintauchen in die inneren Welten zu benutzen. Probieren Sie beide aus, um herauszufinden, welche Ihnen am besten liegt.
Beim ersten Verfahren stellen Sie das gewünschte Symbol in bequemer Sichtweite vor sich hin. Dann nehmen Sie eine entspannte Sitzhaltung ein und atmen ein paar Mal tief durch. Starren Sie, solange Sie es ohne Lidschlag aushalten, auf das Symbol. Schließen Sie dann die Augen. Vor sich sehen Sie das Bild in einer anderen Farbe. Also das rote Dreieck als grünes, das gelbe Quadrat als blauviolettes, den hellblauen Kreis als orangegelben und die silberne Sichel als graue. Durch dieses farbige Symbol springen Sie in Ihrer Vorstellung hindurch in eine andere Welt. Manchmal muss man sich einen Ruck dazu geben oder es mehrfach versuchen. Es gelingt schließlich fast jedem.

Akasha (Wasser)

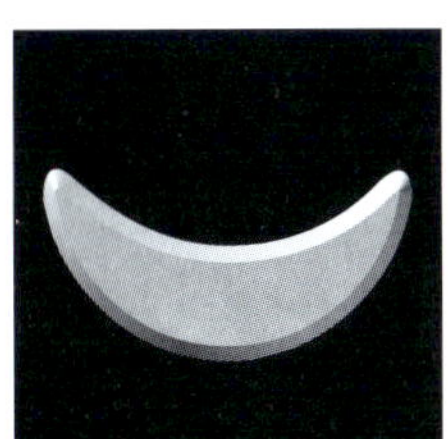

Apas (Wasser)

Prithivi (Erde)

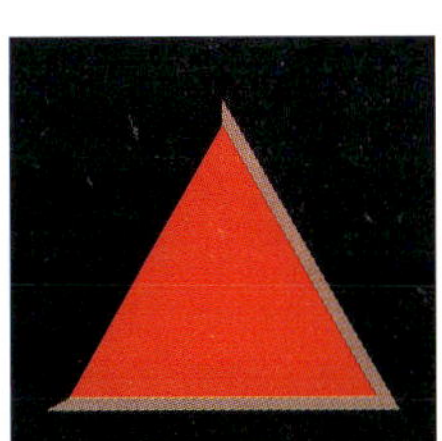

Tejas (Feuer)

Vayu (Luft)

Rotes Dreieck, blauer Kreis, silberne Mondsichel und gelbes Quadrat – die Tattwa-Symbole des Yoga versinnbildlichen die vier Elemente.

Sie können auch ohne die Technik des Anstarrens in die Tattwa Welten einsteigen. Entspannen Sie sich, schließen Sie die Augen, und stellen Sie sich vor, dass Sie ganz langsam eine Treppe mit zwanzig Stufen hinuntersteigen. Wenn Sie unten angekommen sind, stellen Sie sich das gewählte Symbol am besten als ein Tor vor, durch das Sie gehen. Es kann auch hier sein, dass Sie zunächst einen Widerstand verspüren, der ist aber leicht zu überwinden, wenn Sie es wirklich wollen.

Wenn Ihnen diese Übung nicht auf Anhieb gelingt, wiederholen Sie sie nach ein paar Tagen noch einmal. Vielleicht vor dem Einschlafen, denn dann ist die Entspannung am tiefsten. Auf eine Trance-Reise werden Sie dann zwar nicht mehr gehen, aber wahrscheinlich hochinteressante Träume haben. Experimentieren Sie ruhig etwas mit diesen Symbolen. Wenn Sie bemerkenswerte oder auch erschreckende Erlebnisse haben, halten Sie sie fest, um sie später zu deuten. Denn durch das Arbeiten mit diesen Symbolen kann man Ängsten und sogar Krankheiten auf die Spur kommen, die durch seelische Ungleichgewichte entstanden sind, oder solchen Ängsten und Krankheiten vorbeugen.

»Der Magier verfügt über eine ihm bekannte Macht, der Zauberer treibt nur Missbrauch mit etwas ihm Unbekannten.« Eliphas Lévi

Die Macht des Glaubens

Die imaginative Magie kann man dazu nutzen, sich den Ängsten, die in den unbewussten Welten lauern, zu stellen und sie zu überwinden. Dazu imaginiert man die entsprechenden Bilder aus der Unterwelt, die Abscheu, Hass oder Ekel verursachen, und analysiert und verändert sie bei Tageslicht. Es gibt aber nicht nur den Weg von unten nach oben, sondern auch das umgekehrte Verfahren. Mit ihm arbeiten bösartige Magier oder sehr unbewusste Menschen. Man kann sich nämlich Ängste einbilden, und je mehr man von diesen eingebildeten Ängsten besitzt, desto anfälliger wird man für die unterschiedlichsten seelischen Angriffe.

Wie Berge versetzt werden

Einbildung und Glaube gehören zusammen. Ob Sie an Ihren persönlichen Schutzengel oder den persönlichen Quälgeist glauben – beides ist Einbildung. Das ist nicht abwertend gemeint, denn die

Imagination hat eine ganz reale Gewalt über uns. Der Glaube versetzt Berge, der Aberglaube auch. Als Aberglauben betrachtet man gewöhnlich alles, was wider den Glauben, vornehmlich den christlichen Glauben ist. Dabei wird vorausgesetzt, dass das Christentum der einzig richtige Glaube ist. Ein Andersgläubiger sieht das natürlich nicht so, sondern er wird vielleicht die Vorstellung von einem gekreuzigten Sohn Gottes oder die eines stinkenden Teufels als falsch oder lächerlich ansehen.

Niemand kann sich der Angst vor schwarzer Magie, vor Verfluchung oder bösen Wünschen ganz entziehen, auch wenn er sonst ein nüchtern denkender, rationaler Mensch ist.

Also muss die Definition des Aberglaubens getrennt von der Wertung als falschem und richtigem Glauben betrachtet werden. Und hier hat einer der bekanntesten Magier des 19. Jahrhunderts, Eliphas Lévi, eine gute Erklärung gefunden. Er definiert den Aberglauben als ein Überbleibsel einstiger religiöser Vorstellungen, als die Beibehaltung früherer Kulte und kultischer Handlungen, deren Sinn man vergessen, deren Form jedoch überlebt hat. Ich möchte ergänzen, dass auch unverstandene Riten dazugehören. Das gilt vor allem für den logisch geschulten Menschen, der nur das akzeptiert, wofür er eine rationale Erklärung kennt. Er wird einen Magier, der mit seinen seltsamen, undurchsichtigen Mitteln, Beschwörungen und Zeichen versucht, die Realität nach seinen Wünschen zu beugen, albern finden oder gar fürchten.

Mir fällt immer wieder auf, dass besonders Personen, die sich selbst als nüchterne, wissenschaftlich gebildete Menschen bezeichnen, irritiert zurückzucken, wenn man mit ihnen über Magie spricht. »Das ist doch alles dummes Zeug!«, ist die erste Bemerkung, die zweite lautet dann allerdings: »Ist das nicht gefährlich?« Dahinter verbirgt sich die Angst, dass ihnen plötzlich eine mysteriöse Gefahr drohen könnte. Und damit haben solche Personen die Existenz der magischen Kräfte – Ratio hin, Ratio her – anerkannt.

Was man nicht versteht, macht Angst

Sie haben sich einen Computer gekauft: den ersten in Ihrem Leben. Jetzt sitzen Sie mit dem Bedienungshandbuch davor und versuchen, das Gerät in Betrieb zu nehmen. Unbekümmerten Naturtalenten gelingt das, andere haben da Probleme. Und Angst. Vor allem, wenn das erste Mal eine wichtige Datei mit der Arbeit von Stunden oder Tagen vom schwarzen Schlund des Bildschirms auf Nimmerwiedersehen verschluckt wird oder die ernüchternde Frage auf-

taucht: »Wollen Sie jetzt die Festplatte neu formatieren?« Sie wissen nicht weiter und rufen deshalb einen modernen IT-Magier an. Das tun Sie rituell durch Eingeben der Zahlenkombinationen einer Hotline auf der Telefontastatur, und der Eingeweihte des Computermysteriums lässt sie mitleidig lächelnd drei unverständliche Formeln eingeben. Wie durch ein Wunder ist die Datei gerettet und flimmert wieder über den Bildschirm.
Ein ähnlicher Fall tritt ein, wenn Sie ein seltsam geknüpftes schwarzes Bändchen vor Ihrer Haustür finden und Ihre nette Nachbarin Ihnen verrät, dass dieses Band das Resultat eines schwarzen Zaubers – des Nestelknüpfens – ist, der Impotenz bewirkt. Sie können das Bändchen getrost wegwerfen, wenn Sie keine Beziehungsprobleme haben. Ansonsten bietet es sich an, eine der modernen Hexen um Hilfe zu bitten, die Sie – mitleidig lächelnd – drei unverständliche Formeln murmeln lässt, und wie durch ein Wunder ist das Problem behoben.
Was diese beiden Beispiele lediglich zeigen sollen, ist, dass es völlig gleichgültig ist, in welchem Bereich das, was man nicht versteht, Angst macht. Je mehr Sie sich mit Ihrem Computer befassen und in seine Funktionsweise einsteigen, desto weniger kann Ihnen ein Missgeschick passieren. Je mehr Sie sich mit der Magie und vor allem mit der schwarzen Seite daran beschäftigen, desto weniger können andere Sie dazu bringen, sich Ängste einzubilden.

Es gibt viele weitere Beispiele dafür, wie sich aus der auf Unwissenheit basierenden Angst Vorurteile entwickeln, die lähmend und behindernd auf die eigene Handlungsfähigkeit und Entwicklung wirken.

Flüche und Aberglaube

Verflucht zu sein ist wohl das Schrecklichste, was man sich vorstellen kann. Ein Fluch ist von seinem Prinzip her die Anrufung eines Dämons oder bösen Geists, also einer negativ wirkenden Kraft, die einem anderen Menschen schaden soll. Dieser Fluch kann in der Form der Wortmagie gesprochen oder aufgeschrieben oder mit den Mitteln der Analogie- und Sympathiezauber durchgeführt werden, wie etwa dem Nestelknüpfen, dem Anfertigen von Fetischen oder Püppchen. Es wird immer dafür gesorgt, dass der Verfluchte Kenntnis von dem magischen Akt hat, entweder durch Zustellen der materiellen Zeugnisse oder, noch subtiler, durch Gerüchte. Einer eitlen jungen Frau zuzuflüstern, dass ihre beste Freundin ihr einen Pickel auf die Nase gewünscht hat, ist eine wirkungsvolle Methode, Hautunreinheiten hervorzubringen.

Handlungen, die zwar für den Ausübenden noch sinn- und absichtsvoll durchgeführt werden, deren Hintergrund ein Außenstehender aber nicht versteht oder verstehen will, machen Angst. Die Kunst des Verfluchens liegt darin, die eingebildete Angst eines anderen zu aktivieren, den Dämon aufzuwecken, der dann sein schädliches Werk verrichtet. Dazu gehört eine, meist instinktive, Kenntnis darüber, was der andere befürchtet, aber selbst nicht weiß oder sich zugestehen möchte – das Wissen über seinen blinden Fleck.

Fünfblättrige Kleeblätter, eine Leiter, unter der man hindurchgeht, Spiegelscherben, Sonnen- und Mondfinsternisse und vieles mehr haben einen Angst auslösenden Ruf bekommen.

Fehlt diese Kenntnis, wird aus dieser Art des Verfluchens ein wirkungsloser Aberglaube, der aus der Überlieferung entstanden ist, dass das, was einmal bei jemandem Wirkung gezeigt hat, nun auch bei anderen diesen Effekt hervorbringt. Auf vergleichbare Art haben sich die so genannten Unglücksomen gebildet. Irgendwem ist einst eine schwarze Katze von links über den Weg gelaufen, und kurz darauf ist ihm ein Unfall passiert. Das erzählte man sich weiter, vor allem, weil ja die schwarze Katze sowieso etwas Dämonisches an sich hat, und schon war ein kleiner Aberglaube entstanden. Es ist die Angst, die man sich einbildet. Sie wirkt in der Form der sich selbst erfüllenden Prophezeiung.

Man kann solchen Prophezeiungen natürlich auch entgegenwirken, und der sicherste Weg dazu ist, die eigenen blinden Flecken aufzudecken. Die Übung mit Tarotkarten ist eine der Möglichkeiten, aber im nächsten Kapitel widmen wir uns auch noch anderen Lösungen dieser schwierigen Aufgabe.

Die Figur des bösen Geists Tuplilak, halb totes Kind, halb Rabe, diente Schamanen der Inuit zur Verhexung.

Begegnung mit lichtscheuem Gesindel

Es gibt Menschen, die zucken vor jedem Tier angeekelt zurück, nicht nur vor dem Hund mit der sabbernden Schnauze oder der zischenden Giftschlange. Andere wiederum streicheln liebevoll haarige Vogelspinnen und haben auch zu glitschigen Aalen kein gespaltenes Verhältnis. Ein Teil dieser Vorlieben oder Abneigungen ist sicher Erziehungssache. Wer schon als Kind ganz natürlich und unbefangen mit Hunden, Katzen, Meerschweinchen und Kanarienvögeln aufgewachsen ist, hat auch im späteren Leben in der Beziehung zu Haustieren keine großen Probleme.

In unserer zivilisierten Großstadtwelt beschränkt sich der Kontakt zu Tieren inzwischen meist nur noch auf Haustiere und Insekten.

Mögen Sie Tiere?

Wem jedoch eingeredet wurde, dass diese Tiere nur schmutzige Flohbeutel und Würmerwirte sind, die alles zerkratzen und hinterhältig zubeißen, der braucht erst ein paar positive Erlebnisse, um die Abneigung oder den Ekel vor diesen Geschöpfen zu überwinden. Bei den Nutztieren ist der Anteil derjenigen, die ein entspanntes Verhältnis zu ihnen haben, noch geringer. Verstädtert wie wir sind, kennen wir vom Schwein nur noch den Schinken und vom Rind das Steak. Die Gefühle bei der Begegnung mit dem leibhaftigen Borstenvieh oder dem gehörnten Stier auf der Weide sind allenfalls gemischt. Bei den wilden Tieren wird es noch extremer, vor allem, wenn es sich um Fleischfresser handelt, die groß genug sind, dass ihr hungriger Blick unseren Fluchtreflex auslöst. Das ist allerdings weniger von Ekel geprägt, sondern hat etwas mit gesunder Furcht und dem Überlebensinstinkt zu tun. Warum wir allerdings die harmlos schillernde Hausfliege erbarmungslos mit der Klatsche verfolgen, das entspringt einer anderen Art von Abneigung. Insekten und Reptilien werden weitgehend als widerwärtig empfunden, und die Vorstellung, in einer wimmelnden Schlangengrube zu landen, löst nicht eben Entzücken aus. Bevor wir uns in das Thema vertiefen, beantworten Sie einmal ganz ehrlich folgende Fragen: Wie stehe ich zu diesen Tieren? Und zwar richtig mit Gefühl!

Bild links: Das lautlose Gleiten durch die Nacht hat die Fledermäuse zu unheimlichen Wesen gemacht, die über nicht erklärliche Fähigkeiten verfügen. Als Vampire bevölkern sie die Alpträume.

Was halte ich von diesen Tieren?				
Tier	**Ich hasse sie!**	**Es ekelt mich!**	**Sind mir egal**	**Mag ich!**
Ameisen				
Eidechsen				
Eulen				
Fische				
Fledermäuse				
Fliegen				
Frösche				
Geier				
Käfer				
Katzen				
Käuzchen				
Kraken				
Krokodile				
Kröten				
Maden				
Mäuse				
Molche				
Quallen				
Raben				
Ratten				
Schlangen				
Skorpione				
Spinnen				
Wölfe				
Würmer				
Ziegen				

Ein glückliches Schwein auf dem Bauernhof oder doch ein Glücksschwein – manche Tiere wurden mit menschlichen Wünschen in Verbindung gebracht.

Symbolisierte Ängste

Nur verwegene Abenteurertypen werden in der Realität wirklich gefährlichen Tieren begegnen, alle anderen haben das zweifelhafte Vergnügen hin und wieder im Traum. Aus ihm erwacht man dann meist mit einem Gefühl beklemmender Angst. Auch bei den Trance-Reisen sind Begegnungen mit Angst- oder Ekel erregenden Tieren nicht unüblich. Vor allem, wenn man auf schamanische Art nach seinem Krafttier sucht. In Trancen, in denen man ja eine gewisse Kontrolle über das Geschehen hat, kann man den Kontakt mit ihnen vermeiden, im Alptraum ist es nicht immer möglich. Vor allem wiederkehrende Traummotive dieser Art sollten Sie ergründen, denn hinter ihnen steckt eine von Ihrer Seele symbolisch dargestellte Angst.

So wie Farben, Gerüche und Klänge haben auch Pflanzen und Tiere in den Analogien ihre tieferen Bedeutungen. Manche von ihnen sind sogar zu Göttern geworden.

Spurensuche in der inneren Wildnis

Die schamanischen Traditionen deuten Tiere in den Trancen als persönliche Krafttiere, und zwar durchaus positiv als Führer, als Hüter oder Heiler. Sie können sprechen, Fragen beantworten und Wege weisen. Genauso können sie aber auch Angreifer oder Seelendiebe sein. Wir treffen auf eine gleichartige Vorstellung, wenn wir in unseren Märchen nachlesen. Tiere helfen oder behindern, lehren die Helden und Heldinnen oder schaden ihnen. Auch die Märchentiere können oft sprechen oder sich auf andere Art verständlich machen. Rotkäppchen diskutiert ausgiebig mit dem Wolf, die Prinzessin mit dem Froschkönig, die Schöne mit dem Biest und der Fischer mit dem Butt.

Beschäftigt man sich ein wenig mit diesen Dingen, kommt man dem Hintersinn seiner Träume immer näher, auch wenn die Deutung manchmal schwierig ist. Sie muss im Zusammenhang mit dem Geschehen als Ganzes und Ihren Gefühlen in Bezug auf das Bild getroffen werden.

Symbolhafte Bedeutungen von Tieren findet man in Märchen und Mythen jeder Kultur; es lohnt sich, die gefühlsmäßigen Inhalte zu vergleichen.

Keine Angst vor wilden Tieren

Sind diese Gefühle unangenehm, rufen sie also Grauen, Angst, Entsetzen, Abscheu und Ekel hervor, dann neigt man leicht dazu, sie zu verdrängen. Wie Sie bereits im Kapitel über die praktische Magie gesehen haben, erwächst aus der Überwindung dieser Gefühle aber auch Kraft. Also nur Mut! Stellen Sie sich dem inneren Zoo in seiner Gesamtheit.

In unserer Sprache finden Sie schon eine ganze Reihe von Hinweisen auf die tiefere Bedeutung bestimmter Tiere. Auch hier gilt wieder: Tiere werden als Personifizierungen guter und schlechter Eigenschaften herangezogen – oder soll man sagen missbraucht? Schimpfen Sie einmal richtig los: Da schnattert die alberne Gans, da blökt das dumme Schaf. Der blöde Affe, die dusselige Kuh, das Rabenaas, die falsche Schlange, die hässliche Kröte, der sture Bock, das dreckige Schwein, die alte Sau, die dämliche Zicke, der lahme Hund, der böse Wolf, der listige Fuchs, das trottelige Kamel, der Neidhammel, die Gewitterziege, der Schafskopf, der Giergeier, der Schweinehund und allerlei sonstige Eseleien bevölkern unseren Wortschatz. Aber Sie können auch schmeicheln: dem gemütlichen Bärchen, der süßen Maus, dem Häschen und dem Spatz oder dem Täubchen. Neigen Sie das Haupt vor dem stolzen Schwan, vor der Anmut der Katze, der Treue des Hundes und der Majestät des Löwen.

Ein Gebräu aus Fledermausblut und Krötengift

Die Säugetiere sind uns entwicklungsmäßig und genetisch am nächsten. Generell gilt, dass wilde Tiere und Raubtiere Aggression und Triebhaftigkeit bedeuten, Haustiere dagegen eher gezähmte Triebe, Abhängigkeit oder auch Opferverhalten versinnbildlichen. Bei den Vögeln gibt es die Plapperer und Schnatterer, die Dummheit und Oberflächlichkeit symbolisieren, und die aggressiveren Raubvögel. Angst erregend sind vor allem die Todesboten unter den Vögeln, etwa die nachtaktiven Eulen und Käuzchen oder die drohend krächzenden Unglücksraben.

Wassertiere aus den Tiefen

Die Wassertiere kommen aus den unbewussten Bereichen und bringen von dort oft abscheuliche Dinge mit nach oben: Schleim und schlüpfrigen Gallert oder sich windendes, noch unfertiges Leben aus dem Urschlamm, das sich dem Zupacken entzieht. Oder es sind Lebewesen mit harten Panzern und verknöcherten Skeletten, die ihre Geheimnisse eingekapselt haben. Je tiefer man in die Meere abtaucht, desto bizarrer werden seine Bewohner, und das Gleiche gilt auch für die Tiefen des Unbewussten.

In ferner Vorzeit

Reptilien und Insekten sind die uns fernsten Geschöpfe, und die Erinnerungen an sie sind tief in den Schichten des menschlichen Gehirns abgespeichert. Es sind unbewusste, meist vegetative Vorgänge, die bei uns ablaufen. Das mag der Grund dafür sein, warum wir sie so bedrohlich finden, obwohl sie als Einzelwesen meist nicht besonders gefährlich sind. Begegnungen mit Reptilien und Insekten in Trancen und Träumen sind Begegnungen mit sehr alten, schwer zu kontrollierenden Kräften. Umso wertvoller sind diese Bekanntschaften.

Chimären nannten die Griechen die Ungeheuer, die aus unterschiedlichen Tieren zusammengesetzt waren. In der Gentechnik kommen wir heute an die Grenzen zur Verwirklichung dieser Vorstellung.

Fabelwesen

Neben den ganz normalen Tieren finden sich im inneren Zoo manchmal auch seltsame Mischwesen ein. Solche Fabeltiere – Menschen mit Körperteilen von Tieren oder Wesen, die aus unterschiedlichen Tierarten zusammengesetzt sind – gibt es in Mythen und Märchen der Welt. Nicht immer wirken sie Angst erregend, das Einhorn beispielsweise ist ein sehr positives Symbol, aber Drachen oder Werwölfe sind es nicht immer. Mit absoluter Instinktsicherheit haben die mittelalterlichen Magier und Hexen für ihre Rituale und Rezepte jene Tiere ausgewählt, die angstbesetzt sind. Das geht einerseits aus ihren Grimoires hervor, den persönlichen Zauberbüchern, andererseits aus den Aufzeichnungen derjenigen, die über sie berichtet haben, meist Inquisitoren. Setzen wir uns mit den wichtigsten dieser Tiere einmal auseinander.

Vor allem die alte ägyptische Götterwelt ist mit zahlreichen Mischwesen bevölkert, wie etwa dem schakalköpfigen Anubis, dem ibisköpfigen Thot oder dem falkenköpfigen Horus.

Nattern und Schlangengezücht

Dass die Schlange in der abendländischen schwarzen Magie so beliebt ist, liegt daran, dass Satan persönlich in dieser Gestalt auftritt. Eva ließ sich von der Schlange dazu verführen, in den Apfel vom Baum der Erkenntnis zu beißen.

Auch aus gutem Grund kann man die Schlange fürchten, denn ihr Gift wirkt tödlich und hinterhältig. Und wie alle Reptilien weckt sie Unbehagen, erinnert an urtümliche, unkontrollierte Kräfte, die sich windend jedem Zugriff entziehen. Die Angst vor der Schlange hat man gerne mit Angst oder Ekel vor der Sexualität gedeutet, aber das ist zu einseitig für dieses vielschichtige Symbol. Vor allem die Schlangengrube, in der sich die Nattern und Vipern winden und verknäueln, weist auf ein noch chaotisches Gebiet ursprünglicher Lebenskräfte hin, das sich mit seinen Auswirkungen bis in die bewussten Ebenen bemerkbar machen kann. Mit der Schlange konfrontiert zu werden ist die Begegnung mit der vitalen Lebensenergie, die sich ohne Rücksicht auf Verluste behaupten will und nicht vom Verstand kontrolliert wird.

Worin der Wurm steckt

An einem heißen Sommertag wagen vermutlich nur ganz abgebrühte Naturen einen beherzten Griff in die Biotonne. Verwesende Pflanzen, Glitschiges, Würmer und anderes Insektengewimmel wirken eklig. Ein wurmstichiger Apfel oder das Gebälk, in dem der Holzwurm nagt, erfreuen auch nicht jeden. Maden und Würmer arbeiten an der Zersetzung, und letztlich fallen ihnen auch unsere Körper zum Opfer. Die Angst davor, vergänglich zu sein, die Auflösung der Materie, Fäulnis und Vernichtung – das alles bedeu-

ten die Maden und Würmer. Und doch haben sich gerade diese niederen Geschöpfe seit Anbeginn des Lebens bis heute behauptet und werden vermutlich auch die Gattung Mensch überleben.
Stärker noch als die Schlange symbolisiert das Gewürm die ursprüngliche Lebenskraft, die sich auf Kosten des Todes anderer durchsetzt. Für uns Menschen ist diese Eigenschaft mit einem strikten Tabu belegt, und darum verabscheuen wir die Würmer, die uns den Humus, die fruchtbare Erde, schenken.

Pfui Spinne!

»Igitt!« ist der Ausruf, der meist auf den Anblick einer dicken, haarigen Spinne erfolgt, und manche Menschen werden schon beim Anblick kleinerer Exemplare von Panik ergriffen. Dabei sind die meisten Spinnenarten eigentlich harmlos, wenn nicht gar nützlich. Nur bei den exotischen Giftspinnen und den stacheltragenden Skorpionen sieht das anders aus: Ihr Stich ist für den Menschen schmerzhaft, in manchen Fällen sogar tödlich. Doch aggressiv sind Skorpione von sich aus nicht, sie werden es erst, wenn man sie reizt.
Die langen, fadenartigen Beine, das klebrige Netzgespinst, das Aussaugen des Opfers, das sind die negativen Attribute der Spinnen. So ästhetisch das feine Spinnennetz auch erscheint, es ist eine tödliche Falle. Aber wie alle Insekten hat die Spinne symbolisch vor allem einen Bezug zum vegetativen Nervensystem und dem Neuronennetzwerk. Die Angst vor unwillkürlichen, nicht mehr kontrollierbaren Körperreaktionen steckt hinter der Spinne und ihren Verwandten.

Der Herr der Fliegen und anderen Ungeziefers

Auch die winzigsten Vertreter der Spinnentiere, die Milben, verursachen bei manchen Menschen hysterische oder allergische Reaktionen, seit uns bekannt ist, dass sie sich im Hausstaub befinden.

Baal-zebul, der Herr der Fliegen, war ein syrischer Gott, der die Seelen in die Unterwelt führte. Aus ihm wurde im Christentum der Beelzebub, womit wir wieder bei der Vorstellung vom Teufel und seinen Dämonen wären. Eine sirrende Mücke im Schlafzimmer sorgt unter Garantie für eine gestörte Nachtruhe, und kaum jemand wird gelassen durch einen Fliegenschwarm gehen. Die meisten Menschen schlagen wild und unkontrolliert um sich, wenn das geschieht. Nicht, weil die mittelalterliche Ideenwelt darin eine Dämonengruppe sah, sondern einfach nur, weil uns die geflügelten Insekten nervös machen. Manche sind auch wirklich unangenehm; nicht nur dass ein Bremsenstich ausgesprochen schmerzhaft ist und ein Mückenstich lange juckt, viele dieser kleinen Blutsauger übertragen auch Krankheiten. Schmutz, fauliger Schlamm und Unrat sind die Brutstätten der Fliegen und ihrer summenden und krabbelnden Kollegen, allein das lässt uns Abscheu vor ihnen empfinden. Dazu kommt noch ein intuitives Element.

Das Unbehagen vor nicht zu beeinflussenden Situationen wecken diese Insekten. Es ist die Angst vor der Hilflosigkeit, vom einfachsten Fall, wenn die Hände unkontrolliert anfangen zu zittern, bis hin zum Verlust der Kontrolle über die Körperfunktionen, so wie es nur bei ganz jungen oder ganz alten (oder sehr kranken) Menschen geschieht. Es ist die Angst vor dem unbewussten Dahinvegetieren, die durch Fliegen und andere Insekten ausgelöst wird. In den Rezepten der praktischen schwarzen Magie für Liebestränke ist oft der Einsatz der Spanischen Fliege (*Lytta meloe vesticatoria,* eine zu den Maiwürmern gehörende Käferart) vorgesehen. Sie ist ein Aphrodisiakum, das bereits ab 0,6 Gramm giftig ist und zum Tod führt.

Tiere können in der Realität bedrohlich sein, aber meist kommen unser Ekel und unsere Angst vor ihnen aus unbewussten Bereichen der Seele.

Krokodile und andere Echsen

Krokodile sind gefährliche Echsen, Eidechsen, Salamander oder Geckos dagegen erheblich friedlicher und eigentlich ganz harmlose Tiere, die niemandem etwas tun. Dennoch finden sie viele Menschen widerlich. Die Angst vor ihnen ist zu manchen Zeiten in derartige Dimensionen gewachsen, dass die Echsen zu Drachen wurden. In den Mythen und Sagen hausen sie in undurchdringlichen Wäldern, verlangen Jungfrauen, die sie fressen können, oder bewachen Schätze. Ihr Atem vergiftet mit seinem grässlichen Gestank ganze Landstriche, und sie bringen Tod und Verderben über die Menschen, bis schließlich ein

Held kommt, von dem sie besiegt werden. Solche Drachentöter sind beispielsweise der Erzengel Michael, der germanische Siegfried oder der heilige Georg. Die Echsen, die eine frühe Lebensform repräsentieren, stehen in Verbindung mit der Angst vor den so genannten niederen Trieben des Überlebens, dazu gehören Egoismus, instinktive Begierden, Aggression und Zerstörungswille. Im Zusammenleben haben wir diese Triebe zu zähmen, wir können sie aber nicht verschwinden lassen oder ignorieren, dazu sind sie zu mächtig. Wenn wir sie unterdrücken, machen sie sich an unkontrollierten Stellen bemerkbar.

Kröten schlucken und Frösche küssen

Kröten gewinnen keinen Schönheitswettbewerb: Sie entsprechen nicht gerade der Vorstellung vom kuscheligen Haustier. Ihre warzige Haut sondert zu bestimmten Zeiten giftige Sekrete ab. Dafür sind sie Verwandlungskünstler. Wie die Frösche machen auch sie einen dreifachen Gestaltwandel durch – vom Laich zur Kaulquappe bis zum Luft atmenden erwachsenen Tier. Richtig geküsste Frösche verwandeln sich auch noch ein viertes Mal, nämlich in Märchenprinzen! Wegen der Gestaltwandlung haben Experimentalmagier aller Zeiten den armen Quakern vielerlei Leid angetan, und kein Flugsalbenrezept der Hexen ist ohne ein Krötenprodukt vollständig. Unzählige Kröten fielen vor allem der Suche nach dem zauberkräftigen Krötenstein zum Opfer, der sich angeblich in ihrem Innern bildet.

Besser hatten es die Kröten, die unter dem Schutz der Hexen standen. Sie waren regelrecht Haustiere, zu denen diese gärtnerisch tätigen Frauen eine gute Beziehung hatten und immer noch haben. In manchen Märchen kommen Kröten vor. Dort fungieren sie eher als gute Geister.

Das Unheimliche der Kröten und Frösche ist wohl ihrem Aussehen und ihrer Wohnstatt in schleimigen Tümpeln zuzuschreiben, und es ist mehr Ekel als Angst, was sie hervorrufen.

In diesem Zusammenhang lohnt es sich, über zwei Redensarten nachzudenken – man muss nämlich oftmals Kröten schlucken, um sich ein paar Kröten zu verdienen, oder?

Die grünen, auf idyllischen Seerosenblättern sitzenden Laubfrösche sind weniger ein Symbol des Ekels, sondern werden als niedlich angesehen.

Haifischzahn und Stachelrochen

Die Lebewesen des Wassers sind uralt, viele sind harmlos, manche sogar von faszinierender Farbenpracht, andere gehören zu unserer bevorzugten Nahrung, aber es gibt auch solche mit scharfen Zähnen und Giftstacheln oder der Fähigkeit, Elektroschocks auszusenden oder ätzende Stoffe abzugeben, wie Muränen, Rochen, Zitteraale und Feuerquallen. Die Medien haben den weißen Hai zum personifizierten Bösen erhoben, indem sie ihn in Horrorfilmen vermarktet haben.

Als Symbol sind die Wasserbewohner sowohl positiv als auch negativ besetzt. Unheimlich erscheinen sie uns vor allem, weil sie aus der Tiefe kommen, so wie uralte Erinnerungen aus dem Unbewussten aufsteigen. Als widerwärtig wird oft ihre schleimig glatte Haut empfunden, und der kalte Fisch ist sprichwörtlich geworden. Dem praktischen Küchenmagier, der Fische nur in rechteckig tiefgefrorener Form kennt, empfehle ich, sich einmal eine fangfrische, nicht küchenfertige Forelle zu kaufen und zuzubereiten. Dabei kann man dann vortrefflich über die magische Natur von Fischen meditieren.

Zu den Rabenvögeln gehören auch die schwarzweißen Elstern, die bei uns den nicht gerechtfertigten Ruf genießen, diebisch zu sein.

Wenn der Unglücksrabe krächzt

Wie so viele schwarze Tiere hat der Rabe ein schlechtes Image, er berichtet krächzend von kommendem Unheil, und angeblich behandeln manche Eltern ihre Kinder wie die Raben. Um die Galgen flatterten sie und über die Schlachtfelder: Zu den Todesboten gehören die Raben also auch. Ihr unmelodiöses Krächzen gilt als böses Omen. Derzeit beobachte ich gerade mit fassungslosem Staunen, wie in unserer Region eine wahre verbale Hexenjagd auf Rabenvögel gemacht wird, die angeblich für das Verdrängen der Singvögel in den Gärten verantwortlich sein sollen. Die Zeitungen sind voll mit Aufrufen, den schwarzen Bösewichtern mit der Flinte beizukommen. Das Mittelalter lässt grüßen!

Geier und Käuze

Einen ähnlich schlechten Ruf wie die Unglücksraben haben die jagenden Nachtvögel. Der einsame Schrei eines Käuzchens im Dunkel des Waldes kann schon einen leichten Schauder erzeugen. In vielen Vorstellungswelten kündigen sie den nahen Tod an. Wahrscheinlich wird auch ihr lautloses Gleiten durch die Nacht als unheimlich empfunden.

Die Aas fressenden Geier, nicht eben hübsch anzusehen, sind ebenfalls als Todesboten angesehen worden. Dabei sorgen sie in der Natur nicht für den Tod, sondern beseitigen Aas; ihre Aufgaben sind also durchaus lebenserhaltend. Es gibt allerdings auch Raubvögel unter ihnen. Bei der Begegnung mit diesen Vögeln kann ein unbestimmtes Gefühl, die eingebildete Angst, körperliche Reaktionen verursachen, die je nach Empfindsamkeit und Anfälligkeit zu Herzproblemen führen können.

Jeder kennt die Filme und Geschichten über Vampire und den angenehmen Grusel, der sich hinter einer solchen Begegnung mit jenseitigen Welten verbirgt.

Fledermaus und Dracula

Die nachtaktiven Fledermäuse, die sich so lautlos und behende aus ihren Höhlen erheben, sind seit jeher Vorbild für alle möglichen Angstgestalten und Sinnbild des Bösen. So verliert der gestürzte Engel Luzifer seine weißen Federflügel und nimmt die schwarzen Flughäute an, die seinem teuflischen Charakter entsprechen. Obwohl sich die meisten Fledermausarten ganz harmlos von Insekten und Früchten ernähren, gibt es auch einige wenige Blutsauger unter ihnen.

Diese haben sich in der nächtlichen Angst der Menschen zu Vampiren aufgebläht, die sich als Untote den Menschen nähern und von deren Blut leben. Nach einiger Zeit verfallen ihnen diese Menschen und werden als Vampire selbst Teil der Welt des Bösen. Diese ruhelosen nächtlichen Geister sind die dunklen, verborgenen Wünsche, die man sich nur schwer eingestehen will.

Rattenschwanz und Mäuseplage

Herr der Ratten und Mäuse wird der Teufel Mephisto auch genannt. Mäuse, die ihre heimliche Zerstörungsarbeit an den Werken und Vorräten der Menschen verrichten, haben einen schlechten Ruf, doch die sehr viel aggressiveren und intelligenteren Ratten übertreffen sie bei weitem. Von ihnen kann tatsächlich Gefahr ausgehen, denn sie sind Überträger der Pest und anderer Krankheiten. Viele Menschen leiden an Mäuse- und Rattenphobie, die zu Panik beim Anblick der Tiere führt. In symbolischer Deutung stehen sie für die nagenden Sorgen, die versteckten Befürchtungen und die ungelösten Probleme, die noch nicht genügend bewusst geworden sind, um sie greifen und verarbeiten zu können.

Dreimal schwarzer Kater

Unsägliche Grausamkeiten sind den Katzen im Laufe ihres Zusammenlebens mit den Menschen widerfahren. Den Ägyptern galten Sie noch als Gottheiten, wie die katzenköpfige Göttin Bastet beweist, doch dann wurde ihr Ruf immer schlechter, bis sie als Gefährten des Teufels dastanden. Mit den Hexen wurden sie verbrannt, als Vertreter des Teufels gefoltert und umgebracht, von Türmen geworfen und bei schwarzen Messen geopfert. Ihre Unabhängigkeit, ihr wissender Blick, die im Dunklen schimmernden Augen und ihre nächtlichen Jagden haben sie für viele Menschen zu unheimlichen, dämonischen Tieren gemacht. Frauen, die sich mit Katzen angefreundet haben, konnten in der verqueren Denkweise mancher Vertreter der Kirche also nur mit dem Teufel in Verbindung stehen. Die Angst, die mit Katzen, vor allem mit schwarzen, verbunden ist, muss die vor unabhängigen, selbstbewussten Frauen sein – eine Angst, die nur schwache Männer haben. Doch hier mag mein Urteil ein wenig parteiisch sein, denn zwei Katzen sitzen oft auf meinem Schreibtisch und betrachten mich beim Schreiben manchmal ziemlich nachdenklich.

Noch heute versprechen sich einige fehlgeleitete Magier wundersame Dinge von Katzenblut, weshalb immer wieder Katzen geopfert werden.

Wolf und Werwolf

Wolfsfurcht hat eine tiefere Ursache als die Angst vor dem realen Tier, denn ausgeprägtes Sozialverhalten, Familiensinn, Wachsamkeit und Intelligenz zeichnen die Wölfe aus. Aber sie sind auch Jäger, sie töten und verschlingen ihre Opfer. In der christlichen Bilderwelt wird der Wolf als teuflischer Feind und der Höllenrachen als zähnestarrendes Wolfsmaul dargestellt. Noch mehr gewinnt der Wolf in der Vorstellungskraft an Schrecken. Eine besonders unangenehme Ausgeburt der Phantasie sind Menschen, die sich in reißende Werwölfe verwandeln. Den Vampiren ähnlich reißen sie ihre Opfer mit sich in die dunkle Welt, in die sie sich aus einem normalen Leben in Vollmondnächten begeben. Die Vorstellung vom Werwolf hat einen realen Hintergrund: Die heidnischen Völker, die der Natur nahe standen, verehrten die Wölfe, doch der Wolfskult wurde mit den Wölfen ausgerottet und seine Verehrer als Werwölfe verbrannt.

Der böse Wolf, der das Unschuldslamm reißt, das sind die wilden, ungezähmten, reißenden Triebe, die sich die weißen Unschuldslämmer nicht eingestehen wollen.

Es geht eine seltsame Faszination von Monstern und Horrorgestalten aus. Fragen Sie sich gelegentlich selbst, warum Sie Horrorfilme so gerne sehen?

Gehörnt und mit Bocksfüßen: der Ziegenbock

Ziegen sind zwar nicht gerade die kuschligsten Tiere, aber Angst flößen sie eigentlich nicht ein. Und doch hat man sie zum Vorbild für den bocksfüßigen Gehörnten gewählt, für den Teufel höchstpersönlich. Auch hier ist der Ursprung wieder in den Götterwelten früherer Zeiten zu suchen. Der Gehörnte war einst ein Vegetationsgott, sei es der keltische Cernunnos oder der griechische Pan. Beide sind virile männliche Gottheiten, denen asketische Keuschheit ziemlich fern lag, wie es auch ihrer Aufgabe als Fruchtbarkeitsspendern angemessen war. Genau diese Eigenschaften sind im wahrsten Sinne des Wortes verteufelt worden: Die Angst vor der Sexualität hat dem Teufel die Bocksgestalt der alten Götter überschrieben.

Geister, Monster und andere Spukgestalten

Wie Sie schon gesehen haben, ist die Überhöhung durch Angst für die Gestaltung von tierischen Monstern verantwortlich – aus Echsen werden Drachen, aus Fledermäusen Vampire, aus Wölfen Werwölfe und aus Fliegen Dämonen. Auch bestimmte menschliche Charakterzüge haben die Saat zu Horrorgestalten gelegt, die als lichtscheues Gesindel durch die Alpträume spuken.

Eine phantastische Welt wilder Wesen

Früher gab es Schlossgespenster, Irrlichter im Moor und Wiedergänger – schon damals war die Lust auf Grusel groß, nicht erst in Zeiten des Mysteryfilms. Märchen geben dazu viel Stoff her.

Bevor wir uns den einzelnen Figuren widmen, soll noch die Frage beantwortet werden: Gibt es diese Übel wollenden Geister, oder gibt es sie nicht? Autoren phantastischer Bücher und Filmemacher diverser Mysterystreifen versichern uns ernsthaft, dass solche Wesen körperlich existieren und mitten unter uns ihr Unwesen treiben. So ist das allerdings nicht ganz richtig, aber trotzdem sind sie da, die Dämonen. Die Kraft der Einbildung, oder, wenn Sie so wollen, die unbewusst ausgeübte schwarze Magie erzeugt sie, erfüllt sie mit Leben und lässt sie handeln. In unserer überwiegend rationalen Betrachtungsweise vergessen wir viel zu oft, wie stark uns die geistigen Gebilde beeinflussen, und je mehr wir sie leugnen, desto heimlicher und wirkungsvoller betreiben sie ihre bösen Spiele. Schauen wir uns einmal die gängigen Spukgestalten an, die durch die Welt der Mythen und Horrorfilme geistern.

Außerirdische und Feen

Beliebt sind seit dem Fortschritt in der Luft- und Raumfahrt und der technologischen Entwicklung in der Astronomie die Auftritte von Außerirdischen. Die sprichwörtlichen »Grünen Männchen vom Mars« oder die Besatzungen von Ufos werden von vielen Menschen für real gehalten, wie Umfragen beweisen. Der Erfolg von Serien wie »Akte X« spiegelt ebenfalls diesen Glauben. Vor dieser Zeit haben Feen und Engel eine Rolle gespielt und mit denselben Mitteln gearbeitet, nämlich mit der Entführung in andere Welten und manchmal auch als Übermittler von Heilsbotschaften. Der Glaube an diese nichtirdischen Wesen ist fest verankert und bei vielen Menschen durch nichts zu erschüttern. Sollten Sie dazugehören, wird es Ihnen vermutlich schwer fallen, die Angst oder die Faszination gegenüber diesen Besuchern als einen nicht anerkannten Teil Ihrer selbst zu betrachten.

Untote und Gespenster

Unter Gespenstern und Untoten versteht man die nicht erlösten seelischen Anteile Verstorbener, vor allem solcher, die gewaltsam zu Tode gekommen sind oder Schuld auf sich geladen haben. Zu bestimmten Zeiten tauchen sie in der Welt der Lebenden auf und erschrecken sie, bevorzugt in Burgen und Schlössern, auf Friedhöfen und anderen unheimlichen Orten. Ohne Zweifel können wir mehr Informationen aufnehmen, als uns unsere bekannten Sinne und das Tagesbewusstsein glauben machen. Auch Spuren von mächtigen Gefühlen sind für sensitive Menschen spürbar. Andererseits kann die Angst vor Gespenstern diese erst Gestalt annehmen lassen. Es ist eine Angst vor Erinnerungen, die einen nicht loslässt.

Poltergeister

Diese Wesen sind eine ganz besondere Spezies: Sie treten vor allem dann auf, wenn jemand an seinen unterdrückten Gefühlen leidet. In solchen Fällen kann sich die emotionale Energie schon mal in der Form von telekinetischen Ausbrüchen materiell entladen. Dann zerspringen ohne Anlass Gläser, fallen Bilder von den Wänden, und ähnliche, meist zerstörerische »Zufälle« häufen sich. Doch diesmal kann man keine personifizierten Unholde ausmachen: Verlässt der konfliktbeladene Mensch, der solche lautstarken Effekte auslöst, den Raum, verschwindet auch der Poltergeist.

Es wäre ganz falsch zu leugnen, dass es paranormale Erscheinungen gibt, selbst ärgste Zweifler haben schon Fälle von Telepathie erlebt.

Monster und Dämonen

Diese vielgestaltigen Quälgeister werden fast immer aus eigenen problematischen Charakterzügen, Schuldgefühlen, schlechtem Gewissen und verborgenen, nicht bewussten Ängsten geboren. Oder es sind träumerische Bildverarbeitungen aus Horrorfilmen, in denen alle möglichen Ausgeburten der Phantasie ihr Unwesen treiben.

Der schwarze Mann

Es gibt menschliche Angstgestalten in zahlreichen Ausprägungen. Hier möchte ich Ihnen ein typisches Exemplar vorstellen, das im Sprachgebrauch fest verankert ist: »Wenn du nicht artig bist, holt dich der schwarze Mann!« Eine Drohung an die Kinder, die im besten Fall eine kurzfristige Abneigung gegenüber dem Schornsteinfeger auslöst, im schlimmeren Fall eine Angst erregende Teufelsfigur in die junge Seele implantiert. Der schwarze Mann ist der Strafende, der offensichtlich nur tätig wird, wenn man gegen die Regeln verstößt. Er wartet draußen vor den Grenzen, innerhalb des erlaubten Gebiets ist man sicher vor ihm.

Die graue Eminenz kann auch als ein graugesichtiger Buchhalter auftreten, der Verfehlungen akribisch notiert – das schlechte Gewissen.

Die graue Eminenz

Dieser Begriff umschreibt jemanden, der im Verborgenen hinter den Kulissen wirkt, den man nicht beeinflussen kann, dessen Entscheidungen undurchschaubar sind – der aber auf jeden Fall über große Macht verfügt. Er ist also eine Person, die man im realen Leben durchaus fürchten muss. Im übertragenen Sinne verkörpert die graue Eminenz die unsichtbaren Bedrohungen, die von außen über unsere schützende Grenze hineinwirken und denen wir wehrlos ausgeliefert sind. Es ist die Angst vor dem Verlust der Selbstbestimmung.

Der Halbgott in Weiß

Der Halbgott in Weiß kann ein Heiler sein. Das Vertrauen in ärztlichen Beistand birgt die größte Chance, sich selbst zu heilen. Aber auf dem Sektor des medizinisch Machbaren sind wir inzwischen zu weit gegangen. Seit die medizinische und pharmazeutische Technik uns den Glauben vermittelt hat, dass der Körper des Menschen wie ein Fahrzeug gewartet und repariert werden kann, besteht die Gefahr, dass die Seele vergessen wird. Die Vorstellung, als Kranker von einem mysteriösen Maschinenpark und seinen herzlosen Bedienern abhängig zu sein, zeigt die Angst, dass die Grenzen gewaltsam eingeengt werden. Der Halbgott in Weiß hat damit viel Angstpotenzial von seinem teuflischen schwarzen Kollegen aus den unteren Regionen der imaginierten Welten bekommen.

Diebe und Mörder

Bedrohlich sind natürlich auch alle Gestalten, die in irgendeiner Form die sicheren Grenzen der selbst geschaffenen seelischen Heimstatt angreifen oder gar niederreißen. Ob sie als Einbrecher, Vergewaltiger, Mörder oder Gerichtsvollzieher erscheinen – immer lauert eine personifizierte Eigenschaft im Unbewussten, die das Bild von uns selbst erschüttern will.

Hexen, Mütter und Giftspritzen

Damit nicht der Eindruck entsteht, das Böse sei allein auf die Männerwelt beschränkt, indem nur die männlichen Quälgeister beschrieben werden, müssen wir aus Gründen der Gleichberechtigung auch die weiblichen Angstgestalten betrachten.

Bedrohliche Hexen

Die alte, verkrümmte, hässliche Frau, die böse Blicke auf die Passanten wirft, wird gern als Hexe bezeichnet. Aber auch die junge Verführerin darf sich mit diesem Titel schmücken. Außer vor der madonnenhaft demütigen Frau oder dem wehrlosen Opfer haben sich die Männer eine abgrundtiefe Angst vor der Weiblichkeit eingeredet. Frauen verkörpern für sie die dunkle Welt außerhalb des eigenen Erfahrungsbereichs, das irrationale Mysterium von Leben und Tod.

Die Angst vor den Mysterien der Weiblichkeit steht hinter den Bildern von mächtigen Hexen, die im Verborgenen Schaden bewirken.

Mächtige Mütter

Mütter, auch in der Form von Stief- und Schwiegermüttern, können ebenfalls als außerordentlich bedrohlich empfunden werden, vor allem, wenn sie zu überwältigenden Übermüttern werden, die zu hohe Ansprüche stellen, abhängig und unselbstständig machen und damit die Grenzen zu eng ziehen.

Zankteufel und Giftspritzen

Sie sind überwiegend weiblich, und es ist ihre Aufgabe, Zwietracht zu säen und schmerzhafte Pfeile abzuschießen. Was an ihnen so besonders stört, ist die Hinterhältigkeit der Angriffe. Meist ist ihre Heimtücke hinter liebenswürdigen Masken und einem netten Lächeln verborgen und wirkt auf versteckte Wunden. Solche Wesen nutzen die Schlupflöcher in den Schutzwällen, die wir um uns herum aufrichten. Sie sind selten direkt zu fassen. Minderwertigkeitsgefühle, die wir gerne verleugnen würden, sind ihre hellsichtig erkannten Ziele.

Turm, Tod und Teufel – Angstmacher im Tarot

Die beeindruckendsten Bilder der Angst, Symbole, archetypische Gestalten und Zeichen finden Sie auf den Karten des Tarot. Sie haben eine traditionsreiche Vergangenheit, in ihnen ist ein ungeheures magisches Wissen festgehalten, das man nur Schicht für Schicht abtragen und für sich entdecken kann. Es beinhaltet alle Themen, die die menschliche Natur anbelangen, die angenehmen wie die unangenehmen. Hoffnung, Liebe, Glück, Erleuchtung – um diese wundervollen Erfahrungen wollen wir uns hier nicht kümmern, sondern um diejenigen, die Unbehagen verursachen.

Der Turm zeigt die Situation, in die man gerät, wenn man um sich herum zu starke, unbewegliche Schutzwälle gezogen hat und nicht mehr in der Lage ist, sich flexibel anzupassen.

Blick in die Zukunft

Die Tarotkarten waren lange Zeit verboten. Wahrsager, Zigeuner und geheime magische Orden benutzten diese Karten jedoch und entwickelten sie sogar weiter. In den vergangenen hundert Jahren kam das Tarot mehr und mehr in Umlauf, und die Beschäftigung damit ist nicht mehr anrüchig. Inzwischen existiert eine Flut von neuen gestalterischen Interpretationen, die darauf hinweist, welche ungeheure Kreativität durch die Auseinandersetzung mit dem System freigesetzt wird. Im Tarotdeck unterscheidet man kleine und große Arkana, und mit Letzteren wollen wir uns nun näher befassen. Vornehmlich zum Zweck der Situations- und Zukunftsbefragung wird das Tarot eingesetzt, und aus der zufälligen Auswahl an Karten, die nach einem bestimmten Prinzip aufgelegt werden, kann man ablesen, welche Kräfte aus der Vergangenheit gegenwärtig sind und in die Zukunft hineinwirken.

Liegen so verheißungsvolle Bilder wie Der Stern oder Die Sonne auf dem Tisch, kann das den Frager erfreut und selbstbewusst auf das Kommende einstimmen, dominieren aber Tod, Teufel und der zusammenstürzende Turm die Legung, so muss darin eine Warnung gesehen werden. Unsensible Zeitgenossen schieben dann das Kartenwerk einfach zusammen und mischen und legen erneut, bis die Prognose ihren Wünschen entspricht. Weniger dickfellige Menschen bekommen es mit der Angst zu tun. Damit nicht anschließend eine Katastrophe eintritt, weil sich die Prophezeiung selbst erfüllt, muss man sich mit den Angst machenden Symbolen des Tarot etwas intensiver auseinander setzen, denn auch der Teufel hat seine guten Seiten.

Die Karte Der Tod symbolisiert zumeist nicht den leiblichen Tod, sondern das Ende eines Zustands und die Möglichkeit zu einem Neubeginn.

Der Tod – Abschied, Trauer und Wiedergeburt

Jeder Mensch kennt die Angst vor dem Tod. In der praktischen Magie haben wir gesehen, dass aus der Überwindung dieser Angst eine gewaltige Energie freigesetzt wird. Dabei ging es vornehmlich um die materielle Beschäftigung mit dem Tod, die fast immer mit der schwarzen Magie in Verbindung gebracht wird.
Wir befassen uns in der imaginativen Magie mit der geistigen Überwindung dieser Angst und betrachten dazu das Symbol des Todes in seinen vielen Schichten. Eine Facette des Todes ist auf der Tarotkarte mit der Nummer 13 dargestellt. Sie wird Der Tod genannt, und nur wenige Menschen stehen ihr gelassen gegenüber, wenn sie auf einer wichtigen Position für die Zukunft liegt. In fast allen Tarotdecks wird der Tod als Skelett, oft auch mit einer Sense in der knochigen Hand abgebildet – das ist eine beinahe allgemein gültige Form der Todesdarstellung in vielen Kulturen. In den neueren Interpretationen inspirierter Künstler kommen aber auch noch Seelensymbole, etwa Schmetterlinge, und vor allem Symbole der Wiedergeburt, wie die sich häutende Schlange, Schwangere oder Neugeborene vor. Die Karte bedeutet in der Auslegung immer ein natürliches Ende. Das kann der Eintritt des Todes sein, es kann aber auch das Ende einer Entwicklung, den Abschied von einem Menschen oder den Abschluss einer aktuellen Situation bedeuten, wie etwa Kündigung oder Bankrott. Aber im besten Fall ist es das Aufgeben von überlebten Gewohnheiten. Der

Tod ist ein notwendiges Überschreiten von Grenzen. Natürlich durchlebt man bei Trennungen jeder Form auch Emotionen – meistens Trauer oder das Gefühl des Verlustes, der Leere und Einsamkeit oder der Halt- und Orientierungslosigkeit. Solche Gefühle treten selbst dann auf, wenn das Ende eigentlich eine Erleichterung bringen sollte, denn das, was verloren ging, hat einen Platz eingenommen, der erst wieder ausgefüllt werden muss. Versäumt man es, ihn erneut zu füllen, ist der Tod grausam und die Trauer unerträglich. Begreift man die Leere aber als einen Anstoß für etwas Neues, vielleicht sogar Besseres, beginnt der Kreislauf der Wiedergeburt.
Der Tod ist in der Situations- und Zukunftsbetrachtung des Tarot die Karte mit einer großen Herausforderung, sie zeigt die Chance an, Trauer und Schmerz zu überwinden und auf einer höheren Ebene neu zu beginnen. Es ist eine schwierige Karte, ohne Zweifel, und eine Warnung davor, diese Chance ungenutzt vorübergehen zu lassen.

Der Turm und Der Tod sind zwei Karten, die gefürchtet sind. Doch sollte man nie die Chancen übersehen, die auch in ihnen liegen können.

Der Turm – Schicksalsschläge und Chaos

Der Turm, die Karte Nummer 16, warnt vor der herannahenden Katastrophe. Sie zeigt einen explodierenden, zusammenstürzenden Turm, aus dem in fast allen Darstellungen Flammen lodern und menschliche Gestalten herausgeschleudert werden. Der Turm kann vor Naturkatastrophen warnen, sofern die Frage dahingehend gestellt wurde. Doch in anderen Zusammenhängen kündigt er Zerstörung, Zusammenbruch, erschütternde Veränderung, Unfall und plötzliche Krankheit an. Wie ein Blitzschlag wird das Ereignis eintreten und die starren Mauern zum Einsturz bringen.

Der Tod ist das natürliche Ende, das sich schlüssig aus einer vorangehenden Entwicklung ergibt, so wie der körperliche Tod unabwendbar und notwendigerweise am Ende des Lebens steht. Die Katastrophe jedoch ist nicht absehbar und schlägt unberechenbar zu. Sie kommt wie der Blitz, sozusagen aus heiterem Himmel und reißt die Schutzwälle nieder. Das ist es, was die Angst vor dem berstenden Turm ausmacht.

Es gibt dabei aber noch einen weiteren Aspekt zu betrachten. Der Tod ist notwendig und unabwendbar, die Katastrophe muss das nicht sein, wenn man vor ihr gewarnt ist. Das Ereig-

nis ist nur dann bis in die Grundfesten erschütternd, wenn die Mauern, die das Chaos fern halten sollen, zu starr geworden sind.
Wer auf die kleinen Warnungen nicht hört, sich immer nur angstvoll vor allen Eventualitäten abzusichern versucht, der wird früher oder später Opfer eines Schicksalsschlages, der das Leben von Grund auf verwandeln wird. Wer sich aber aus eigener Kraft ändert, die Zeichen erkennt und über seine Grenzen hinaussieht, der wird einem großen Knall weniger hilflos ausgeliefert sein.
Der Turm symbolisiert die schmerzhafteste Form des Lernens, die Erkenntnis durch Zerstörung. Es stellt die größte Herausforderung überhaupt dar, um aus dem Scheitern eine neue – meist blitzartige – Erkenntnis zu gewinnen.

Die Karte Der Gehängte sieht bedrohlich aus, doch sie steht weder für Strafe noch für Vernichtung, sondern sie zeigt, dass man Situationen ganz anders als üblich sehen kann.

Der Gehängte – Stagnation und Selbstopfer

Die Karte Nummer 12 des Tarot ist Der Gehängte. Bis auf wenige Ausnahmen, in denen ein Gehenkter dargestellt wird, handelt es sich bei den Bildern um einen Menschen, der freiwillig an einem Fuß kopfüber an einem Baum hängt. Es ist also nicht die Androhung von Strafe, die die Karte symbolisiert, obwohl bei der entsprechenden Fragestellung auch diese Deutung möglich ist.

Der hängende Mann – das englischsprachige Tarot nennt die Karte »The Hanging Man« – ist ein Mensch, der das Schicksal annimmt und darin die Bedeutung für das eigene Leben sucht. Wenn Sie über die einschneidenden Ereignisse in Ihrem Leben nachdenken, da wo die Kräfte der Karte des Turms wirksam wurden, wie Krankheit, Unfall, Verluste oder Zusammenbrüche, dann werden Sie feststellen, dass sich aus den Katastrophen der Vergangenheit fast immer ein Sinn erschließt. Übertragen auf die Kartenlegung der gegenwärtigen oder zukünftigen Situation kann daraus das Vertrauen erwachsen, dass man aus Krisen stärker und weiser hervorgeht.
Doch zunächst bedeutet es, dass es nicht weitergeht, dass man in einer Sackgasse gelandet ist oder in einer Klemme steckt. Das ist gerade bei unserer Lebensweise meist eine schreckliche Vorstellung: Rückschritt und Stagnation sind unerwünscht, Fortschritt und Aufstieg unsere Ziele.

Es verlangt eine ganze Menge menschlicher Größe, das Schicksal zu akzeptieren, statt, wie wir es gewohnt sind, dagegen anzukämpfen. Wir suchen Schuldige, wir schieben die Verantwortung auf andere, wir werden hektisch und nervös oder resigniert und lethargisch, wenn uns eine solche Prüfung ereilt.
Der Gehängte rät uns, es besser zu machen. Er stellt sich gedanklich auf den Kopf und versucht, die schwierige Situation aus einem anderen Blickwinkel zu sehen. Er distanziert sich von sich selbst und betrachtet das Geschehen, als ob es ihn nicht beträfe. Das ist sein »Selbst«-Opfer. Bringt man es, wird man mit der Erkenntnis belohnt, dass jede Situation – und wenn sie noch so misslich ist – ihre Chancen birgt. Es gibt immer eine Lösung, auch wenn sie uns manchmal nicht zusagt. Es gibt immer positive Wendungen, denn der Zufall ist allgegenwärtig und – wider Erwarten – sinnvoll.

Schreiben Sie in einer stillen Stunde einmal die einschneidenden Erlebnisse Ihres Lebens auf einen Zettel, und überdenken Sie, welche Folgen sich daraus ergeben haben.

Der Teufel – eine schillernde Persönlichkeit

Die 15. Karte der großen Arkana nennt sich Der Teufel. Das personifizierte Böse war schon immer Gegenstand lebhafter Phantasie. Vor mir liegen sechs unterschiedliche Tarotdecks, deren Abbildungen sich bei dieser Karte am stärksten voneinander unterscheiden. In dem sehr alten Marseiller Tarot ist der Teufel eine barbusige, vierfingrige Frau mit Fledermausflügeln, die einen gehörnten Helm trägt. Waite zeigt einen bocksbeinigen, grimmigen, gehörnten Teufel, ebenfalls mit Fledermausflügeln, Crowleys Teufel hingegen tritt als Ziegenbock auf und trägt einen Blütenkranz über das Gehörn gelegt. Sein Gesichtsausdruck ist ausgesprochen verschmitzt. Die weisen Frauen haben den Teufel Versuchung genannt und bilden ihn als Fuchs ab, das Avalon-Tarot macht ihn zum gehörnten, bocksbeinigen Vegetationsgott Cernunnos, den Herren der wilden Tiere. Die meiner Meinung nach charmanteste Version wird im Tarot von Röhrig dargestellt: Hier ist der Teufel ein hinreißend erotischer Mann.

Das Bild des Teufels ist facettenreich, und so ist auch seine Vergangenheit. Das hat seinen Grund darin, dass er immer das Gegenteil von dem war, was gerade als gut und richtig erachtet wurde. Er ist immer der Widersacher, derjenige, der die bestehende Ordnung bedroht.

Verwandlungen des Teufels

Im Mittelalter schob die Kirche ein paar passenden »heidnischen« Göttern die Kraft des Bösen unter, um deren Verehrung zu verhindern. Den Bocksfuß beispielsweise hat der Teufel von Pan übernommen, dem lebenslustigen Vegetationsgott, der so begierig hinter den Nymphen her war. Die Hörner mag er vom »Sündenbock« erhalten haben, den die Juden als symbolischen Träger ihrer Übel in die Wüste jagten. Auch der gehörnte keltische Cernunnos stand Pate. Luzifer wird der Teufel auch genannt, und somit ist er ein gefallener Engel, der Lichtbringer, der Sohn der Morgenröte. Er widersprach Gott und wurde in die Hölle abgeschoben. Satan wird aus ihm, weil er für die Hebräer ein Widersacher war, der unbequeme Fragen stellte und Prüfungen auferlegte. Saturn, der dem Sternzeichen des gehörnten Steinbocks zugeordnet ist, und Satan sind sich nicht nur vom Wort her ähnlich. Als Mephisto hat Goethe dem Teufel ein paar recht schalkhafte Züge verpasst, und einmal springt er sogar als Pudel über die Türschwelle in Fausts Studierzimmer, bevor er sich in seiner wahren Gestalt zeigt.

Der Teufel steckt im Detail. Er sitzt in uns, und wann immer wir etwas Gutes wollen, flüstert er uns: »Ja, aber ...« ins Ohr. Zweifel, die Beeinflussung anderer, fehlgeleitete Triebe, Besitzgier, Zerstörungswut, Ignoranz, Engstirnigkeit und viele kleine Laster, das sind die Kräfte, auf die der Teufel aufmerksam macht. Es sind unsere Schattenseiten, und ohne die Kenntnis der eigenen Schatten gerät man leicht in ihre Fänge.

Natürlich kann die Karte bei entsprechender Fragestellung auch Bosheit, Bestialität, Gewalt und Tyrannei ankündigen. Aber in einer Legung macht der Teufel in der Regel aufmerksam auf die eigenen Schwächen, vor allem verweist er auf solche, die man nicht zugibt und lieber auf andere überträgt. Das wird dann vorzugsweise als das Böse gedeutet, das von außen eingreift.

Das »Teuflische« passiert in der eigenen Seele; es vertritt die negativen Eigenschaften in uns, die wir am liebsten ausblenden möchten.

Der Mond – in der Tiefe des Unbewussten

Die Karte mit der Nummer 18 ist der Mond. Sie erscheint zunächst nicht bedrohlich, und doch wurde sie von den früheren Kartenlegern mehr gefürchtet als Turm, Tod und Teufel zusammen. Der Mond symbolisiert die Nachtseite unseres Bewusstseins, das, was unter der Oberfläche verborgen ist, wozu wir keinen kontrollierten Zugang haben. Mit Logik und Verstand kann man sich dieser Welt nicht nähern, und das, was sporadisch aus ihr auftaucht, ist in der Tat geeignet, uns Angst zu machen. Dort sitzen die Ungeheuer und Dämonen, die wir dorthin verbannt haben oder denen wir nicht gestatten, sich uns zu zeigen, damit wir ihnen ihre Macht nehmen können.

In einer Legung kann der Mond auf psychische Probleme hinweisen, auf Süchte und Abhängigkeiten etwa, die tief aus dem Inneren gesteuert werden. Wer nur glaubt, was er sieht, dem wird diese Karte Unbehagen bereiten, denn sie verlangt, dass wir anerkennen, eine kaum von unserem Wollen und Willen beeinflussbare Natur zu besitzen. Doch in der Unterwelt der Seele hausen nicht nur ungezähmte, heimtückische und gefährliche irrationale Kräfte, sondern man findet dort auch positive Gefühle und Fähigkeiten, zu denen der Zugang möglich sein sollte – dazu gehören die intuitive Weisheit, die blühende Phantasie, der Quell der Inspiration und Kreativität und ein Meer voller Gefühle.

Das Symbol des Mondes ist im Tarot gut gewählt: Nicht umsonst bezeichnet man jemanden als mondsüchtig, der wie von geheimnisvollen Kräften gezogen nicht weiß, was er tut.

Die wirkliche Gefahr, die von den Kräften ausgeht, die der Mond symbolisiert, liegt im Abtauchen in die Welt der Träume, sei es aufgrund von Realitätsflucht oder durch Betäubung mit Drogen. Die Tiefen des Unbewussten zu betreten ist eine sehr einfache und meist lustvolle Grenzüberschreitung, und wer dabei den Kontakt zur Wirklichkeit verliert, wird sich in einem seltsamen Zwischenreich verlieren, ohne je wieder aufzutauchen und sich der Realität zu stellen.

Darum ist es immer wichtig, vor allem bei der Beschäftigung mit Magie und artverwandten Bereichen, die Welten des Bewusstseins und des Unbewussten säuberlich getrennt zu halten. Ansonsten wird man zum weltfernen Spinner, ein Ruf, der nicht ganz zu Unrecht manchem Esoteriker anhaftet.

Das Rad: Wie das Schicksal so spielt

Die Nummer 10 wird »Das Rad« genannt, in manchen Tarot-Decks auch »Das Schicksal«. Taucht dieses Bild bei einer Legung auf, beschleicht den Fragenden mit Sicherheit ein leichtes Unbehagen. Der Begriff »Schicksal« wird meistens mit einem bedrohlichen

Unterton verwendet. Man betrachtet es als etwas, das in den Lebenslauf des Menschen eingreift, das ihm widerfährt, ohne dass er sich dagegen zur Wehr setzen kann, ohne es recht begreifen zu können. Es wurde in früheren Zeiten mit dem willkürlichen Wirken der Götter erklärt, insbesondere der Schicksalsgöttinnen wie etwa den Nornen, den Parzen oder Moiren. Die Angst vor dem Schicksal ist die Angst vor dem Ungewissen, vor der Zukunft. Sie kann mutlos machen und die Handlungen in der Gegenwart lähmen, sie kann sogar zu den sich selbst erfüllenden Prophezeiungen führen. Wer fest daran glaubt, dass ihm etwas Furchtbares geschieht, der zieht das Unglück an. Die Angst davor, dass höhere Mächte in das Leben eingreifen und – böswillig – die eigene heile Welt zerstören, ist eine ausgesprochen negative Einstellung. Sie ist einseitig, denn nicht umsonst wird das Schicksal als Rad dargestellt. Die wenigsten Menschen jedoch sind der Meinung, dass das, was ihnen an Glück und positiven Erlebnissen widerfährt, durch eine heilende, fürsorgliche Macht verursacht wird oder dass sie es gar verdient haben. Der Glaube, dass nur wohlwollende Kräfte das Schicksal bestimmen ist allerdings ebenfalls einseitig. Das Rad dreht sich um seine Nabe, und was auf der einen Seite aufsteigt, sinkt auf der anderen wieder hinab. Es ist das überaus eindeutige Symbol für den ewigen Kreislauf, der unserem Dasein und aller Natur zugrunde liegt. Und so ist das Schicksal auch ein Auf und Ab. Die Kraft, die das Rad in Bewegung hält, ist keine bösartige Macht, die einen persönlichen Einfluss auf den Einzelnen nimmt. Sie ist die Kraft des Lebens, die alles im Fluss hält, die das Werden und Vergehen bestimmt. Das Schicksal trifft uns – so oder so – denn wir sind Bestandteil dieses Kreislaufes. Was jeder Einzelne aus seinem Schicksal macht, was er daraus lernt und wie er es annimmt, das macht die Qualität seines Lebens aus. »Schicksal besteht aus zwei Komponenten: dem objektiven Ereignis und der Art des Betroffenen, damit umzugehen.« sagt Hajo Banzhaf, ein bekannte Tarot-Experte. Bei einer konkreten Frage kann das »Rad« durchaus eine glückliche Fügung bedeuten oder auch einen Schicksalsschlag. Die Karte fordert uns aber immer auf, sowohl das Gute als auch das Schlechte einer Veränderung zu überdenken und unser Schicksal selbstverantwortlich in die Hand zu nehmen.

Den Schicksalsgöttinnen vieler Religionen ist es eigen, dass sie das menschliche Leben wie einen Faden behandeln. Sie weben damit die Muster des Schicksals. Schließlich durchtrennen sie den Faden.

Übung: Der blinde Fleck

Wenn Sie ein Tarotdeck besitzen, dann legen Sie sich einmal die Karten, um Ihren blinden Fleck herauszufinden. Dieser blinde Fleck ist das, was andere zwar in uns sehen, wir selbst aber nicht wahrnehmen können oder wollen.
Nehmen Sie nur die großen Arkana (die Trümpfe) aus dem Spiel, und mischen Sie sie, wie Sie es gewohnt sind. Dann teilen Sie die Karten mit der linken Hand in drei Stapel und fügen Sie wieder zusammen. Anschließend fächern Sie alle Karten in der rechten Hand mit verdeckter Bildseite auf und ziehen mit der linken Hand – ohne viel nachzudenken – vier einzelne Karten heraus. Dann ziehen Sie vier Karten. Legen Sie diese zufällig gewählten Karten zwei und zwei untereinander.

Den blinden Fleck findet man nicht nur mit Tarotkarten heraus, selbstverständlich können Sie die Übung ebenfalls mit allen anderen Orakelkarten durchführen oder beispielsweise auch mit vier zufällig gezogenen Runen.

Karte 1
Ihre Identität

Karte 2
Ihr Geheimnis

Karte 3
Ihr blinder Fleck

Karte 4
Ihre verborgenen Eigenschaften

Die Deutung

Karte 1 zeigt einen Aspekt Ihrer Persönlichkeit, den Sie selbst von sich kennen und den auch andere sehen.
Karte 2 ist das Bild eines Ihrer Schatten oder solcher Eigenschaften, das Sie gern vor den anderen verbergen.
Karte 3 gibt zum Nachdenken Anlass. Sie weist auf einen Wesenszug hin, den andere in Ihnen erkennen, den Sie aber nicht wahrhaben wollen. Er kann übrigens auch positiv sein.
Karte 4 symbolisiert noch etwas Tieferes, einen Antrieb, den weder Sie noch andere in Ihnen sehen, der Ihr Handeln und Denken aber maßgeblich beeinflusst.

Nur wer seine Ängste nüchtern analysiert, kann auch mit ihnen fertig werden und sie in positive Energien verwandeln.

Wenn Bilder auftauchen, die Ihnen unbequem sind oder Ihnen völlig unpassend erscheinen, zucken Sie nicht einfach mit den Schultern und legen die Karten beiseite. Gerade diese Unstimmigkeiten sind ein Schlüssel zu weiteren Erkenntnissen über sich selbst. Beschäftigen Sie sich intensiv mit den vielschichtigen Deutungen. Sie sollten die Bilder auf den Karten sorgfältig studieren und dabei zunächst herausfinden, welche Gefühle Sie in Ihnen wecken. Der erste, intuitive Eindruck ist immer von besonderer Wichtigkeit. Für das Tarot gibt es ausgezeichnete Deutungsbücher (siehe Literaturhinweise im Anhang), die die positiven als auch die negativen Kräfte aufführen, die mit dem Kartensymbol dargestellt werden

Die Suche nach den eigenen Dämonen

Es gibt natürlich noch weitaus mehr symbolische Figuren als die des inneren Zoos, des lichtscheuen Gesindels oder der Angstmacher aus dem Tarot. Jeder hat seine eigenen, persönlichen Ausprägungen von Dämonen, die Ängste wecken und damit lähmend wirken und die Handlungsfreiheit einschränken. Solange man glaubt, ihnen hilflos ausgeliefert zu sein, haben diese Kräfte der schwarzen Magie – und nichts anderes sind sie – Einfluss auf unser Leben. Man kann sie nicht vernichten, sie sind vorhanden und sie wirken. Aber man kann sich ihnen stellen, ihnen begegnen und sich über ihre Arbeit klar werden. Dann hat man die Dämonen gezähmt. Eine Methode, wie man das macht, ist das Thema des nächsten Kapitels.

Wie man Dämonen beschwört

In Alpträumen überwältigen sie uns meistens, die gesichtslosen Männer, die würgenden Schlangen oder die kaltäugigen Monster. Darum sollten Sie die Begegnung bewusst herbeiführen, und das ist beispielsweise in der Aufarbeitung des Traums möglich. Aber gleich vorweg – eine erfreuliche Beschäftigung ist das nicht, sondern harte Arbeit an sich und den Abgründen der eigenen Persönlichkeit. Es ist eine Auseinandersetzung mit Schmerz, Angst und Abscheu, die schlimmer sein kann als jeder Horrorfilm, denn es trifft Sie jedes Gefühl selbst.

Wenn Sie häufiger schwere Träume haben, dann sollten Sie sich so gut wie möglich an die Einzelheiten des Alptraums erinnern – und dann bearbeiten Sie die Dämonen.

Um einen Alptraum aufzuarbeiten, ist es schon mal nötig, ein oder zwei Stunden Schlaf zu opfern. Dafür sind die folgenden Nächte dann vielleicht friedlicher.

Einen Dämon ans Licht zerren

Wenn Sie mitten in der Nacht aus dem Schlaf schrecken und das Grauen Sie noch gepackt hält, dann machen Sie nicht einfach das Licht an und versuchen, den Traum zu vergessen, der Sie dermaßen aufgerüttelt hat, dass Sie darüber aufgewacht sind, sondern bleiben Sie ruhig liegen, atmen Sie ein paar Mal tief durch (siehe Übung Seite 132), und stellen Sie sich dann der Szene. Wiederholen Sie sie noch einmal, und versuchen Sie sich an das zu erinnern, was Ihre Angst verursacht hat. Dann erst machen Sie das Licht an.

Es ist übrigens sinnvoll, immer Papier und Stift auf dem Nachttisch bereitliegen zu haben, wenn man sich vorgenommen hat, seine Träume zu untersuchen.

Bild links: Der heilige Franz von Assisi befreit die Stadt Arezzo von Dämonen – das Fresko aus dem Jahr 1300 in Assisi zeigt, welche genaue Vorstellung man sich früher von den bösen Geistern machte.

Den Traum beschreiben

Um den Trauminhalt zu deuten und anschließend in den Griff zu bekommen, distanzieren Sie sich so weit wie möglich vom Geschehen. Dann gehen Sie folgendermaßen vor:

- Sie sind jetzt der Beobachter Ihres Traumes. Beschreiben Sie möglichst nüchtern, welchen Eindruck der Traum auf Sie gemacht hat. Am besten geben Sie ihm einen spektakulären Titel, wie etwa »Von Mördermaden verfolgt« oder »An Foltermaschinen gefesselt«.
- Bestimmen Sie auch das Gefühl, mit dem Sie aufgewacht sind. Ist es eine schwelende Angst, heftiges Erschrecken, peinliche Verlegenheit, namenloser Ekel, maßlose Verwirrung, ein seltsames Unbehagen, oder sind es beklemmende Schuldgefühle?
- Beschreiben Sie dann die Personen, den Ort und die Handlung, die den Traum bestimmt haben. Je mehr Sie sich darin vertiefen, an umso mehr Details werden Sie sich plötzlich wieder erinnern.
- Vermerken Sie die Emotionen, die Sie mit dem Geschehen und den Personen verbinden. Wenn Sie beispielsweise einem abfahrenden Zug hinterherrennen mussten, dann haben Sie vielleicht Hilflosigkeit und einen gewaltigen Verlust gespürt. Der Traum übertreibt die Gefühle manchmal, damit wir uns die Frage stellen, wann wir im wachen Zustand eben diese Gefühle unterdrücken. Nach dieser Bestandsaufnahme des Traumgeschehens versuchen Sie, den Inhalt zu entschlüsseln.

Die imaginative Magie gibt Ihnen die Technik an die Hand, Ihre Alptraumszenarien umzuschreiben und ins Positive zu verwandeln.

Den Traum analysieren

Untersuchen Sie die Symbole und symbolischen Handlungen in Ihrem Traum, denn diese Bilder dürfen nicht aus dem Zusammenhang gerissen werden. Die Made, die als eine Metapher für Zersetzung und Fäulnis erscheinen kann, ist in einer anderen Situation vielleicht »die Made im Speck«, die Fülle und Wohlergehen bedeutet.
Nehmen Sie unterstützend ein Nachschlagewerk zu Hilfe, das Ihnen bei der Deutung der Symbole hilft. Aber bedenken Sie: Symbole sind immer mehrschichtig und vieldeutig. Erst im Ganzen betrachtet, mit den anderen Bildern und Handlungen des Traums und Ihren Gefühlen, erschließt sich der eigentliche Sinn.
Alpträume haben immer eine Botschaft. Aus den vorherigen Schritten sollte sie sich allmählich herauskristallisieren. Titel, Gefühle und Symbole können gemeinsam einen Hinweis auf ein bislang im Verborgenen arbeitendes Problem geben. Manchmal gibt es sogar sehr deutliche Botschaften, die sich in gesprochenen oder geschriebenen Worten zeigen. Solche Zitate der »inneren Stimme« müssen Sie ebenfalls wichtig nehmen.

Den Traum variieren

Wenn Ihnen die Botschaft des Traums klar geworden ist, dann gehen Sie die Szenen noch einmal durch und verändern ganz bewusst die Stellen, die Sie besonders erschreckend fanden, indem Sie dort eine andere Handlung erfinden oder andere Bilder einsetzen. Tun Sie das erneut, wenn sich der Alptraum wiederholt, dann wird er mit der Zeit verschwinden. Gleichzeitig müssen Sie im Wachleben aber auch die Botschaft selbst beherzigen, damit Sie die dahinter verborgene Angst in den Griff bekommen und an dieser Stelle Ihrer Persönlichkeit nicht mehr verletzbar sind. Denn wenn Sie den Dämon nur verbannen, wird er irgendwo und irgendwann in anderer Gestalt wieder auftauchen. Um in der Sprache der schwarzen Magie zu bleiben, haben Sie jetzt einen Dämon aus dem Reich der Schatten eingefangen. Schauen Sie ihn sich gut an, vielleicht ist er ja sogar noch zu irgendetwas zu gebrauchen.

»Es ist ein magisches Prinzip, dass es Kraft verleiht, den Namen von etwas zu wissen – nicht Macht über, sondern Kraft damit. Was wir benennen, muss uns antworten: Wir können es formen, wenn nicht kontrollieren.« Starhawk

Die Dämonen beleuchten

Vampire, heißt es, verlieren ihre Macht, wenn sie dem Tageslicht ausgesetzt sind. Das haben sie mit dem anderen Gelichter aus dem schwarzen Nachtschatten gemein. Darum betrachten Sie Ihre Ausbeute aus dem Reich der Schatten einmal bei Licht. Hinterfragen Sie, um welche Angst es sich eigentlich handelt, vor allem, wenn Sie einen Namen erfahren haben. Und dann beschäftigen Sie sich noch einmal mit der symbolischen Bedeutung. Manchmal findet man erstaunlich positive Aspekte daran.

Positive Bedeutungen der Traumtiere

Die Schlange kann buchstäblich aus ihrer Haut schlüpfen. Wir wählen dieses Bild für uns Menschen, wenn wir aus der Haut fahren, also die höfliche Maske ablegen und einem ungesteuerten Trieb folgen. Oder wir legen bewusst alte Häute ab und befreien uns von Identitäten, aus denen wir herausgewachsen sind. In manchen Kulten gehört die Schlange zu den Erdgöttern, die in tiefen Höhlen ihr Heim haben und damit den Zugang zur Unterwelt, zum Verborgenen, den Geheimnissen und natürlich auch den Schätzen besitzen.

Der griechische Gott der Heilkunde, Äskulap, trug einen schlangenumwundenen Stab in seiner Hand.

Äskulaps Stab umwindet die Schlange der Heilkraft, die Uräusschlange krönt das Haupt des Pharao, die Schlange Kundalini steigt die Wirbelsäule empor und bewirkt Erleuchtung, und Uroboros, die Schlange, die sich in den Schwanz beißt, ist das Symbol der ewigen Wiederkehr und der Unendlichkeit.

Wenn die Maden und anderes niedere Gewürm sich nicht den abgestorbenen Resten organischen Lebens widmen würden, fehlte dem biologischen Kreislauf die Komponente der Selbstreinigung und höheren Lebewesen wie Vögeln und Insektenfressern eine Nahrungsquelle. Wie sagt das Sprichwort ganz richtig: »Wer den Wurm nicht wagt, wird den Fisch nicht fangen!«

Die Staaten bildenden Insekten sind ein typisches Beispiel für den Einsatz von kollektiver Intelligenz.

Die fleißigen Weberinnen der Netze, die Spinnen, sitzen im Mittelpunkt ihres luftigen Mandalas als konzentriertes Leben und fangen dort das andere, sehr viel lästigere Ungeziefer ein.

Aber auch Ameisen, Bienen oder Wespen sind nicht nur Ungeziefer, sondern haben zum Teil ein erstaunliches Gemeinwesen, in dem die einzelnen Tiere höchst effizient zusammenarbeiten. Fliegen dagegen sind im Prinzip harmlos, aber viel mehr Positives kann man ihnen nicht abgewinnen. Den kaltblütigen Echsen, vor allem dem Krokodil, ist wenig Liebenswürdiges zuzuerkennen, der Drache hingegen ist der Bewacher großer Schätze. Hat man ihn und damit seine niederen Triebe besiegt, stößt man auf große Reichtümer. In anderen Kulturen ist der Drache daher ein Glückssymbol.

Frösche, die fröhlich quakend auf dem Seerosenblatt sitzen, und die behäbig blubbernde Erdkröte mit ihren goldenen Augen gewinnen bei näherer Bekanntschaft, und allen Unkenrufen zum Trotz können sie erdverbundene Lebenskraft und Wandlungsfähigkeit beweisen.
Fische und andere Wasserwesen mögen zwar in den Tiefen der Gewässer ein geheimnisvolles Leben führen, nicht alle sind aber schrecklich, viele sind nützlich, und in manchen Muscheln finden sich auch Perlen.
Erinnerung und Gedanke heißen die beiden Raben, die den germanischen Göttervater Odin beraten. Die Eulenvögel mit ihren scharfen Augen haben ebenfalls den Ruf großer Weisheit, und selbst den Geiern hat man in der Antike prophetische Gaben nachgesagt. Dass diese Vögel dabei unter anderem auch den Tod vorhersehen konnten, ist nur ein Aspekt ihres unergründlichen Wissens.
Fledermäuse mögen zwar wie die Vampire das Tageslicht fliehen, aber eines sind sie gewiss nicht – orientierungslos. Für unsere Vorfahren, die das Wunder der Radartechnik noch nicht kannten, symbolisierten sie auch die magische Kraft, ein Ziel zu finden.
Mäuse sind auch niedliche, possierliche Tierchen, deren Knopfaugen pfiffig schimmern können, und sie haben ihre Verwandlung zur Mickymaus durchgemacht, während die hochintelligenten und anpassungsfähigen Ratten immer noch einen ganzen Rattenschwanz voller Probleme nach sich ziehen, auch wenn der eine oder andere sie schon als Haustier hält.
Katzen dagegen haben schon immer weitaus mehr positive Bedeutungen gehabt als negative, auch wenn sie eine Zeit lang verteufelt wurden. Die geduldige, selbstständige Jägerin, die neugierige Freundin und sanfte, schnurrende Trösterin war einst die hochverehrte Göttin Bastet und ihre wilde Schwester Sekhmet.
Wölfe und natürlich auch Hunde spiegeln wie andere Raubtiere nicht nur die zerstörerischen Triebe, sondern vor allem die Kraftreserven und die bisher ungenutzten Potenziale wider.

Im Garten fressen die Kröten, was sonst Ihre Pflanzen frisst. Freuen Sie sich also, wenn Ihnen eine solche unter dem Kompost begegnet.

Die Spukgestalten schätzen lernen

Auf die gleiche Weise können Sie auch den anderen Spukgestalten positive Seiten abgewinnen. Die Außerirdischen verraten Ihnen auf jeden Fall etwas über sich selbst, was Sie wahrscheinlich lieber nicht wahrhaben wollen. Denken Sie dennoch einmal darüber nach.

Genauso können Sie die Geister der Verstorbenen nach unliebsamen Erinnerungen fragen, die Sie im Verborgenen noch immer beeinflussen. Und zu den Dämonen und ihren Bedeutungen kommen wir noch einmal in einem gesonderten Kapitel.

Der schwarze Mann straft nicht nur, er warnt Sie vor dem vorschnellen Grenzübertritt, wenn Sie den Herausforderungen des Neulands noch nicht gewachsen sind. Die graue Eminenz fordert zu mehr Eigenverantwortung auf, um mit mehr Selbstbewusstsein aufzutreten und die Fäden der Handlung selbst in die Hand zu nehmen. Das gilt auch für den Halbgott in Weiß, der nicht außerhalb von uns ist, sondern als der innere Heiler dafür sorgt, dass die Gesundung aktiviert wird. Den grenzverletzenden Verbrechern hingegen müssen wir die Namen abringen und dann versuchen, sie zu resozialisieren. Das heißt, dass wir die Eigenschaften anerkennen und integrieren müssen, die nicht in unser Bild von uns passen.

Mit den dunklen und geheimnisvollen Frauengestalten, Verführerinnen, Müttern und Hexen wird im Prinzip das Gleiche geschehen, damit zu enge Grenzen geöffnet werden können, und den Zankteufeln und Giftspritzen kann man wunderbar das Handwerk legen, wenn man sich aufrichtig hinterfragt, warum ihre Angriffe so schmerzen. Sie erkennen nämlich unsere Fehler weitaus besser, als wir selbst dazu in der Lage sind.

Sollten Sie andere Wesen in Ihren Alpträumen finden, dann versuchen Sie so viel Informationen über sie zu bekommen, wie Ihnen möglich ist. Scheuen Sie sich nicht, sowohl wissenschaftliche als auch umstrittene Quellen zu verwenden.

Wie Dämonen entmachtet werden

Kennen Sie das Gefühl, dass Ihnen ein Stein vom Herzen fällt? Wenn man eine Sorge oder eine Angst los ist, hat man plötzlich den Eindruck, dass das Leben leicht und luftig wird und man über viel mehr Energie verfügt.

Bisher haben wir Dämonen gejagt und ans Licht gezerrt – das ist schon eine gewaltige Arbeit und schwärzeste Magie gewesen, wenn Sie es ernsthaft betrieben haben. Sie haben sich mit Ängsten auseinander gesetzt, die Ihnen jetzt bewusst geworden sind. Jetzt müssen Sie eigentlich nur noch die Angstdämonen in den Griff bekommen, damit sie Ihnen zukünftig Kraft liefern, statt Kraft zu binden.

Sie haben vielleicht den Vorschlag aus dem zweiten Kapitel beherzigt und ein Angsttagebuch angelegt. Damit haben Sie sich schon einmal einen groben Überblick über die Ängste verschafft, die Sie sich eingestehen. Vergleichen Sie sie mit denen, die Ihnen auf Ihrer Reise ins Unbewusste begegnet sind, und ergänzen Sie Ihre Aufzeichnungen damit. Sind neue Erkenntnisse dazugekommen? Haben sich dadurch bereits Probleme vereinfacht? Schon die Beschäftigung mit ihnen kann dazu führen, dass Ihnen manche Ängste mit einem Mal komisch erscheinen. Lachen Sie darüber, dann ist der Dämon gebannt.

»Wenn wir lernen, unsere Angst zu spüren, ohne uns von ihr aufhalten zu lassen, dann kann Angst ein Verbündeter werden, ein Zeichen, das uns sagt, dass etwas, dem wir begegnet sind, transformiert werden kann.« Starhawk

Die Angst eindämmen

Aber ganz so einfach ist es nicht immer, es gibt sehr tief sitzende Ängste, über die man beim besten Willen nicht lachen kann. Aber man kann sie festhalten, untersuchen, um- und umwenden und unter den verschiedensten Gesichtswinkeln betrachten. Auf jeden Fall dürfen Sie sich immer nur jeweils mit einer Angst auf einmal befassen, und Sie sollten sich Zeit lassen, sie gründlich zu bearbeiten. Die bisherigen Beispiele beziehen sich weitgehend auf Urängste, die mit dem Überleben im Zusammenhang stehen, weniger mit persönlichen Schwächen und Fehlern. Zu denen kommen wir später noch. Nehmen Sie das Bild einer Angst, und verfahren Sie damit so, wie beispielsweise mit dem ekligen Gewürm, dem man letztlich doch zugestehen muss, dass seine Existenz nützlich ist.

Sich ein Bild machen

Wenn Sie eine Angst entdeckt und ihr einen Namen gegeben haben, dann gehen Sie jetzt den umgekehrten Weg und machen sich ein Bild von ihr. Nehmen wir als Beispiel den glitschigen Regenwurm. Als symbolischen Akt zur Angstüberwindung würde die praktische schwarze Magie jetzt vorsehen, dass Sie einen Regenwurm essen. Der Wurm ist aber im Boden glücklicher als in Ihrem Magen, also versuchen Sie es mit der imaginativen Methode. Freunden Sie sich mit dem Bild des Regenwurms an, und stellen Sie sich vor, wie er in der Erde sein fruchtbares Werk vollbringt.
Denken Sie bei der Arbeit mit Ihren dunklen Gefühlen immer daran: Jede Angst, die Sie jetzt betrachten, muss nicht nur schlimm sein. Sie kann einen unschätzbaren Wert für Sie haben. Denn wenn Sie in der Lage sind, die Angst zu überwinden, werden Energien frei, und eine Zentnerlast wird von Ihrer Seele genommen.

Einen Dämon abbilden

Eine kreative Form, sich dem Dämon zu stellen, ist die des so genannten automatischen Zeichnens. »Automatisch« ist eigentlich der falsche Begriff, denn wir sind keine Maschinen, in denen ein Programm abläuft. Es ist passender, diesen Vorgang als unbewusstes Zeichnen zu umschreiben, denn Sie versuchen dabei, das bewusste Denken in den Hintergrund treten zu lassen und die Hände, die Finger und damit den Stift auf dem Papier ungeplant das machen zu lassen, was Ihr Inneres Ihnen eingibt.

Mit Hilfe des unbewussten Schreibens lässt sich das Unterbewusste erkunden.

Unbewusstes Zeichnen klappt entweder auf Anhieb, oder es braucht eine gewisse Vorbereitungszeit, je nachdem, wie Sie dazu eingestellt sind. Kinder kritzeln fröhlich drauflos, manchmal mit den erstaunlichsten Ergebnissen. Ein blockierter Künstler sitzt stundenlang frustriert vor Leinwand oder Papier und ringt mit der einfachsten Skizze. Finden Sie selbst heraus, wie es sich bei Ihnen darstellt.

Ich warne gleich – es kann von der Tagesform abhängen, von der Umgebung, den Materialien oder dem Wetter, ob es sofort gelingt, anmutige Kringel auf das Papier zu schlängeln. Darum sorgen Sie für eine passende Atmosphäre und den notwendigen rituellen Halt, wenn es nötig ist.

Ansonsten brauchen Sie viel Schmierpapier, einen weichen Bleistift oder einen Faserschreiber. Wenn Sie mit der Feder umgehen können, steht Ihnen auch der Einsatz dieses Schreibwerkzeuges frei. Kugelschreiber sind weniger gut geeignet, weil sie den unterschiedlichen Druck der Hand nicht deutlich genug darstellen.

Automatisch schreiben und zeichnen

Erden und zentrieren Sie sich, bevor Sie mit dem automatischen Schreiben und Zeichnen beginnen, dann gelingt es Ihnen sicher leichter.

Eine einfache Vorübung ist es, mit einer erfundenen Schrift zu schreiben. Und damit Sie nicht in die gebräuchliche Handschrift fallen, schreiben Sie gegen die Richtung. Für uns ist von links nach rechts das Übliche, also schreiben Sie von rechts nach links. Oder von oben nach unten oder von unten nach oben. Denken Sie aber auf keinen Fall darüber nach, wie die Formen aussehen sollen, die Sie schreiben. Kritzeln Sie einfach drauflos. Am besten schauen Sie auch gar nicht auf das, was dort entsteht, sondern halten Ihren

Blick unfokussiert oder auf einen fernen Gegenstand gerichtet. Wenn das Blatt voll ist, werden Sie über das Ergebnis erstaunt sein. Sobald Ihnen das unbewusste Schreiben ohne Probleme von der Hand geht, versuchen Sie, kleine, abgeschlossene Gebilde zu zeichnen. Wenn Sie wollen, können Sie dabei einen Ihrer kleinen Dämonen bemühen, indem Sie ihn auffordern, sich in dem Bild darzustellen. Mag sein, dass Ihre Strichführung dann plötzlich heftig wird oder auch zittrig und ängstlich. Machen Sie trotzdem weiter. Wenn Sie genug gezeichnet haben, schauen Sie sich die Ergebnisse an. Sie werden in den mehr oder weniger ästhetischen Formen Gesichter oder Fratzen entdecken, die sie mit ein paar Strichen oder Schattierungen vielleicht noch verstärken können.

Sie können mit Hilfe des unbewussten Schreibens Ihre eigene magische Schrift entwerfen, mit der Sie Ihre Wünsche festhalten.

Was Sie anschließend mit dem manifestierten Dämon machen, ist wieder praktische Magie.

Wenn Sie den Dämon loswerden wollen, dann verbrennen Sie das Blatt in einer Zeremonie. Doch vielleicht wollen Sie ihn umerziehen? Dann machen Sie aus dem Bild etwas, das Sie positiv anspricht: Gestalten Sie es mit Farben, zeichnen Sie Ergänzungen, oder machen Sie eine Collage daraus – Ihrer Phantasie sind da keine Grenzen gesetzt. Nur denken Sie nicht zu viel dabei, sondern machen Sie es spontan.

Dämonen aufs Papier zu bannen, gelingt leicht – und schon wirken sie nicht mehr so bedrohlich.

Ängste kreativ bannen

Schöpferisch mit Dämonen umzugehen ist eine praktische Art, sich seine versteckten Ängste vor Augen zu führen und sich ihrer dadurch bewusst zu werden. Wenn das Zeichnen Ihnen nicht liegt, dann schreiben Sie ein Gedicht über Ihre Angst, setzen Sie sie in Töne um, tanzen Sie Ihre Gefühle, oder basteln Sie eine dämonische Maske – aber tun Sie alles das, ohne nachzudenken, so spontan wie möglich. Wenn sich das Ergebnis in schrillen Farben, drohenden Donnerklängen oder herzzerreißender Lyrik niederschlägt, wird Energie aus der Angst freigesetzt. Manches große Kunstwerk ist so entstanden. Und anschließend fühlen Sie sich ein bisschen freier.

Regen Sie Ihre Kinder dazu an, Dämonen zu zeichnen, wenn sie unter Alpträumen leiden. Dadurch bekommen sie ihre Ängste unter Kontrolle.

Übung: Atemtechnik gegen die Angst

Wenn Sie wissen wollen, wie sich das Loslassen der Angst anfühlt, dann machen Sie einmal folgende Übung:

- Atmen Sie 20- bis 30-mal mit offenem Mund hektisch in den oberen Bereich der Lunge ein, so dass sich dabei nur die Brust hebt und senkt. Die Bauchmuskulatur spannen Sie dabei kräftig an. Sie werden kurz darauf anfangen zu hecheln wie nach einer extrem großen Anstrengung oder wie in panischer Angst.
- Lassen Sie mit einem Schlag die angespannte Bauchmuskulatur erschlaffen, und atmen Sie tief bis unter das Zwerchfell ein. Sie können auch ein von Herzen kommendes »Puhhh!« dabei ausstoßen.

Unser Atemrhythmus wird unwillkürlich gesteuert, und das ist gut so. Wenn wir uns ständig bewusst daran erinnern müssten, Luft zu holen, wären unsere Überlebenschancen nicht sehr groß. Im Falle einer Bedrohung verändert sich die normale Atmung, die Muskulatur spannt sich an, wir sind aktionsbereit. Ist die Gefahr vorbei, lässt auch die Spannung nach, und der Atem verlangsamt sich wieder. Was unwillkürlich geschieht, können wir auch willkürlich durchführen, um Furcht oder Beklemmung zu erzeugen, wie mit der beschriebenen hektischen Atmung. Im Fall einer Panikattacke können Sie die Bauchmuskulatur entspannen und mehrmals tief und langsam die Luft bis unter das Zwerchfell leiten. Danach kann man der Angst meist mit mehr Gelassenheit begegnen.

So werden Sie die Dämonen los

Wenn die Dämonen im Traum oder auch im Tagtraum oder in Ihrer Einbildung auftauchen, dann gibt es, wie wir gesehen haben, mehrere Möglichkeiten, um sie in den Griff zu bekommen. Hier einige Merksätze, wie man Dämonen schnell vertreibt.

- Geben Sie der Szene einen Titel und dem Dämon einen Namen.
- Werden Sie sich Ihrer Gefühle bewusst.
- Ergründen Sie die Bedeutung der aufgetauchten Symbole.
- Versuchen Sie, die Botschaft aus diesen Erkenntnissen zu lesen.
- Wiederholen Sie in Ihrer Vorstellung die beängstigende Szene, und wandeln Sie sie nach Ihrer neuen Erkenntnis um.
- Oder bearbeiten Sie den Dämon kreativ, indem Sie ihn materiell bannen – beispielsweise als Zeichnung.
- Verändern Sie anschließend das Bild nach Ihrem Willen.
- Lösen Sie sich von dem Bild in einem passenden Ritual.

Ganz unrecht hatten die Menschen des Mittelalters mit ihren abergläubischen Vorstellungen gar nicht – man kann die Dämonen, die einen quälen, auch wieder loswerden.

Wenn man die alten schwarzmagischen Praktiken unter diesen Kenntnissen betrachtet, zeigt sich, dass eine mittelalterliche Dämonenbeschwörung im Grunde nichts anderes war. Nur Menschen, die nicht wissen, was sich wirklich hinter den Dämonen verbirgt, glauben, dass der Leibhaftige etwas damit zu tun hat.

An der Schwelle zur Neuzeit illustriert das Gemälde von David Ryckaert (1612–1661) anschaulich die Vertreibung von Dämonen.

B
J

Grundtechniken der hohen Magie

Unter hoher Magie versteht man eine weitgehend geistige Disziplin, auch wenn unterstützend Analogien und Symbole mit einbezogen werden können. Sie setzt bereits Kenntnisse der magischen Prinzipien voraus. Wer sich nur mit den handwerklichen Techniken befasst hat, ohne hinter den eigentlichen Sinn dieser Übungen geschaut zu haben, der wird sich schwer tun mit ihrer Anwendung. Es ist so, als ob Sie einzelne Buchstaben einer fremden Schrift schreiben gelernt hätten, sie aber nicht zu einem sinnvollen Wort zusammenfügen können. Erst wenn Sie nicht nur die Form des Buchstabens, sondern auch seinen Lautwert erkannt haben, schließen sie sich zu sinnvollen Wörtern zusammen.

Magie betreiben wir immer dann, wenn wir willentlich unser Bewusstsein verändern – im Grunde genommen brauchen wir keine Hilfsmittel dazu.

Die offenen Geheimnisse der Magie

Die hohe Magie verlangt mehr als oberflächliche Kenntnisse in Pendeln, Kartenlegen oder Ritualen, wenngleich die Beherrschung dieser Praktiken nützlich ist: Sie fordert die Auseinandersetzung mit den magischen – den unsichtbaren – Energien und ihren unterschiedlichen Wirkungsweisen. Das bedeutet auch, sich mit den unsichtbaren Kräften zu befassen, sie kennen zu lernen und ihre Möglichkeiten auszuloten.

Schon die Arbeit mit der praktischen und noch mehr die mit der imaginativen Magie hat Sie damit konfrontiert, dass Sie Ihr Bewusstsein erweitern und damit auch verändern können. Diese Veränderung hat sich auf Ihre Umwelt ausgewirkt. Mehr oder weniger stark geschieht dies im materiellen Bereich, vor allem aber in Ihrer Wahrnehmung der Realität.

Wir betreiben im Grunde immer Magie, genauso wie wir beständig etwas glauben oder uns einbilden. Wir nennen es nur nicht immer so. Die hohe Magie zielt darauf ab, dass wir uns jederzeit bewusst sind, was wir tun. Wenn das eingetreten ist, können wir auch die Realität nach unseren Wünschen und unserem Willen gestalten.

Bild links: Die Hohepriesterin des Tarot verfügt über vielfältiges Wissen. In ihr verkörpern sich die Ideale der hohen Magie.

Magischem Wirken auf der Spur

Eigentlich gibt es keine Geheimnisse in der Magie. Rätselhaft wurde nur das Offensichtliche verpackt – und das aus den verschiedensten Gründen. Auf der einen Seite ist Wissen natürlich Macht, und wenn man ein besonderes Wissen für sich behält, kann man anderen gegenüber damit einen Vorteil erringen. Man kann sich persönlich wichtig fühlen wollen und deshalb seine Erfahrungen nicht weitergeben. Auf der anderen Seite kann das Problem aber auch bei dem Suchenden liegen. Denn es ist nun einmal so, dass die Erkenntnisse, die man erlangt, wenn man sich den magischen Kräften widmet, nur sehr schwer zu beschreiben sind. Jeder, der sich ihnen mit der rationalen Methode und der Analyse nähert und sich dem intuitiven Erforschen verschließt, wird sich zwar die oberflächlichen Fähigkeiten aneignen, aber nicht in die Tiefe gelangen.

Unzählige Gleichnisse, Gedichte, metaphorische Darstellungen in Wort und Bild versuchen die hintergründigen Geheimnisse des Lebens abzubilden.

Ein Bild und seine Deutung

Es ist kein geradliniges Faktenwissen, das in wie auch immer gearteten Formeln dargestellt werden kann, sondern ein Wissen um komplexe Zusammenhänge, die eher in Bildern oder bildhaften Vergleichen geschildert werden müssen. Wie jedes gute Bild verlangt die Darstellung der magischen Mysterien die innere Beteiligung des Betrachters. Man muss sich hineinfühlen und unter der äußerlichen Erscheinung der tiefgründigen Aussage gewahr werden. Das ist ein individueller Prozess, der bei jedem Menschen auf andere Art verläuft, je nachdem, wie es um den jeweiligen Charakter, das Hintergrundwissen, die Veranlagung oder Erziehung und die Traditionsverbundenheit bestellt ist.
Aber zu jedem Bild gibt es Interpretationshilfen, und auch zur Ergründung der magischen Mysterien gibt es Hilfestellungen, die man einsetzen kann.

Der magische Leitsatz: Wie oben, so unten

Einer der wichtigsten magischen Grundsätze ist sehr einfach formuliert: »Wie oben, so unten.« Im Originalwortlaut heißt es: »Wahr ist es, ohne Lüge und sicher: Was oben ist, ist gleich dem, was unten ist, und was unten ist, ist gleich dem, was oben ist – fähig, die Wunder des Einen auszuführen.« Dieser Text stammt aus der »Tabula Smaragdina«, die dem Hermes Trismegistos zugeschrieben wird. Der »dreimal große Hermes« ist nicht der Gott Hermes, sondern eine Mischung aus ihm und dem ägyptischen Weisheitsgott Thot, dem die Erfindung der Schrift zugeschrieben wird. Der »Corpus hermeticum«, wie seine schwer deutbaren Schriften genannt werden, lässt sich bis auf das erste Jahrhundert nach unserer Zeitrechnung zurückverfolgen, wenngleich ihr Ursprung vielleicht noch früher lag. Es sind philosophische Texte, die seit jeher allen Alchimisten, Magiern und Esoterikern als Grundlage dienen.

Die Beschäftigung mit Magie, ganz gleich welcher Art, verlangt ein bewusstes und aufmerksames vergleichendes Wahrnehmen der Umwelt.

Wie oben, so unten, wie im Himmel, so auf Erden, wie im Großen, so im Kleinen, wie im Mikrokosmos, so im Makrokosmos, es wirken immer die gleichen Kräfte. Alle Dinge ähneln sich, und hinter dem Chaos verbirgt sich auf höherer Ebene eine sinnvolle Ordnung. Das sind Bezüge, die Sie nicht nur lesen und verständnisvoll befürworten sollten, sondern das ist ein Phänomen, das Sie begreifen müssen. Wissenschaft und Technik haben uns dazu wunderschöne Bilder geliefert, die aus der Beschäftigung mit nichtlinearen Systemen entstanden sind. Das bekannteste Bild ist wohl das der Mandelbrotmenge. Aber auch ein Blumenkohl, quer aufgeschnitten, vermittelt eindrucksvoll, was es mit der Selbstähnlichkeit der Dinge auf sich hat. Die Detailaufnahme eines moosbewachsenen Steins sieht aus wie die Luftaufnahme einer baumbewachsenen Felslandschaft und

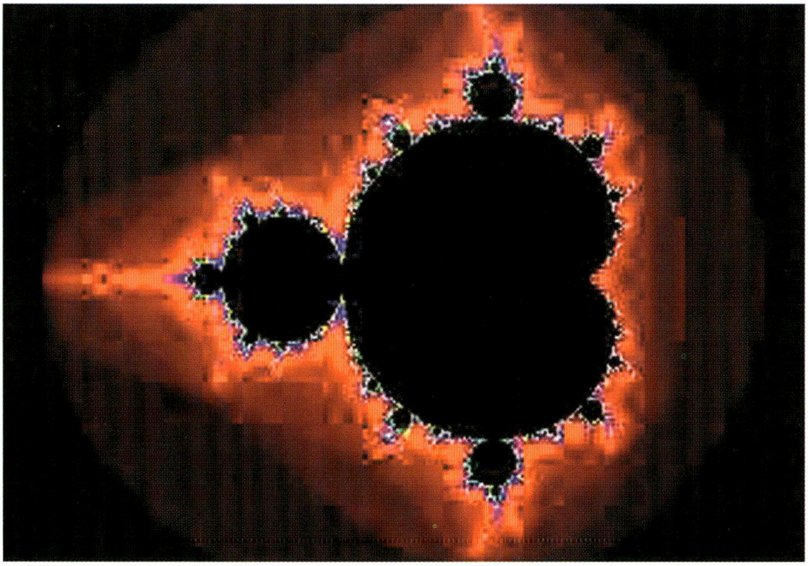

Die Selbstähnlichkeit, nach ihrem Entdecker auch Mandelbrotmenge genannt: Die Abbildung der Menge enthält eine transformierte Menge von sich selbst und führt ins Unendliche.

das spiralige Gehäuse einer Schnecke wie eine ferne Galaxie. Gehen Sie einmal mit Aufmerksamkeit für ähnliche Formen durch die Welt. Vergleichen Sie natürliche und künstliche, große und kleine, bewegliche und erstarrte Gebilde: Man braucht viel Übung, um Analogien zu erkennen, denn außer der Form haben die Dinge meist keine offensichtlichen Gemeinsamkeiten. Magie beschäftigt sich mit den ordnenden und den chaotischen Kräften hinter den Dingen. Wer sie erkennt, kann sie deuten und einsetzen.

Wenn man sich beständig um etwas Sorgen macht, zieht man genau die gefürchtete Situationen an, weshalb man wiederum Angst vor ihr hat – ein Teufelskreis!

Resonanz und Synchronizität

Das Mitschwingen von Körpern mit einer umgebenden Schwingung bezeichnet man als Resonanz. Sie wird beispielsweise technisch eingesetzt, wo Energieschwingungen Informationen übertragen. Aber auch die eigene Stimme braucht den Brustkorb als Resonanzboden. Brummen Sie mal ganz tief! Wir sind von Schwingungen umgeben und schwingen mit allen möglichen anderen Gegenständen und Lebewesen mit – manchmal so gut, dass wir die Gedanken anderer Menschen lesen können, wenn die gemeinsame Wellenlänge stimmt. Noch lange nicht alle Schwingungen und Resonanzen sind wissenschaftlich erforscht, in der Magie hat man sich aber über eine ganze Reihe von Resonanzen Gedanken gemacht.
So geschehen manchmal Dinge, die in keinerlei ursächlichem Zusammenhang stehen, jedoch einen Sinnzusammenhang haben. Seltsame Zufälle werden sie genannt, und es wird Ihnen auch schon passiert sein, dass Sie aus einem ganz nichtigen Grund an einen lang vergessenen Freund denken, und seltsamerweise finden Sie nach kurzer Zeit eine Nachricht von ihm vor. Mir passieren solche »Zufälle« häufig, wenn ich zu einem ungewöhnlichen Thema eine Information brauche. Beispielsweise breitete ich einmal zum Kartoffelschälen ein halb zerknülltes Blatt einer Zeitung aus, die als Verpackung für einen Salatkopf gedient hatte, und fand darin prompt einen wichtigen Beitrag zu dem Problem, das mich gerade bewegte.
Der Psychologe C. G. Jung nannte solche Ereignisse Synchronizitäten. Er begründet ihr Eintreten damit, dass bestimmte geistige Bilder, wenn sie entsprechend aktiviert werden, reale Ergebnisse erzeugen können.
Bauen Sie sich also ein gruselig-schönes Horrorszenario auf, und setzen Sie es mit den richtigen gefühlsmäßigen Schwingungen in

die Welt, dann werden Sie sich über kurz oder lang in genau dieser entsetzlichen Situation wiederfinden. »Gleiches zieht Gleiches an«, heißt der dazugehörige Merkspruch. Oder auch: »Was man aussendet, bekommt man zurück.«
Beobachten Sie sich und Ihre Mitmenschen. Sie kennen bestimmt jemanden, dem permanent irgendwelche Missgeschicke passieren und von dem man behauptet, er ziehe das Unglück an. Andere sind wahre Glückspilze, die nur ein Kreuzchen auf einem Zettel machen müssen, und schon haben sie den Hauptgewinn eines Preisausschreibens in der Tasche. Zu welcher Gruppe gehören Sie?

Archetypische Kräfte

Mehrfach schon sind die archetypischen Kräfte angesprochen worden. Richtig fassbar sind sie nicht, vor allem nicht ausschließlich mit dem Verstand. Es sind vor allem gefühlsbeladene Bilder, die sich in allen Kulturen und zu allen Zeiten ähnlich sind. Dadurch, dass alle Menschen sie kennen, haben sie eine gewaltige Verbindungskraft. Die Archetypen sind personifizierte Urbilder von Kraftfeldern, die mehr oder weniger starken Einfluss auf den Menschen haben. Sie erscheinen uneingeladen in den Träumen, etwa als verschleierte Frau, als unbekannter Mann, als Engel oder als drohendes Ungeheuer. Märchen und Sagen und vor allem die Mythen der Völker sind Berichte über das Wirken dieser Archetypen.
Es sind die Helden und Heldinnen, die Götter und Dämonen, die Naturgeister und Fabelwesen, die heute in allen Fantasy- oder Mysteryfilmen zu neuem Leben erweckt werden. Es sind aber nicht nur Kunstgestalten aus der Trickkiste der Regisseure, sondern äußerst wirksame Kräfte. Und da sie größtenteils unbewusst sind, können sie unerkannt in der Seele des Menschen ihr Unwesen treiben.

Archetypen nennt man die Urbilder des Unbewussten. Sie erscheinen in mystischen Visionen und Träumen, man findet sie in Mythologien, Märchen und Sagen aller Völker.

Natürlich sind nicht alle von ihnen darauf aus, Schaden anzurichten, der alte Weise, die liebende Mutter, der strahlende Held und die kindliche Prinzessin sind sehr viel angenehmere Kontakte als der strafende Gott, die erdrückende Übermutter, der unbarmherzige Prüfer oder die hinterhältige Lügnerin. Aber wie die menschliche Natur so ist – bequemer ist es, sich mit den lichtvollen Archetypen auseinander zu setzen und sich ihrer bewusst zu werden als mit den bedrohlichen, vor denen man Angst hat.

Die archetypischen Götter, sagt Ken Wilber, einer der wegweisenden heutigen Denker, sind »eine Kollektion typischer und alltäglicher Selbst-Bilder und Selbst-Rollen, die Männern und Frauen zur Verfügung stehen... Diese mythischen Rollen sind in einem bestimmten Sinne sehr nützlich: Eine Frau könnte sich beispielsweise ihrer eigenen Fähigkeit zu Kraft und Unabhängigkeit nicht bewusst sein. Vielleicht muss sie mehr mit der Artemis in sich in Berührung kommen ...«

Eine berühmte Geschichte, die diesen Konflikt zwischen einer bewussten Persönlichkeit und ihrem Schatten darstellt, ist die von Dr. Jekyll und Mr. Hyde.

Was Ken Wilber, der nun wirklich kein Magier ist, hier beschreibt, ist in der Tat eine uralte magische Praxis, wie sie in den folgenden Kapiteln sehen werden.

Die Bilder vernetzen

Bilder aufsteigen lassen, sie betrachten und alle ihre Ausprägungen beleuchten und untersuchen, das machen Sie in Träumen und Trance-Reisen der imaginativen Magie. Doch erst die Interaktion zwischen den einzelnen Abläufen, ihre Verdichtung zu manchmal sehr komplexen Bildern und Szenen ist die höchste und wirkungsvollste Stufe der Magie.

Es ist die Auseinandersetzung mit den verschiedenen Facetten Ihrer Persönlichkeit, von denen Sie sicher manche nicht besonders schätzen werden. Gerade für die Ausblendung unserer negativen Seiten haben wir Menschen einen wirkungsvollen Trick ersonnen: Wir haben sie unbewusst von uns gelöst und nach außen verlegt. Das ist einerseits praktisch, denn dann ist der Bösewicht immer woanders zu suchen, nie bei uns selbst. Dummerweise sind wir aber in diesem Fall auch den Angriffen des Bösen ausgeliefert, denn wir können es ja nicht mehr kontrollieren, und es gewinnt Macht über uns. Das versteht man unter selbst gemachter schwarzer Magie.

Den Mächten der Unterwelt begegnen

Wie man sich die dunklen Seiten der Persönlichkeit, in magischem Vokabular die Mächte der Unterwelt, vorstellen kann, wie man sie weckt und schließlich unter Kontrolle bringt, dazu versuchen Ihnen die nächsten Kapitel Hinweise zu geben. Übrigens kann man diese Techniken genauso für die lichten Kräfte einsetzen, was Sie hin und wieder auch tun sollten.

Evokationen – mit den Göttern reden

Die hohe Ebene der Magie verlangt sehr viel an Kenntnissen und Vorstellungskraft, denn jetzt wird nicht mehr nur mit Bildern und Symbolen gearbeitet, sondern mit den geistigen Wesen. Aber auch hier gibt es eine überaus einfache Vorstufe, die Kinder ganz unbekümmert beherrschen. Das Gespräch mit dem Nikolaus, dem Schutzengel oder auch dem selbst geschaffenen Spielgefährten ist für ein Kind, das in einer geschlossenen Vorstellungswelt lebt, eine Selbstverständlichkeit. Erst wenn er diese Welt verlässt, um sich den Anforderungen der Realität zu stellen, verliert der junge Mensch meist den Bezug zu dieser unbefangenen Zuversicht, dass er von Geistwesen umgeben ist.
Die meisten von uns müssen sich an diese Fähigkeit zurückerinnern, um sie – in abgeänderter Form – wieder einzusetzen. Nicht der kindliche Glaube an Engel und Elfen ist es, der wiederhergestellt werden muss, sondern die Erkenntnis, dass es archetypische Gestalten gibt, die durch die intensive Beschäftigung mit ihnen eine Wirkung entfalten.

Den ungezwungenen Umgang mit religiösen oder mythischen Bildern haben wir heute weitgehend verloren – und damit auch den Zugang zu den inneren Bildern.

Du sollst dir kein Bildnis machen

Unglücklicherweise hat viele Jahrhunderte lang das zweite Gebot, das Moses aus seiner göttlichen Vision mitgebracht hat, ein schlechtes Gewissen erzeugt, wenn man sich mit den Archetypen auseinander setzen wollte. »Du sollst dir kein Bildnis machen!«, befahl der ferne Gott seinen Kindern und verhieß auch gleich brutale Strafen bei Missachtung dieses Gebots. Lesen Sie im zweiten Buch Moses (Ex. 20) oder im fünften Buch Moses (Dtn. 5) nach, wenn Sie wissen wollen, wie man Angst erzeugt. Grund für dieses strenge Verbot lag in den bis dahin praktizierten naturnahen Religionen. Die Heiden machten sich zu jener Zeit nämlich viele Bilder von ihren Göttern, sie standen in den Tempeln oder auf den Hausaltären, in Hymnen und Gesängen wurden ihr Charakter und ihre Taten auf das Eindrucksvollste beschrieben und in mystischen Ritualen und Theaterstücken nachgespielt.
Das Gebot, sich kein Bildnis machen zu dürfen, ist übrigens von Christen bald umgangen worden. Nur gab es jetzt die Möglichkeit der Zensur, denn nur die »richtigen« Gestalten durften angebetet, die

»wahren« Mythen erzählt werden. Der gekreuzigte Jesus, Maria und die vielen Heiligen, die Geschichten der Bibel – das war die erlaubte Welt der Bilder. Aus ihr erhob sich schwarz, schweflig stinkend und hinkend der Teufel mit der Dämonenschar aus seiner Hölle!

Wenn etwas unbewusst geschieht, dann wird man meist davon überrascht, häufig unangenehm. Wenn es bewusst eingesetzt wird, nennt man es Magie.

Die große, weite Welt der Götter

Wie Sie sehen, ist es eine Frage der Kultur und der Traditionen, welche Gestalt die Archetypen annehmen. Das göttliche Kind beispielsweise findet sich in vielen Mythen wieder. Die Ägypter kannten es als Horus, und die Statuen der Isis, die ihn stillend auf dem Schoß hält, haben bedeutsame Ähnlichkeit mit den Statuen, die Maria bei derselben Beschäftigung darstellen. In vielen Naturreligionen, die sich stark an den jahreszeitlichen Wandlungen orientieren, sind es die sterbenden und wiedergeborenen Götter des Lichts, die als göttliche Kinder nach der längsten Nacht des Jahres zur Welt kommen.

Anrufung höherer Wesen

Wenn Sie Kontakt mit den Archetypen aufnehmen wollen, stehen Ihnen Bilder aus allen möglichen Traditionen und Glaubensrichtungen zur Verfügung. Sie können mit höheren Wesen in Verbindung treten, ihre Kräfte aktivieren und Magie mit ihnen betreiben. Die Technik dafür nennt sich Evokation, Anrufung.

Die ägyptische Göttin Isis mit Horus dem göttlichen Kind, das als Gott des Lichts verehrt wurde.

Dazu schaffen Sie sich ein Bild des Wesens, mit dem Sie in Kontakt treten möchten. In der praktischen Magie kann das eine materielle Darstellung, beispielsweise ein Fetisch, eine Statue oder ein Talisman, sein. In der imaginativen Magie visualisieren Sie die Götter oder Dämonen aus der Mythologie in aller Deutlichkeit. Unterstützend werden hier auch die zu der göttlichen Kraft zugehörigen Symbole eingesetzt.

Mit geeigneten Worten, entweder überlieferten Anrufungen, Hymnen, Gebeten oder mit eigenen Formulierungen, bitten Sie das Wesen zu erscheinen, und im Zustand der Trance können Sie dann den Kontakt herstellen – entweder einfach nur, um die Erfahrung dieser Kraft zu machen, um Antworten auf Fragen zu bekommen oder um Wünsche weiterzugeben. Im Prinzip ist es ein innerer Dialog, den Sie führen.

Möchten Sie die Verbindung beenden, verabschieden Sie das Wesen, das Sie gerufen haben, mit geeigneten Worten. Vergessen Sie das bitte nie! Erden Sie sich anschließend gründlich. Nichts ist lästiger als ein herumgeisternder Geist, so göttlich und lichtvoll er auch sein mag.

Auch gute Geister, die nicht mehr verschwinden wollen, können zur Plage werden. Verabschieden Sie daher Ihren Gast wieder.

Der Pferdefuß an den Göttern

Die eben gemachte Ausführung ist das allgemein gültige Prinzip, die praktische Arbeit mit den archetypischen Gestalten hat aber ihre Fallstricke. Wenn Sie einfach irgendein exotisches Geistwesen anrufen, von dem Sie meinen, dass es Ihrer Absicht besonders gut dient, dann passiert im besten Fall überhaupt nichts, im schlimmsten Fall haben Sie mit heftigen Nebenwirkungen zu kämpfen, denn Sie kennen das Wesen, das Ihnen erscheinen wird, nicht gut genug. Sie sollten immer wissen, welche Art von Kräften Sie wecken. Lediglich weil es schick ist, Kali Ma zu evozieren, aber dabei nicht zu wissen, was die Mutter der Zerstörung Ihnen antun kann, ist ein Spiel mit der Gefahr. Machen Sie sich immer vorher mit dem Energiefeld vertraut, das die Götter, Geister und Dämonen personifizieren. Es sind nur die äußeren Masken, die Bilder, Statuen und Mythen darstellen, dahinter verbergen sich unverhüllte und sehr direkte Kräfte. Vor allem, wenn Sie sich in einem labilen geistigen Zustand befinden oder nicht konzentriert genug sind, kann die Evokation Ihnen beträchtlich schaden.

Die hohe Magie reduziert den Aufwand, die Götter anzurufen schließlich noch weiter und tritt direkt in Kontakt mit den archetypischen Kräften. Und wie weit Sie dazu noch Vorbilder aus der Menschheitsgeschichte brauchen, werden Sie auf dieser Stufe selbst herausfinden müssen.

Invokationen – die göttliche Ekstase

Die Technik der Invokation wird normalerweise in Lehrbüchern über Magie nicht beschrieben. Und das ist auch durchaus vernünftig, denn mit der »Hineinrufung« werden Sie selbst zum Gefäß des angerufenen Geistes. Man kann diese Technik als eine zeitlich begrenzte Besessenheit bezeichnen, als willentlich herbeigeführte Schizophrenie. Das ist überaus ungesund, wenn man nicht weiß, was man tut.

Warnung: Invokationen können sehr gefährlich werden, wenn einen die hineingerufenen Kräfte überwältigen.

Risiken der Invokation

Unbewusst betreiben wir derartige Invokationen hin und wieder, und zwar dann, wenn wir von bestimmten Kräften überwältigt werden. Blinder Zorn, panische Angst, hysterisches Gelächter, wilde Leidenschaft sind solche Beispiele. Manchmal spielen wir zunächst ganz bewusst irgendwelche Rollen, steigern uns aber plötzlich in bestimmte Situationen und Gefühle hinein, die unserer eigenen Natur gewöhnlich fremd sind. Und manchmal fragen wir uns dann hinterher irritiert, was da wohl in uns gefahren ist.

Beim Zangbeto Voodoo in einem Dorf von Benin fegt ein Schamane in Gestalt eines Heuhaufens beim Tanz der Nachtphantome alle dunklen Energien beiseite.

Eine milde Form der Invokation sind Affirmationen, etwa die ständige Wiederholung von Sätzen wie: »Ich bin ein glücklicher und erfolgreicher Mensch!« und das gleichzeitige Aufsetzen eines glücklichen und erfolgreichen Gesichtsausdrucks. Es wirkt – für eine Weile. P. J. Carroll, der Vertreter der Chaos-Magie, weist korrekterweise darauf hin, »dass wir wesentlich stärker dazu neigen, an das zu glauben, was wir tun, als das zu tun, woran wir glauben«.

Ein Weg, den Sie selbstverantwortlich finden müssen

Ich habe zwar bewusst darauf verzichtet, die Technik der Invokation zu beschreiben, aber wer sich ernsthaft dafür interessiert, findet natürlich auf die eine oder andere Weise heraus, wie man die Archetypen in sich hineinruft und zum Leben erweckt. Sollten Sie sich allen Warnungen zum Trotz mit der Technik der Invokation befassen, wählen Sie bitte nicht gleich die gewalttätigen unter den Göttern, und vor allem machen Sie es nie alleine. Sonst laufen Sie Gefahr, dass Sie plötzlich mit einem blutigen Messer in der Hand dastehen und nicht mehr wissen, was Sie damit angerichtet haben. Das ist eine ernst gemeinte Bitte.

Vor allem, wenn Sie erst am Beginn Ihrer magischen Erfahrung stehen, sollten Sie auf die Invokation verzichten. Nehmen Sie lieber vorsichtig durch Anrufungen Kontakt mit vertrauten Gestalten auf.

Wünschen – wenn Bilder Wirklichkeit werden

Ein Wunsch ist »das Verlangen, das sich vom Wollen dadurch unterscheidet, dass Ziel und Realitätsgegebenheiten nicht in Verhältnis gesetzt worden sind und noch kein Plan der Verwirklichung vorliegt«, sagt der Brockhaus.

Nicht wie im Lexikon

Die Magie sieht das etwas anders, hier ist das Wünschen nämlich durchaus mit dem Wollen gekoppelt. Richtiges Wünschen unterscheidet sich von einfach so dahingeträumten Annehmlichkeiten genauso wie ungesteuert aufsteigende innere Bilder von bewusst gestalteten geistigen Szenarien. Man muss daran arbeiten: Zuerst werden Wünsche sorgfältig formuliert. Im nächsten Schritt werden sie in Bilder oder ein inneres Geschehen umgesetzt und mit den magischen Kräften in Verbindung gebracht. Hilfen kann dabei die praktische Magie geben, die mit Analogien die Vorstellungskraft unterstützt – sei es mit Symbolen, Farben, Düften oder Klängen. Auch rituelle Handlungen, Anrufungen passender Geistwesen und materielle Modelle wie die des Sympathiezaubers sind nützlich, für den geübten Magier jedoch nicht zwingend in aller Ausführlichkeit notwendig. Er erledigt das Wünschen auf imaginative Art durch Visualisierung und/oder Trance. Dabei werden die archetypischen Kräfte aktiviert, eine geistige Form geschaffen und in Schwingung versetzt, die sich dann in der Wirklichkeit abbildet.

In der Magie setzt ein Wunsch auch immer ein Wollen voraus; ohne den gezielt eingesetzten Willen wirken die magischen Kräfte nicht.

Wünsche loslassen

Es hört sich sehr einfach an, es hat sich aber in der Praxis immer wieder gezeigt, dass ein verbissen geäußerter Wunsch meist vergeblich bleibt. Die Chancen der Wunscherfüllung sind erheblich größer, wenn Sie nach der Durchführung – auf welche Art auch immer – den Wunsch loslassen. In nichtmagischer Sprache heißt das, dass Sie ihn vergessen müssen, oder noch einfacher: Er muss Ihnen gleichgültig werden. Und dann müssen Sie nur noch die Gelegenheiten erkennen, die sich Ihnen bieten, und sie ergreifen.
Das gilt übrigens auch für Schadzauber. Auch sie sind erst dann wirkungsvoll, wenn Ihnen derjenige, dem Sie die Pest an den Hals wünschen, gleichgültig geworden ist. Im Ninjutsu, der alten japanischen »Geheimdienst-Kunst« heißt es, dass man am wirkungsvollsten seinen Feind vernichten kann, wenn man zuvor sein bester Freund geworden ist. Das gibt zu denken, nicht wahr?

Magische Kräfte aktivieren

Die Grundtechniken der Magie kennen Sie jetzt, und wie Sie gesehen haben, sind alle zunächst einmal wertfrei. Sie bergen auch keine ungewöhnlichen oder geheimnisvollen Methoden, denn ohne uns ihrer bewusst zu sein, nutzen wir sie ständig.
Erden, Reinigen, Schützen, Ritualaufbau, Visualisieren, Träumen, Trance-Reisen, Evozieren, Invozieren und Zaubern – all das wird erst zur Magie, wenn es willentlich eingesetzt und gesteuert ist. Dann kann man Kenntnisse über aufbauende oder zerstörerische,

tröstende oder Angst erregende Energien erwerben. Man kann sie konstruktiv einsetzen, aber auch selbstzerstörerisch.
In Ihren Träumen und Visionen kommen alle Arten von Kräften vor, diejenigen, die sie liebevoll führen und leiten, und solche, die Sie in Angst versetzen. Die doktrinäre weiße Magie beschränkt sich auf die von ihr als gut und richtig empfundenen lichtvollen Energien.

Die andere Seite – schwarze Magie

Die schwarze Magie betreibt auch hier die Umkehrung und greift zu den düsteren Vertretern. In der Einseitigkeit liegt immer die Problematik, aber die dunklen Kräfte zu ignorieren ist gefährlicher als die hellen zu übersehen, denn sie machen sich dann nur auf unfassbare Weise bemerkbar. Um es noch einmal in aller Deutlichkeit zu betonen: Die Archetypen, also die Götter, Geister, Dämonen, mögen Sie gut oder böse sein, sind nur die vielen unterschiedlichen Aspekte unserer selbst.
Sie treten in Erscheinung, wenn sie gerufen werden. Wenn sie dabei einseitig verstärkt werden, geht das innere Gleichgewicht verloren und damit auch die geistige Gesundheit. Wir müssen sie alle akzeptieren, die guten wie die bösen Kräfte, um eine geschlossene, ganzheitliche Persönlichkeit zu werden.

Lieber ganz als gut zu sein, das war der Wunsch, den C.G. Jung formuliert hat. Damit meint er, dass ein Mensch seine positiven und negativen Seiten akzeptieren muss.

»In Traumgespinst verwickelt uns die Nacht«, hat Karl Friedrich Schinkel sein Bild genannt. Die Mächte des Dunkels finden ihren Weg in unser Leben, auch wenn wir es nicht immer erkennen.

Mit dem Schatten sprechen

Die Auseinandersetzung mit den freundlichen Kräften ist nicht schwierig, die mit den unfreundlichen ist harte Arbeit. Sehen wir uns in den nächsten Kapiteln ein paar der gängigen Symbole aus den dunklen Bereichen näher an. Dabei betrachten wir unsere eigenen Charaktereigenschaften und widmen uns der Welt der Götter.

»Alle vom Ich abgelehnten und in den Schatten verbannten Gefühle und Fähigkeiten tragen bei zu der verborgenen Macht, die die dunkle Seite der menschlichen Natur besitzt.« Connie Zweig

Gute Götter, schlechte Götter

Wir müssen noch einmal einen kleinen Ausflug in die mythologischen Welten und ihre Geschichten machen, die uns zum Teufel und seinen Dämonenscharen führt.
Die Geister- und Götterwelten unserer Vorfahren waren nicht rein weiß und voller strahlendem Licht. Selbst der joviale Göttervater Zeus hatte seine Fehler, die sich in Blitzen und Jähzorn entluden, und sein Verhältnis zu Frauen war eher bedenklich – weder war er treu, noch schreckte er vor einer Vergewaltigung zurück. Die germanischen und keltischen Götter, die in unserem heimischen Kulturkreis verehrt wurden, konnte man bestenfalls mit gemischten Gefühlen betrachten. Loki, der mit seiner Schlitzohrigkeit dem einen oder anderen Gott oder Helden zu Hilfe eilte, war auch der größte Lügner und Unheilstifter. Cuchulainn, der gewaltige irische Held, wird zwar wegen seiner überragenden Taten verehrt, hat aber in seiner Selbstüberschätzung auch ziel- und sinnlos gemordet und daher auch wenig angenehme Seiten.

Sich selbst und andere erkennen

Genau wie bei dem inneren Zoo der Tierwesen sollten Sie sich, bevor Sie an das Thema der Götterwelten näher herangehen, den folgenden Fragen widmen. Sie handeln von Charaktereigenschaften, die Sie an sich schätzen oder auch nicht. Seien Sie aufrichtig und gefühlvoll bei der Beantwortung!

Bild links: Jede gute Eigenschaft hat ihr negatives Pendant. Es nützt uns wenig, wenn wir das nicht wahrhaben wollen.

Eigenschaft: Selbst: Bei anderen:	**Bin ich nicht! Verabscheue ich!**	**Will ich nicht sein! Ist mir egal!**	**Bin ich gerne! Finde ich gut!**
Ängstlich		X	
Anmaßend		X	
Aufdringlich		X	
Bösartig	X		
Dogmatisch			
Dumm	X		
Engstirnig	X		
Fanatisch	X		
Geizig	X		
Größenwahnsinnig	X		
Habsüchtig	X		
Herzlos	X		
Heuchlerisch	X		
Humorlos	X		
Intolerant	X		
Jähzornig	X		
Minderwertig			
Missgünstig	X		
Neidisch	X		
Obrigkeitshörig	X		
Rachsüchtig	X		
Rechthaberisch		X	
Selbstgerecht		X	X
Träge			X
Überheblich	X		
Unaufmerksam	X		
Unehrlich	X		
Unhöflich	X		
Unsicher	X		
Unzuverlässig	X		
Verachtend	X		
Verletzend	X		

Wer ist an allem schuld?

Wenn Sie den einen oder anderen unangenehmen Charakterzug an sich entdeckt haben, dann brauchen Sie nicht zu verzweifeln. Es gibt Verantwortliche dafür. Beispielsweise könnte Sie Asmodi plagen, der Dämon des Zorns und der Wollust, oder Beelzebub, der Unmäßige. Irgendwo lauert auch Belphegor, der träge macht, und Belial, der Lügendämon. Leviathan, der Dämon des Neides, Mammon, der Dämon des Geizes und der Habsucht, Satan, der Stolze und nicht zu vergessen Lilith, die kindsmordende Verführerin und erste Frau Adams, machen Ihnen das Leben schwer. So könnte man es scherzhaft beschreiben.
Die Schar der Dämonen ist gewaltig, und jeder ist für eine der hässlichen Züge verantwortlich, die wir an uns so gar nicht gerne sehen. Da ich allerdings vermute, dass Sie sehr wenige Kreuzchen in der letzten Spalte gemacht haben, sollten Sie als nächste Übung die Tabelle einmal danach bewerten, welche Eigenschaften Sie an Ihren Freunden oder Verwandten besonders verabscheuen. Sie können dabei die Liste gerne noch erweitern – sicher finden Sie an Ihren Mitmenschen noch viel mehr unangenehm.

Wir kommen zwar nicht als unbeschriebenes Blatt auf die Welt, sondern haben gewisse ererbte oder natürliche ethische Vorstellungen. Andere aber formt die Umwelt.

Nichts ist eindeutig gut oder schlecht

Die vielfältigen auf Naturphänomene zurückgehenden Gottheiten der frühen Kulturen waren selten einfach gut oder böse. Sie hatten immer mindestens zwei Aspekte, so vielfältig und facettenreich, wie sich die Welt eben darstellt. Der große Fluss, der die Felder bewässert und mit seinen Fischen die Anwohner nährt, kann Segen bringend sein oder mit seinen Überschwemmungen alles Menschenwerk zunichte machen und Seuchen und Hunger verursachen. Es muss die Sehnsucht nach einem einfachen, tröstenden Schöpfer gewesen sein, die vor rund 2500 Jahren verschiedene Erlösergestalten in die religiösen Vorstellungen einfließen ließ.
Der Erlöser wird entweder erwartet oder erscheint in verschiedenen Gestalten. Der in unserem Kulturkreis bekannteste Heilsbringer ist Christus. Aber auch andere Religionen kennen die Erlösung aus dem irdischen Jammertal: Buddha verkündete ein Ende des Kreislaufs der Wiedergeburt, und Mohammed versprach eine Erlösung aus dem Leid der Welt, ein himmlisches Paradies voller Wonnen.

Die Große Mutter ist eine nährende Göttin. Sie sorgt für die Fruchtbarkeit der Erde, für Fülle und das Wohlergehen ihrer Kinder.

Wie im Himmel, so auf Erden

Das magische Prinzip, dass das Große sich im Kleinen widerspiegelt, können wir am Beispiel der Großen Mutter einmal systematisch verfolgen. Denn die Geschichte der Menschheit ist auch die Geschichte des einzelnen Menschen.

Die Entwicklung der Menschheitsgeschichte hat ihre Parallelen in der kindlichen Entwicklung bis hin zum Erwachsenenalter.

Im Schoß der Großen Mutter

Wenn wir auf diese Welt kommen, dann haben wir noch keine fertige Meinung über das, was um uns und mit uns geschieht. Wir bewerten gut und schlecht allenfalls damit, wie wir uns fühlen. Wärme, Nahrung, Geborgenheit sind angenehm, Kälte, Hunger und Vernachlässigung beantworten wir zu diesem Zeitpunkt mit unwilligem Gebrüll. Da aber ein sorgendes Wesen, im üblichen Fall die Mutter, diesem Missstand abhelfen kann, indem es die Brust oder das Fläschchen reicht, die Decke wieder feststeckt oder uns hochhebt und mit sanften Worten tröstet, erkennen wir einen Verursacher an, der sowohl für das körperliche Wohlfühlen als auch für Schmerz und Unwohlsein verantwortlich ist.
Hier befinden wir uns auf der Ebene der frühen Naturreligionen, die erkennen, dass das Leben und Wohlbefinden der Menschen von

Regen und Sonnenschein, Dürre und Überschwemmung, Erdbeben und schützenden Höhlen abhängig ist, und diese in Form von personifizierten Gewalten verehrten. Die großen Erdmütter, die fürsorglich, aber auch gefährlich sind, und die Vegetationsgötter haben hier ihre Ausprägung gefunden.

Elterliche und göttliche Autorität

Wenn wir unsere Wahrnehmung als Kind schärfen und in den Bereich der Sprache, des Denkens und Wollens und des Handelns gelangen, dann tauchen auch auf dem geistigen Niveau Wertungen auf. Es werden uns Grenzen gezeigt, entweder körperliche, weil wir trotz aller Bemühungen noch immer nicht den Kühlschrank aufbekommen, oder moralische Grenzen, weil die »großen« Wesen mit Missbilligung darauf reagieren, wenn wir den Pudding auf dem Tisch verschmieren. Das Warum verstehen wir zwar nicht, müssen aber die Autorität anerkennen, die ansonsten mit Strafe droht.
In den frühen Zivilisationen werden die Götter ebenfalls abstrakter, sie sind nicht nur auf Naturkräfte bezogen, sondern versinnbildlichen auch Regeln des Zusammenlebens und den Umgang mit Gefühlen. Die Götterwelten werden von zahlreichen unterschiedlichen Gestalten bevölkert: Den Olymp der Griechen, die Anderwelt der Kelten, Asgard der Germanen, die obere Welt der Schamanen bewohnen ganze Familien von Göttern und halbgöttlichen Heldinnen und Helden, wie es sie auch bei den Ägyptern, den Indern, Chinesen, Japanern und anderen Kulturen gibt.
Göttliche Launen wurden von ihren Anhängern akzeptiert, nicht hinterfragt und als höherer Wille angenommen. Man konnte die Götter mit bestimmten Handlungen friedlich stimmen und mit anderen erzürnen, und hin und wieder entlud sich auch ein völlig unverständlicher Zorn auf die verdutzten Menschen.

Je enger die Menschen zusammenleben, desto mehr Regeln und Vorschriften sind notwendig, die einerseits den Frieden bewahren, andererseits auch die Entfaltung einschränken.

Einengung und Freiheitswunsch

Mit Erkenntnis und Bewusstsein eines jungen Menschen auf dem Weg ins Erwachsenenalter kommen mehr und mehr Grenzen zum Tragen. Familiäre Traditionen, gesellschaftliche Formen, Glaubensvorschriften, staatliche Regelungen, schulische Anforderungen ziehen immer engere Kreise um uns herum, so dass sich gerade Heranwachsende manchmal wie in einem Käfig eingesperrt fühlen, aus dem sie keinen Ausweg finden. Eingesperrt und abhängig zu sein fördert aber immer die Sehnsucht nach Befreiung.

Die höheren Zivilisationen mit ihrer größeren Bevölkerungsdichte und engeren Besiedlung entwickelten zunehmend stark strukturierte Gesellschaftsformen. Die Machthierarchien, die staatlichen und religiösen Gesetze sorgten für die notwendige Ordnung im menschlichen Zusammenleben, verursachten aber auch extreme Unterdrückung individueller Freiheiten wie etwa die Versklavung oder die Kastenbildung.

In den Religionen entspricht die Auflehnung gegen die Autoritäten dem Gefühl der Gottferne, mit dem Gläubige oft zu kämpfen haben.

Nicht von ungefähr fand die christliche Erlösungslehre gerade bei Frauen und Sklaven die ersten begeisterten Anhänger. Aber in ihr wurde der unberechenbare, vielgestaltige Götterhimmel zugunsten eines fernen Schöpfers entmachtet, dessen einzig sichtbarer Beweis sein Sohn ist oder die Propheten, die auf Erden seine göttlichen Wünsche verkünden.

Das menschliche Individuum versucht auf dieser Entwicklungsstufe vielleicht, sich mit den vielen auferlegten Begrenzungen zu arrangieren, aber der Wunsch nach Freiheit bahnt sich in vielen Formen seinen Weg. Aufbegehren gegen Eltern, staatliche Institutionen und Traditionen sind in jeder Generation an der Tagesordnung. Wer immer in diesem Stadium Freiheit verspricht – Erlösung von den auferlegten Zwängen –, der hat gute Chancen, gehört zu werden. Sektenführer leben nicht schlecht davon.

Schutz und Einengung liegen nahe beieinander. Für Jugendliche beginnt irgendwann die Zeit, selbstständig zu werden, und auch die Menschheitsgeschichte zeigt, dass die Befreiung aus der Unmündigkeit nicht immer leicht war.

Der vollkommene Gott

Auch die Heilslehre hat im großen geschichtlichen Rahmen wie im menschlichen Leben Auswirkungen. Die großen Erlöser der Welt oder die Verkünder der Erlöserlehren wurden zu einem hohen Ideal stilisiert, sie mussten, anders als die rustikalen heidnischen Götter, frei von Fehlern und Versuchungen sein. Nach ihren Regeln und Vorschriften zu leben bedeutet, ebenso rein zu werden. Und hier beginnt der Teufelskreis!

Das »Gute, Schöne und Wahre« ist schwer zu erreichen, denn nicht alles Gute ist schön und nicht alles Schöne gut, und schon gar nicht ist das eine wie das andere immer wahr.

Erlösung mit Hindernissen

In dem klaren Bekenntnis, was gut ist und zum Licht führt, müssen alle anderen Vorstellungen eben zum Bösen führen. Und darum wurden die heidnischen Götter mit ihren Fehlern und Schwächen zu Widersachern erklärt, ihre Kulte verteufelt, ihre heiligen Stätten entweiht und ihre Anhänger mehr oder weniger freiwillig bekehrt. Die unbequemen Götter wurden in die Unterwelt verbannt, und der Mensch sperrt seine natürlichen Regungen in die Tiefen seines Unterbewusstseins.

Dort arbeiten sie an ihrem untergründigen Werk, denn weder sind die alten Götter verschwunden, noch können wir unsere Natur verleugnen. Sie findet unerwartete Kanäle, sich zu zeigen: in jähzornigen Ausbrüchen, in tiefen Depressionen, in versteckten Perversionen oder sinnloser Gewalt. Die abendländische Geschichte spiegelt genau das wider. Die christliche Lehre der Erlösung hat makabre Blüten unter dem frommen Deckmäntelchen des Guten, Schönen und Wahren getrieben, die sich in Folter und Krieg, Mord und Psychoterror geäußert haben, wie sie auch eingefleischte Schwarzmagier nicht schlimmer hätten erfinden können. Ob Kreuzzüge oder Inquisition, Hexenverbrennung, Ablasshandel oder tödliche Exorzismen, Massenvernichtung andersgläubiger Völker oder Religionskriege, nichts haben die Menschen ausgelassen, die nach der himmlischen Erlösung strebten.

Nicht alle, natürlich nicht, es gab auch Liebe, Hilfsbereitschaft, Hingabe und vor allem einige wirklich erleuchtete christliche Mystiker, so wie auch selbstverständlich jeder Mensch selbstlos, verständnisvoll und oft wundersam weise sein kann. Denn wo Schatten ist, muss auch irgendwo eine Lichtquelle sein.

Und wohin geht die Reise?

Bei Menschen kommt es häufig in den mittleren Jahren zu einer Krise, dann nämlich, wenn die äußeren Bedingungen sich ändern – wenn die Kinder aus dem Haus gehen, die Partnerschaft zerbricht, der Job seinen Reiz verliert, die Eltern sterben, eine gefährliche Krankheit oder ein Unfall das Leben verändert oder plötzlich die Einsicht da ist, dass das Leben keinen erkennbaren Sinn mehr hat. Es verändert sich vieles, was bisher im Leben als sicher galt. Wie so oft bergen solche Umbruchphasen Abschied und Trauer und ebenso hoffnungsvollen Neubeginn in sich. Wie immer sich die Krise – in der Bilderwelt des Tarot ist es der zusammenstürzende Turm – darstellt, sie führt dazu, dass das Weltbild aus den Fugen gerät. Grenzen und Schutzwälle zerbrechen, ehemals hilfreiche Strukturen lösen sich auf, der Glaube, nicht nur der religiöse, sondern auch der an die technologischen, sozialen oder medizinischen Errungenschaften, verändert sich. In der Haltlosigkeit liegt einerseits die Gefahr des Untergangs, andererseits bietet sie die Chance, einen neuen Halt zu finden. Die Welt wurde im 20. Jahrhundert durch gewaltige Kriege erschüttert, und nach ihnen war nichts mehr so, wie es vorher war. Der Einbruch von unmenschlicher Gewalt in das Leben von Millionen, eine gigantische Zerstörung von Umwelt und Gemeinwesen haben auch das kollektive Weltbild erschüttert und zu neuen Einstellungen geführt. Wir stecken mitten in einer riesigen Umwälzung, und wo werden wir ankommen? Die einen hoffen, im Licht, die anderen fürchten, im Chaos.
Was kann aber der Einzelne tun, wenn er die Krise nahen sieht? Er könnte seine Dämonen beschwören und sie um Hilfe bitten.

Wenn die alten Werte zerbrechen, herrscht oft erst einmal eine Phase der Verwirrung und Unsicherheit, bevor sich Neues bilden kann.

Ein Sack voller Schatten

Diese sehr vereinfachte Darstellung der parallelen Entwicklung von Mensch und Menschheit zeigt, dass auch die Glaubensstufen einer Entwicklung unterliegen, und, wie wir Menschen eben so sind, erscheint uns immer die höhere Stufe der Erkenntnis die richtige, bessere und wahrere zu sein. Die anderen Stufen sind daher die falschen, schlechteren und manchmal sogar böseren, und die bekehrten Sünder sind die frömmsten Gläubigen!

Für die persönliche Entwicklung bedeutet das, dass wir, je weiter wir mit unserer Bewusstwerdung voranschreiten, einen immer größeren Teil von uns in seine Grenzen verweisen. Robert Bly, ein Schriftsteller und Dichter, der sich intensiv mit der Bedeutung der Mythologie in der psychischen Entwicklung des Menschen auseinander setzt, hat ein schönes sprachliches Bild dafür gefunden. Er nennt es den »langen Sack, den wir hinter uns herschleppen«. In diesen Sack stecken wir alle Teile unserer Persönlichkeit, die wir nicht ausleben dürfen. Beständig sind wir damit beschäftigt, diesen Sack anzufüllen, und später müssen wir uns dann bemühen, herauszufinden, was alles darin verschüttet wurde, um von dem Inhalt nicht unvorbereitet erschlagen zu werden.

»Es gibt Angst auf sehr verschiedenen Ebenen, im Licht des Bewusstseins wie im Dunkel des Unbewussten. Oberflächliche Angstfreiheit kann Flucht vor einer sehr tiefen und großen Angst sein.« H.-E. Richter

Der Teufel in uns selbst

Auch Ken Wilber, der amerikanische Philosoph, hat sich mit diesem Phänomen beschäftigt und es außerordentlich plastisch formuliert: »Bis das Selbst erwachsen geworden ist, hat es in dieser Weise vielleicht vierzig Prozent seines Potenzials als abgespaltete oder disponierte kleine Selbst, kleine Kleckse, kleine verborgene Subjekte eingebüßt, und diese kleinen Subjekte versuchen, auf der Entwicklungsebene zu bleiben, auf der sie sich bei ihrer Abspaltung befanden. Dann tummeln sich also kleine Unholde im Untergeschoss. Sie verlangen heftig, versorgt und gefüttert zu werden, wollen der Nabel der Welt sein und können sehr unangenehm werden, wenn man sich nicht um sie kümmert. Sie kreischen und schreien und beißen und kratzen, und wenn man sich nicht einmal bewusst ist, dass sie da sind, interpretiert man diese innere Erschütterung als Depression, Obsession, Angst oder als sonstige neurotische Symptome ...«
Auch die Menschheit selbst hat einen solchen Sack angelegt, und in ihm wimmelt es von kreischenden und kratzenden Teufeln und Dämonen, von lichtscheuem Gesindel und Schattengestalten, die in den Mythen und Märchen ihre bösen Rollen spielen.
Wie oben, so unten, wie innen, so außen – der Teufel in den Glaubenslehren ist der Teufel in uns. Er war nicht immer der Böse, sondern gehörte selbstverständlich zum Leben dazu. Böse wurde er erst, als eine neuere Entwicklung ihn dazu gemacht hatte. Darum kann man ihn zwar unterdrücken oder leugnen, aber man wird ihn nicht los. Wenn man sich mit ihm beschäftigt, ist das schwarze Magie.

Die Katze aus dem Sack lassen

Die theoretische Abhandlung an dieser Stelle sollte Ihnen auf eine weitere Art zeigen, dass Schwarzweißmalerei bei der Beschäftigung mit der Magie nicht immer möglich ist.
Wir befassen uns jetzt auf einer anderen Ebene mit den satanischen Kräften, wir werden sie rufen und mit ihnen verhandeln. Vielleicht zu unserem Nutzen, vielleicht zum Schaden anderer.
Dazu müssen wir in den großen Sack hineingreifen, den wir hinter uns herziehen, und von dem wir nicht wissen, was für entsetzliche Dinge er enthält. Wir ahnen nur, dass sie Teile unserer verschütteten Persönlichkeit sind, vor denen wir Angst haben. Es gibt zwei Probleme, wenn wir das herausrufen wollen, was in den dunklen Tiefen sitzt. Zum einen ist der Sack gut verschnürt und kann nur mit einigen Tricks geöffnet werden. Zum anderen scheuen wir gewohnheitsmäßig davor zurück, uns mit unangenehmen Dingen zu befassen.
Die erste Schwierigkeit können Sie mit den bisher beschriebenen magischen Fähigkeiten bewältigen, die zweite Schwierigkeit verlangt Überwindung, Neugier und den Wunsch, sich selbst ganzheitlicher zu erleben. Vor allem aber verlangt sie den Mut, Grenzen zu öffnen, um das Bewusstsein zu erweitern.
Beginnen Sie zunächst damit, dem Unangenehmen auf die Spur zu kommen. Wie wir ja gesehen haben, wurde in der Entwicklungsgeschichte alles das, was nicht der Norm entsprach, verteufelt, also auf eine untere Ebene verdammt und damit nach außen verlegt. Damit können wir es beschreiben, ohne uns selbst betroffen zu fühlen. Und genau das sollten Sie jetzt tun!

Auch Eigenschaften, die wir bewundern und von denen wir glauben, sie selbst nicht zu besitzen, sehen andere vielleicht gerade in uns. Nicht nur Teufel eben, sondern auch Engel.

Übung: Den Teufel an die Wand malen

Malen Sie den Teufel an die Wand. Beschreiben Sie eine Person, die wirklich einen teuflischen Charakter hat. Ob Sie dazu ein Monster erfinden oder einen Menschen oder einfach Ihren Nachbarn schildern, bleibt Ihnen überlassen. Geben Sie dem Teufel Gestalt.

- Wie sieht der Körper des Teufels aus?
- Wie sieht sein Gesicht aus?
- Wie spricht er?
- Wie riecht er?

- Mit welchem Beiwerk statten Sie ihn aus?
- Wie verhält er sich Ihnen gegenüber?
- Wozu will er Sie überreden?
- Welches sind seine übelsten Charaktereigenschaften?
- Wie würden Ihre Freunde auf ihn reagieren?

Traditionelle Teufelsbilder

Die klassischen Darstellungen des Teufels reichen von verlockenden Frauengestalten bis zu schwarzgeflügelten, manchmal grünhäutigen Männern mit behaarten Beinen, missgestalteten Füßen und klauenartigen Händen. Gern stellte man ihn sich gehörnt vor oder mit einer abstoßenden Fratze. Mal spricht er zischelnd wie eine Schlange, mal verführerisch wie die Versuchung. Eine Wolke von Schwefeldunst umgibt ihn oder Verwesungsgeruch. Eine dreizackige Gabel hat er bei sich, mit denen er die Sünder piekst.

Sie entscheiden auch, ob Ihr Teufel weiblich oder männlich ist oder gar ein Zwitterwesen. Er kann tierische Elemente besitzen oder wie ein kleines Kind wirken …

Ihr ganz persönlicher Teufel

Sie haben alles aufgeführt, was Sie nicht sein wollen, was Sie verabscheuen. Und alles das ist in dem schwarzen Sack, den Sie hinter sich herziehen. Jetzt wird es richtig unangenehm für Sie, denn die nächste Übung sieht eine Umformulierung Ihrer Beschreibung vor. Alles, was der Teufel für Sie war, beziehen Sie jetzt auf sich. Also, wenn Sie geschrieben haben: »Der Teufel ist ein dickbäuchiger, schmieriger alter Mann«, dann heißt das beispielsweise: »Ich habe Angst, dick zu werden, ungepflegt auszusehen und alt zu werden.« Oder auch: »Ich bin zu dick! Ich genüge den modischen Ansprüchen nicht! Ich bin zu alt!«
Es kann sein, dass Sie die Darstellung, die sich aus der Umkehrung ergibt, strikt ablehnen, aber überwinden Sie sich trotzdem, ein paar Gedanken darauf zu verwenden, denn der blinde Fleck soll ja nicht blind bleiben, damit er nicht plötzlich eine Angriffsfläche für schwarzmagische Angriffe ergibt.
Wie würden Sie denn darauf reagieren, wenn Sie erfahren, dass jemand hinter Ihrem Rücken behauptet, sie seien eine fette alte Schlampe? Auch oder gerade, wenn Sie es nicht sind!
Es kommt noch schlimmer. Wenn Sie den teuflischen Charakter als hinterhältig, dumm und verlogen beschrieben haben, dann formu-

lieren Sie es so um: »Ich habe Angst, als hinterhältig, dumm und verlogen zu gelten.« Oder auch: »Ich bin hinterhältig, dumm und verlogen.« Machen Sie sich Gedanken darüber, warum diese Eigenschaften so verabscheuungswürdig für Sie sind. Wer hat Ihnen eingegeben, dass beispielsweise Dummheit so verwerflich ist? Warum verletzt es Sie so, wenn man Sie für dumm hält?

Das Problem mit den Schatteninhalten ist, dass man sie an sich selbst nicht bemerkt, sondern immer nur an anderen.

Projektionen

Ich möchte dieses unangenehme Kapitel mit einer Warnung abschließen: Nehmen Sie sich diese Erkenntnisse bitte nicht zu sehr zu Herzen. Sie sind nicht der üble Geselle, den Sie an die Wand gemalt haben, Sie sind ein Mensch mit Stärken und Schwächen. Ihre Stärken kennen Sie meist, aber auch sie kann man auf diese Weise ganz neu entdecken. Von einem Teil Ihrer Schwächen wissen Sie sicher auch, aber was Sie nicht gut kennen, sind alle Ihre Ängste, und eben die galt es hier aus dem Schattenbereich heraufzuholen. Was in dieser Übung praktisch durchgeführt wurde, bezeichnet man als Projektion, abgeleitet von dem lateinischen Wort »proiectio«, zu Deutsch: hervorwerfen. Wie ein Filmgerät projiziert man seine nicht anerkannten Charakterzüge auf die »Leinwand« des anderen. Und dort kann man sie, wenn man will, erkennen!

Mit der Schuld eines ganzen Volkes beladen, wurde der Sündenbock in die Wüste gejagt. Das jüdische Volk des Alten Testaments kannte sich mit Projektionen aus.

Eine praktische Einrichtung – der Sündenbock

Dass die Projektion keine neue Erfindung ist, zeigen schon älteste Überlieferungen. Lesen Sie die Bibel, sie bietet dazu erstaunliche Einsichten! Als Beispiel möchte ich Ihnen die Geschichte vom Sündenbock vorstellen.

Mit Schuld beladen in die Wüste

Im dritten Buch Moses (Lev. 16) findet sich die Geschichte, wie Gott der Herr dem Führer der Israeliten, Aaron, befiehlt, ihm und dem Dämon Asasel je einen Bock zu opfern. Der Herr will den seinen getötet und verbrannt haben, das Opfer für Asasel hingegen »soll lebend vor den Herrn gestellt werden, damit man an ihm die Sühne vollziehe und ihn dann zu Asasel in die Wüste schicke«.
Weiter heißt es: »Aaron lege seine beiden Hände auf den Kopf des lebenden Bockes und bekenne über ihm alle Verschuldungen der Israeliten und alle Übertretungen, die sie irgendwie begangen haben; er soll sie auf den Kopf des Bockes legen und diesen durch einen bereitstehenden Mann in die Wüste hinaustreiben. Der Bock soll alle Verfehlungen mit sich hinwegtragen in eine abgelegene Gegend; erst in der Wüste soll man den Bock laufen lassen.«

Das jüdische Volk kannte die reinigende Wirkung, wenn alle Schuld buchstäblich in die Wüste geschickt wird.

Befreiung von der Schuld

Hier haben wir einen beispielhaften Fall von bewusster Projektion. Für das jüdische Volk, das einmal jährlich am Versöhnungstag dieses Ritual durchführte, hatte der Sündenbock eine befreiende Wirkung. Leider wurde der arme Bock später zum Teufel degradiert, eine unbewusste Projektion! Wieder haben wir es mit einer Technik zu tun, die wir entweder unbewusst anwenden oder absichtsvoll einsetzen können. Magisches Handeln muss immer planvoll sein, damit es in die richtige, von uns gewünschte Richtung wirkt. Unbewusstes Projizieren unerwünschter Eigenschaften auf andere macht nur unglücklich und schafft meist keine Freunde. Absichtsvolles Projizieren bringt Selbsterkenntnis. Und damit erreichen wir die höchste Ebene der Magie.

Höllische Verhältnisse

In der Hölle ist man den Dämonen hilflos ausgeliefert. Sehr bildhaft hat das der Maler Hieronymus Bosch (um 1450–1516) dargestellt, dessen Phantasie in dieser Hinsicht geradezu überwältigend war. Nie brannte die Hölle heißer als zu seiner Zeit.

Der Magie und Alchemie stand der Höllenmaler Hieronymus Bosch übrigens auch durchaus aufgeschlossen gegenüber.

Jedem seine eigene Hölle

Das Wort Hölle hat eigentlich eine recht harmlose Herkunft, es ist mit Hülle verwandt und bezeichnet einen Ort, der verhüllt ist. So ähnlich sind auch die verschiedenen Unterwelten anderer Kulturen beschrieben. Es sind Bereiche, die nach dem Tod betreten werden, die für die Lebenden aber verborgen bleiben. Von teuflischen Grillfesten ist da allerdings nicht die Rede. Erst die strikte Trennung von Gut und Böse hat auch Schuld und Sühne schärfer definiert. Was immer seither im Diesseits verkehrt gemacht wird, dafür ereilt einen nach dem Tod im Jenseits die Strafe. Vor allem für die im Leben nicht geahndeten Sünden, die geheimen Laster, die unreinen Gedanken und schamlosen Wünsche. Und wer anderes als der leibhaftige Böse kann die Bestrafung durchführen – die guten Geister werden sich doch an den erbärmlichen Sündern nicht die reinen Hände schmutzig machen.

Betrachtet man es auf diese Weise, dann ist die Vorstellung einer Hölle ziemlich absurd, wenn nicht lächerlich. Gäbe es jedoch nicht das archetypische Bild des Grauens in der Vorstellungswelt der Menschen, hätten die Theologen diese ausgemacht clevere Geschäftsidee nicht so erfolgreich anwenden können. Das Geschäft mit dem schlechten Gewissen und der Angst, das ist praktizierte schwarze Magie in Reinkultur.

Bild links: Unnachahmlich phantasievoll malte sich Hieronymus Bosch in seinem berühmten Altarbild »Der Garten der Lüste« die höllischen Verhältnisse aus.

Katastrophen als höllische Vorbilder

Ob es ein Leben nach dem Tod gibt oder was uns nach dem Tod erwartet, darüber können wir nachdenken, meditieren oder philosophieren. Eine derartig konkret und plastisch dargestellte Hölle, wie

die Kirche sie propagiert hat, wird uns vermutlich nicht bevorstehen. Aber hier, in diesem Leben, gibt es Situationen, für die der Begriff Hölle als Ort der Qualen durchaus seine Berechtigung hat. Manchmal entsteht die Hölle durch äußerliche Einwirkungen, etwa Naturkatastrophen, Kriege, Seuchen oder Unfälle. Auf solchen Ereignissen basieren die meisten der symbolischen Bilder von der Hölle. Vulkanausbrüche mit Strömen glühender Lava, die schwarzen, leblosen Gerippe verbrannter Wälder, die verwesenden Leichen auf den Schlachtfeldern, zerbombte Städte und der Schatten eines Mannes an einer Wand in Hiroshima – das Grauen prägt sich ein und überliefert sich über Generationen.
Zum Glück erlebt nicht jeder derartig reale Abgründe der Hölle. Aber es gibt andere schreckliche Vorstellungen, die mit denselben Bildern beschrieben werden, und das sind die Höllen, die von den inneren Dämonen verursacht werden.

In Augenblicken, in denen wir plötzlich feststellen, dass starke Zorn- oder Schamgefühle in uns hochkommen, hat sich ein Dämon im Schatten gerührt.

Auswirkungen geleugneter Dämonen

Wir können in einer Hölle auf Erden leben, von teuflischen Geistern jeglicher Form gepeinigt, und das in unterschiedlichen Schweregraden. Angefangen bei endlosen Nächten, in denen wir vor Sorgen, Angst oder Wut nicht schlafen können – Schlafentzug ist eine der schrecklichsten Foltern – bis hin zu Wahnvorstellungen, die uns und unsere Mitmenschen an die Grenzen der psychischen Belastbarkeit bringen. Abhängigkeiten, Zwangsvorstellungen, Suchtmittel, Schuld- und Schamgefühle können einen Menschen dermaßen einengen, dass ein freies und selbstbestimmtes Leben für ihn nicht mehr möglich ist.
Und das Schlimmste daran ist: Wer immer diese Dämonen in und um die betroffene Person herum erkannt hat, der kann den Betroffenen auf die einfachste Weise manipulieren. Der arme Mensch ist dann den Auswirkungen der schwarzen Magie hilflos ausgeliefert.

Im Netz des »Wenn, dann«

Um sich von solchen Beeinflussungen zu befreien, muss man den Teufelskreis aus den vielen »Wenn-dann-Beziehungen« durchbrechen. Aber dazu muss man sie erst einmal erkennen. Versuchen Sie es einmal. Haben Sie sich auch schon einmal erbittert gesagt: »Wenn mich der oder die nur lieben würde, wäre ich auch ein besserer Mensch!« Oder auch: »Wenn ich an dieser bestimmten Aufgabe scheitere, dann habe ich einfach nie Erfolg!« Oder: »Wenn ich endlich einen anderen Partner, einen verständnisvolleren Chef oder keine Kinder hätte, könnte ich auch kreativer arbeiten!« Und damit sind Sie in einen Teufelskreis geraten.

Die Welt als solche meint es nicht böse mit Ihnen. Es sind die Erscheinungen, die Ihre Sichtweise herausfiltert, auf die eine solche Bewertung zutrifft.

Im Teufelskreis

Alle Formulierungen, die eine »Erst wenn, dann«-Beziehung beinhalten und auf Sie selbst zielen, stellen einen Teufelskreis dar, an dessen Ursprung ein geleugneter Dämon hockt. Um das zu testen, stellen Sie einmal eine Liste der Eigenschaften zusammen, die Sie daran hindern, das zu erreichen, was Sie sich wünschen. Hier einige Beispiele: Erst wenn ich ...

- mehr Geld verdiene, dann...
- meine Rückenschmerzen loswerde, dann ...
- in Urlaub fahren kann, dann ...
- diese Stelle bekomme, dann ...

Was Sie hier betreiben, ist Mythenbildung! Sie nehmen einen Dämon und machen ihn für alles weitere Geschehen verantwortlich. Nicht der *eine* Mensch, der Sie nicht liebt, macht Sie unliebenswürdig für alle anderen. Nicht die *eine* Aufgabe, an der Sie scheitern, macht Sie unfähig, überhaupt etwas zu erreichen, und so weiter und so weiter ...

Spiegel der eigenen Ängste

Versuchen Sie es also einmal andersherum. Wenn es immer »die anderen« sind, dann nennen Sie doch einmal die bremsenden Charaktereigenschaften der anderen. Definieren Sie den engstirnigen Chef, die strenge Mutter, den jähzornigen Nachbarn, die nörgelnde Lehrerin, den autoritären, verständnislosen Partner, die rücksichtslosen Kinder oder wen immer Sie als Hindernis in Ihrer Entwicklung sehen, die Sie davon abhalten, das »dann ...« zu leben. So haben Sie nämlich wieder den Teufel an die Wand gemalt und – ich weiß, es wird nur unter Protest und Widerworten gehen – sich selbst im Spiegel des anderen gesehen. Wenn es Ihre eigenen Merkmale sind, vor allem körperliche, dann sagen Sie doch mal, wer daran schuld ist, dass Sie dünne Haare, eine schiefe Nase oder dicke Beine haben? Die Gene? Das ist die neueste, wissenschaftlich begründete Ausrede für alles, was Ihnen an sich nicht gefällt. Die Ursachen sind ohnehin gleichgültig. Stellen Sie sich lieber die Frage, warum Sie nicht trotz dünner Haare, einer schiefen Nase und dicker Beine erfolgreich, charmant und liebenswert sein können. Suchen Sie Ihre eigenen eingebildeten Ängste, um die wirkliche Ursache zu finden und sie aufzuarbeiten.

Wer mit Humor mit seinen negativen Eigenschaften umgehen kann, bietet wenig Angriffsflächen für Dämonen.

Selbsterkenntnis zähmt die Dämonen

Wenn Sie jedoch Ihre persönlichen Charakterzüge dafür verantwortlich machen, dann sind Sie dem Dämon schon ziemlich nahe gekommen: »Wenn ich nicht so ehrgeizig, pedantisch oder verschwenderisch wäre, dann, ja dann würde alles viel besser gelingen.« Es ist schwierig, aus einem solchen Teufelskreis der Zwangsvorstellungen herauszukommen. Ehrlichkeit sich selbst gegenüber ist allerdings schon einmal eine hervorragende Voraussetzung. Und auch die Aussicht auf Belohnung. Denn wenn Sie sich auch nur ein kleines Stück aus der Zwickmühle der Ausreden entfernt haben, werden Sie weniger anfällig sein für die unerwarteten Angriffe aus dem Schattengebiet.

Wenn man neben sich steht

Eine andere hässliche Art haben die verleugneten Dämonen an sich, um sich bemerkbar zu machen – sie verursachen unangenehme »Zufälle«. Es müssen nicht immer dramatische Unfälle sein, sondern es sind vielmehr die lästigen Kleinigkeiten, die einem passieren, wenn man nicht ganz mit sich im Reinen ist. Der Volksmund kennt dafür ein passendes Bild: Sie sind mit dem verkehrten Fuß aufgestanden – was auch nur ein anderer Ausdruck dafür ist, nicht ordentlich geerdet zu sein! Es sind die Tage, an denen der Wecker nicht klingelt und ein wichtiger Termin verpasst wird, die Kaffeekanne sich auf den weißen Rock entleert, das Lieblingsweinglas zerbricht, das Auto nicht anspringt, wichtige Unterlagen spurlos

verschwinden, der Haustürschlüssel in den Gulli rutscht ... Ergänzen Sie ganz nach Belieben.
Der Hinweis auf all die widrigen Umstände bedeutet einfach nur: Es gibt Zeiten, da hat man allen Ernstes das Gefühl, dass eine übelwollende Macht es darauf anlegt, einem das Leben so schwer wie möglich zu machen. Es ist aber keine bösartige, von außen einwirkende Kraft, sondern ein wohlgemeinter Rat des Unbewussten, sich endlich wieder einmal zu zentrieren und die ständig unterdrückten Bedürfnisse und verleugneten Ängste zu Wort kommen zu lassen. Es ist an der Zeit, in die Unterwelt zu gehen, bevor die Hölle losbricht!

Die Vorstellungen von paradiesischem Himmel und höllischer Unterwelt waren nicht von Anfang an festgelegt, sondern haben sich in bestimmten Kulturen erst entwickelt.

Himmel und Höllen

Die Vorstellung, dass es eine andere Welt als nur die materielle gibt, haben die Menschen schon seit Anbeginn gehabt. Diese Welt ist in den Konzepten der Religionen in den unterschiedlichsten Regionen angesiedelt, und es existieren Geistwesen jeglicher Art in ihr. Der erdgebundene Mensch hat zwei Blickrichtungen zur Auswahl, um dem Unerreichbaren, jenen anderen Welten, einen Platz zu geben – den Blick nach oben und den nach unten. In diesen Zonen – in der Ober- und der Unterwelt – wurden auch die Götter angesiedelt.

Die Natur war Vorbild für die Vorstellung von der Hölle: Wo Feuer und Rauch in Vulkanausbrüchen aus der Erde treten, konnte das Höllenfeuer nicht weit sein.

Die Götter im Himmel

Der Himmel oben ist entweder von der Sonne hell erleuchtet oder funkelt nachts im Sternenlicht, während der wandelbare Mond seine Kreise zieht. Die Sehnsucht nach dem Unendlichen hat ihn zur Wohnstätte der Götter und auch der Ahnengeister gemacht und die Menschheit beflügelt, den Griff zu den Sternen zu wagen. Die Entwicklung der Raumfahrt und der modernen Astronomie ist der aktuellste Ausdruck dieser Sehnsucht, die Bindung an die Erde zu verlieren und die Weiten des Weltalls und des Himmels kennen zu lernen und den Horizont zu erweitern.

Oben wohnt das Gute, unten das Böse oder zumindest Unheimliche – auch die Götterwelt ist in diese beiden Sphären eingeteilt.

Eisige Höhen, wärmende Tiefen

Der Blick nach unten ist nicht so »erhebend«. Doch auch dort, wo sich die Erde auftut, in Schluchten, Kratern und Höhlen, wirken gewaltige Kräfte, die sich dem menschlichen Einfluss entziehen. Mit Erdbeben, Vulkanausbrüchen, Lawinen und sprudelnden Quellen machen die chthonischen Götter, die Mächte der Unterwelt, auf sich aufmerksam.

Doch weder Oben noch Unten sind eindeutig dem Guten oder dem Bösen zuzuordnen, denn auch der Himmel hat seine erschreckenden, kalten und dunklen Fernen oder seine explodierenden Feueröfen, und die Erde hat auch ihre schützenden, bergenden und warmen Tiefen. Der Körper des Menschen kehrt nach seinem Tod zur Erde zurück, wird wieder zu Erde und entsteht in einer anderen Form zu neuem Leben. Die Seele aber mag sich zum Himmel erheben, und in dieser Unendlichkeit findet auch sie zu einer neuen, anderen Form.

Chaos am Beginn

In den Schöpfungsmythen der Welt herrscht zu Beginn das große Chaos, und erst mit dem schöpferischen Gedanken trennen sich Himmel und Erde voneinander. Was sich dann aber in der einen wie in der anderen Sphäre abspielt, ist Ansichtssache der einzelnen Kulturen. Bevor Sie sich Ihren eigenen Höllenvorstellungen widmen, entführe ich Sie jetzt erst einmal in die verschiedenen Unterwelten, die uns überliefert sind.

Ägypten – ein Jenseits ohne Verdammnis

Die ägyptischen Göttinnen und Götter haben meist ein tierisches Merkmal, so wie Bastet einen Katzenkopf, Hathor einen Kuhkopf oder Sobek einen Krokodilkopf trägt, und sie sind ebenso gnädig, wie sie auch übelwollend sein können. Manche von ihnen wurden bevorzugt verehrt, wie gerade die katzenköpfige Bastet, die Fruchtbarkeit, Liebe und Anmut verkörpert, oder der weise und wissende Thot. Vor allem aber liebte man Isis, die mütterliche, fürsorgliche Göttin, die die Menschen umsorgt und sie lehrt. Eher gefürchtet wurde beispielsweise die löwenköpfige Sekhmet, die auf Menschen nicht so gut zu sprechen war und sie im Zorn zu zerreißen drohte, und auch Seth hatte einen üblen Ruf, weil er voller Missgunst seinen Bruder Osiris ermordet hatte. Da aber die Ägypter wussten, dass ihre Götter nur so lange existieren konnten, wie die Menschen sie anbeteten, verehrten und ihnen kultische Rituale widmeten, lag auch ein gegenseitiger Einfluss vor: Die Götter starben, wenn sie nicht mehr benötigt wurden. Und sie entstanden in neuer Gestalt – denn die archetypischen Kräfte sind unsterblich.
Dämonen gab es bei den Ägyptern auch, hässliche, widerwärtige Gesellen, die Krankheit, vor allem Fieber, und Unglück brachten. Sie hausten jedoch nicht in einer separaten Unterwelt, sondern sozusagen am Rande der guten Gesellschaft. Sie waren Abschaum, der sich in der Wüste, in der Finsternis und im Chaos aufhalten musste – also an Orten, die als lebensfeindlich galten.
Nach dem Tod hatte der Mensch zwar durch verschiedene Stadien hindurchzugehen, Rechenschaft über sein Leben abzulegen und sein Herz zum Wiegen abzugeben, aber von irgendwelchen Formen der Verdammnis oder Folter ist keine Rede. Der Verstorbene lebte in der Welt der Götter und Geister in veränderter Form weiter.

In Ägypten gab es eine dezidierte Vorstellung vom Dasein nach dem Tod, weshalb den einbalsamierten Verstorbenen auch alle Annehmlichkeiten des Lebens mit ins Grab gegeben wurden.

Die Anderwelt – Durchgangsstation bis zur Wiedergeburt

Eine ähnliche Vorstellung hatten auch die Kelten von den geistigen Welten. Es gab verschiedene davon, doch keine vermittelt uns höllische Bedingungen. Tir na nOg, das Land der ewigen Jugend, Tir Tairngire, das Land der Verheißung, Tir sorcha, das Land der Helligkeit und so ähnlich heißen die Bereiche der Anderwelt. Sie können unter der Erde liegen oder unter Wasser, auf fernen Inseln und hinter

den Nebeln. In der Anderwelt treffen die Götter und die Verstorbenen zusammen, doch eine Rückkehr war immer dann möglich, wenn in der realen Welt ein Kind geboren wurde. In diesem Fall starb der Mensch in der Anderwelt.
Doch auch zu Lebzeiten haben die Kelten dieses Zwischenreich besuchen können. Die Mythen berichten ausgiebig über Reisen in das Reich der Feen und Elfen. Natürlich sind hier nicht nur lichtvolle Gestalten zu finden, auch grausame Geister, Ungeheuer, übelwollende Zauberer oder Riesen liefern sich mit den Helden schreckliche Schlachten. Ebenso sind die Götter schon mal ungnädig und zeigen den Menschen ihre zerstörerischen Seiten. Aber meist sind sie großzügig, gastfreundlich und vor allem begeisterte Künstler und Handwerker, die ihr Wissen gerne an die Sterblichen weitergeben und ihnen damit im Leben helfen.

Das Jenseits der Kelten war weder langweilig noch grausam, es schien ihnen im Gegenteil ein erstrebenswerter Aufenthaltsort zu sein.

Langeweile im griechischen Schattenreich

Wenn Zeus, den griechischen Göttervater, die Wut packte, dann schleuderte er schon mal den einen oder andern Gott oder Halbgott vom Olymp herunter. Wenn er Pech hatte, landete der Bestrafte unsanft im Tartaros, einem dunklen Ort in der Tiefe. Die griechischen Götter waren durchwegs mit menschlichen Eigenschaften ausgestattet, mit allen Lastern und Tugenden. Sie waren zuweilen launisch, manchmal zornig, oft gerecht oder auch gnädig und verständnisvoll.

Die Unterwelt der Griechen wurde von den Schattengestalten bewohnt, denen sie wenig Abwechslung bot, aber auch auf den Elysischen Feldern herrschte gepflegte Langeweile.

Nicht nur die vom Olymp verbannten Götter, auch die Verstorbenen mussten sich auf den Weg zur Unterwelt machen. Dazu überquerten sie den Styx, den Fluss des Vergessens, wobei ihnen der Fährmann Charon behilflich war, und zu ihrem Empfang heulte der dreiköpfige Hund Cerberus. Die Unterwelt wurde vom König der Toten, Hades – später Pluto genannt – regiert, und die Seelen führten ein schattenhaftes Dasein ohne Hoffnung auf Wiederkehr. Frevler hatten dabei auch noch unter Aufsicht diverser Göttinnen und Götter saftige Strafen abzubüßen. Aber nicht alle mussten in diese trostlose Welt hinabsteigen, verdienstvolle Helden führten ihr ewiges Leben in den elysischen Gefilden weiter, einer reizvollen Landschaft, in der sie dem Müßiggang frönen durften. Ob diese Vorstellung jedoch attraktiver war als das Schattendasein, sollte man sich gut überlegen – ewiger Müßiggang bedeutet ewige Langeweile.

Dämonen gab es bei den Griechen auch, aber sie hatten eine völlig andere Bedeutung als die lästigen Quälgeister, die wir kennen. Sie sind keine unangenehmen Gesellen, sondern Vermittler zwischen Menschen und Göttern. Sie können die Menschen sowohl zu guten wie zu bösen Taten verleiten.

Die Römer sahen ihre Götter und deren Aufenthaltsorte höchst pragmatisch, was sie verhältnismäßig tolerant gegenüber anderen Religionen machte.

Drittklassige römische Dämonen

»Die Römer haben nie einen Teufel gehabt, nur etliche drittklassige Dämonen, Lemuren, die in dunklen Häusern herumspukten!«, sagt Gerald Messadié in seiner Untersuchung über die Geschichte des Bösen. Die Römer hatten auch keine spezifische Unterweltsvorstellung, und ihre Götter wurden meist nach praktischen Gesichtspunkten verehrt. Da gab es den Gott des Pflügens, Vervactor, den Gott des Eggens, Imporcator, und den Gott des Säens, Insitor, die entsprechend ihrer Aufgaben in Feld und Garten benannt wurden. Dann gab es noch den Blitzeschleuderer Jupiter, den Kriegsgott Mars, die Liebesgöttin Venus und andere bis heute bekannte Gestalten, die weitgehend aus der griechischen Götterwelt mit neuen Namen übernommen wurden. Pikant in dem Zusammenhang ist, dass die pragmatischen Römer auch eine Göttin der Diebe namens Laverna verehrten.

Praktischerweise ließen sich auch die späteren Kaiser zu Göttern ernennen und mit eigenen Altären und Zeremonien verehren. Die Einhaltung der gesellschaftlichen Gesetze des Zusammenlebens scheinen den Römern ohnehin wichtiger gewesen zu sein als die Vorstellung, sich nach dem Tod einer gerichtlichen Untersuchung zu unterziehen.

Die verstorbenen Ahnen lebten als Hausgenossen, als Lares familiares, weiter und wurden in privaten Kulten verehrt oder auch nicht.

Germanische Nebelwelten und Saufgelage

Die Germanen, die eine schamanisch beeinflusste Religion hatten, unterteilten die Welt in verschiedene Bereiche. In Asgard wohnen der Mythologie nach die Asen, die germanischen Götter. Midgard ist die menschliche Welt der Mitte, des Verstandes und der Gefühle, Utgard, »die Welt außen«, das Reich der Instinkte und Besessenheiten, wo auch die Dämonen und Riesen leben, und Frau Hels Heim

voller Nebel ist die Unterwelt Niflheim. Da die germanischen Götter rechte Säufer und Raufer waren, gibt es in Asgard natürlich auch eine Festhalle: Walhall. Hier präsidiert der einäugige Odin über die ruhmreich gefallenen Krieger bei Met und fröhlichem Gezänk.
Wer nicht das Glück hatte, bei einer kriegerischen Handlung den Heldentod zu sterben, musste sich in die nebeligen Gefilde zur Göttin Hel hinabbegeben. Die örtlichen Bedingungen ihrer Unterwelt waren fast so trostlos wie die des griechischen Hades, doch von Bestrafungen wurde auch hier weitgehend abgesehen. Dafür gab es bei der Bewirtung das Besteck mit dem verheißungsvollen Namen »Hungersnot«, das von der Magd »Trägtritt« auf dem Tisch »Hunger« ausgebreitet wurde, und man schlummerte hinter dem Bettvorhang »Jämmerlich blass«. Doch die Qualen der Hölle kannte man bei Hel ebensowenig wie bei den Kelten und Römern, sondern nur die Abkehr von allen weltlichen Genüssen. Wie erschreckend das den Lebenden auch erscheinen mag, die Toten mögen dem einen anderen Wert beimessen.
Dämonen sind bei den Germanen auch weit und breit nicht in Sicht, nur einige Riesen, Trolle, dunkle Elfen und Zwerge mit höchst menschlichen gemischten Charakterzügen.

Die ersten Hinweise auf eine höchst unangenehme Unterwelt finden sich im Zweistromland, das von häufigen Naturkatastrophen heimgesucht wurde.

Die sieben Pforten der Unterwelt

Aus Mesopotamien ist uns das gewaltige Epos von Gilgamesch überliefert, das Auskunft über die religiöse Vorstellungswelt in einer der ältesten Kulturen gibt. Die Geschicke von Göttern und Halbgöttern, Dämonen und Menschen sind darin eng miteinander verwoben. Eine Episode beschreibt, wie die Göttin Inanna freiwillig in die Unterwelt hinabsteigt. Sie begründet diesen wagemutigen Ausflug mit ihrer Neugierde, sie kennen zu lernen. An sieben Toren gibt sie siebenmal einen Teil ihrer Identität ab, bis sie nackt und bloß auf die Herrin der Unterwelt, Ereschkigal, trifft, die ihr auch noch das Leben nimmt. Aber die dunkle Welt, in der die Göttin gelandet ist, ist keine Sackgasse. Mit Hilfe ihrer Freunde kann sie ihr wieder entkommen. Zumindest in diesem Epos ist die Unterwelt weniger ein Bereich der Strafe als der einer intensiven Erfahrung. Andererseits hat in Mesopotamien auch die Vorstellung der Sintflut ihren Ursprung und damit das Bild der rachsüchtigen Götter, die mit Naturkatastrophen die Menschen bestrafen.

Ewig dreht sich das Rad der Wiedergeburt im Hinduismus

Für uns Europäer erscheint der hinduistische Götterhimmel als ein recht undurchdringliches Gewimmel von ständig sich wandelnden Gestalten. So vielgestaltig wie die Mythen und Kulte sind auch die religiösen Strömungen, aber eines ist ihnen gemeinsam – die Hölle in irgendeiner Unterwelt gibt es nicht. Dafür werden diejenigen, die sich in ihrem Leben nicht korrekt verhalten, so lange wieder geboren, bis sie verstanden haben, wie man es richtig macht, um von diesem Kreislauf erlöst zu werden. Da die Götter und Göttinnen selbst sowohl Schöpfer als auch Zerstörer sind, Todbringer oder Heiler, in stetem Wechsel, haben Dämonen keine Chance.

Die Vorstellung, dass alles in der Natur – Lebewesen, Pflanzen und Gegenstände – beseelt ist, nennt man Animismus. Er dient als Grundlage für die asiatischen Naturreligionen.

Der lächelnde Buddha hat zwar zu Lebzeiten mit dem böswilligen Mára zu ringen, der von einer hässlichen Bande übel wollender Geister begleitet wird. Es sind die Fleischeslust, Abscheu vor dem höheren Leben, Hunger und Durst, Begierde, Schlaffheit und Faulheit, Feigheit, Zweifel, Heuchelei und Starrsinn, Gewinnsucht und falscher Ruhm, Selbstverherrlichung und Verachtung für andere. Doch der Erleuchtete überwand diese Versuchungen. Der Buddhismus kennt zwar auch Bestrafungen nach dem Tod für verfehltes Leben, aber das Rad der Wiedergeburt dreht sich weiter, und selbst der übelste Verbrecher wird schließlich wieder geboren und kann in seinem neuen Leben an seinem Karma arbeiten.
Gut und Böse leugnet diese Religion nicht, doch beides wird als irdische Illusion erkannt – der Hinduismus liefert damit eine schwierige, aber lohnenswerte Vorstellung.

Die Heimat der putzigen Monster

Der asiatische Bereich ist, wenn auch in unterschiedlichen Ausprägungen, weitgehend von einem Ahnenkult durchzogen, der seine Ursprünge im Schamanismus hat. Darum sind die Geisterwelten dicht bevölkert mit den Seelen der Verstorbenen, mit Tiergeistern, göttlichen und dämonischen Wesen. Darüber entwickelten sich Philosophien, die die Ethik und das Zusammenleben in dieser Welt regelten; Laotse und Konfuzius sind ihre bekanntesten Vertreter. Von Hölle und Verdammnis ist bei diesen Lehrern nicht die Rede. Taoismus und Konfuzianismus waren für das einfache Volk schwer zu verstehen, und sofern sie sich nicht in staatlichen Anweisungen nieder-

schlugen, respektierten die einfachen Leute weiterhin die Natur- und Ahnengeister. Deren Anzahl ist Legion, und sie sind sowohl nett als auch unfreundlich, hilfsbereit oder treiben kindischen Unfug, bringen Glück oder werden bösartig. Genauso vielseitig sind auch ihre bildhaften Darstellungen, wie die grinsenden Fuchsgeister oder die freundlich winkenden Glückskatzen zeigen.
Es ist eigentlich kein Wunder, dass uns Japan in der Gegenwart nicht nur Godzilla, sondern auch die putzigen Pocketmonster Pokémon beschert, die Ungeheuer im handlichen Taschenformat. Denn: wie oben, so unten!

Die Mächte der Finsternis und des Lichts

Die Priester der zoroastrischen Religion wurden übrigens Magi genannt. Sie galten als Seher, Weise und Zeremonialmeister.

Also sprach Zarathustra: »Es gibt das Gute und das Böse! Ahura Mazda ist der Herrscher des Lichtes, und Ahriman ist der Herrscher der Dunkelheit.«
Wann diese profunde Erkenntnis die Perser beeindruckte, darüber gehen die Meinungen weit auseinander. Sie reichen von 6000 bis 600 Jahren vor unserer Zeitrechnung. Aber hier wird das erste Mal Gut und Böse sauber getrennt und zwei Göttern eindeutig zugewiesen. Zwischen beiden herrscht ein gnadenloser Krieg, der mit dem Beginn der Zeit anfing und bis zum Ende aller Zeiten dauern wird.

Jede Kultur schuf sich ihren Götterhimmel, manchmal ganz bildhaft, konkret und vielfigurig, manchmal spirituell wie im Buddhismus.

Der lichtvolle Ahura Mazda oder Ormuzd, der weise Gott, wurde in der leuchtenden Sonne verehrt. Der Bösewicht Ahriman hingegen wird irgendwann besiegt und mit seinen Anhängern in seiner Hölle schmoren, von der ich leider keine Beschreibung gefunden habe.
Immerhin sind viele Grundgedanken Zarathustras später in die monotheistischen Religionen eingeflossen, wie etwa der erwartete Messias, die Wiederauferstehung der Toten und das Gericht, das die Guten belohnt und die Bösen bestraft.
»Satan wurde also um 600 v.u.Z. im Iran geboren, und es waren die Magier, die ihn, falls man das so sagen darf, über das Taufbecken gehalten haben. Und die Entscheidung war eine politische«, stellt Messadié in seiner Untersuchung über das Böse lapidar dazu fest.

Gehenna, das übelriechende Tal voller glühendem Abfall, wurde im Islam zur Dschehenna.

Müllverbrennungsanlage Gehenna

Das Judentum kennt zunächst einmal auch keine richtige Hölle. Nach dem Tod kamen die Verstorbenen in die Scheol, das Land des Schweigens und Vergessens, das ähnlich trübsinnig wie der Hades erscheint, das aber keinen Teufel beherbergte. Den brauchte man im alten Israel auch nicht, denn der alttestamentarische Gott ist von herbem Charakter und weiß selbst entsetzlich zu strafen. Dämonen gab es allerdings: Sie sind entweder die eroberten fremden Götter oder von Gott verstoßene Engel, die dem Herrn widersprochen hatten.
Aber es gab einen Ort, der dazu geeignet war, das zukünftige höllische Vorbild abzugeben. Im Tal Hinnom, Ge Hinnom, später Gehenna, das vom südwestlichen Teil der Mauer von Jerusalem zum Kidron-Tal hinabführt, war eine gewaltige Müllkippe entstanden, in der sich der städtische Abfall sammelte, zu dieser Zeit vornehmlich organische Stoffe. Dort schwelten ständig stinkende Feuer, lungerten die Aasfresser herum, und der Verwesungsgeruch hing schwer über dem Tal. Hin und wieder warf man Verbrecher in diese Schlucht.
Es war wirklich »die Hölle, wo ihr Wurm nicht stirbt und das Feuer nicht erlischt« (Mk. 9,43). Es war Jesus, der diese Hölle erstmals beschrieb, und damit ist sie uns bis heute erhalten geblieben – eine übel riechende Müllverbrennungsanlage, in der alles das verkommt, verbrennt, verkohlt, von Aasfressern zerrissen und von Maden aufgefressen wird, was in der schönen, reinen, lichten Oberwelt nicht mehr benötigt wird oder störend wirkt. Pfui Teufel!

Höllenfahrten und schwarze Magie

So hell wie der Himmel strahlt, so finster droht die Hölle. Wir wissen nicht, ob die alten Ägypter glücklicher waren als wir heute oder die Kelten weniger Angst hatten, aber vermutlich waren sie viel weniger neurotisch. Es ist einigermaßen schwer, die 2000 Jahre alte, tief verwurzelte Vorstellung einer Bestrafung nach dem Tod abzulegen, die selbst heute noch den Kindern eingeimpft wird. Was immer in der schwarzen Magie betrieben wird, es benutzt die Bilder der Angst, die zuvor zur Abschreckung aufgebaut wurden. Schwarze Magie holt die verwesenden Leichen aus dem Müll wieder hervor; deshalb verwenden die unbedarften Adepten dieser Kunst auch mit Vorliebe blutige Totenköpfe, verdorbenes Fleisch und dergleichen Produkte mehr.

Einer der gängigsten Flüche, die in den allgemeinen Sprachgebrauch übergegangen sind, ist nichts anderes als schwarze Magie: Jemanden in die Hölle zu wünschen.

Abstieg in die Hölle

Die hohe schwarze Magie benötigt keine Totenkopfamulette oder Dämonensiegel, aber auch sie bringt die verwesenden Leichen an die Oberfläche. Sie können mitunter schrecklicher sein als alles, was sich ein praktischer Magier an rituellen Hilfsmitteln ausdenken kann. Sie können sich aber auch als sauber abgenagtes, trockenes Gerippe entpuppen, das auf seine Grundform reduziert wurde und nun langsam zu Staub zerfällt. Und dann verliert die Unterwelt nach und nach wieder ihre Schrecken und wird zu einem Ort, in dem nur noch die Schatten leben. Oder sie wird plötzlich einfach nur eine andere Welt, zwar nicht frei von Ungeheuern oder Riesen, damit man des langweiligen Müßiggangs nicht überdrüssig wird, sondern auch eine Welt voller unterhaltsamer und inspirierender Geister. Die großen Mythen und Legenden der Welt beschreiben in der einen oder anderen Form immer wieder Höllenfahrten der Helden und Heldinnen, ob es Orpheus in der Unterwelt ist oder König Artus, der den Kessel der Anderwelt erobern will, Persephone, die von Hades entführt wird, oder Inanna, die freiwillig hinabsteigt.

Bild links: Die griechische Mythologie stellte sich den Weg in den Tod als Überfahrt über einen Fluss vor: Der Kahn des Fährmanns Charon bringt die Verstorbenen in den Hades.

Wie gelangt man in die Hölle?

Eine Erfahrung der hohen Magie oder der Mystik zu vermitteln ist ein ungemein schwieriges Unterfangen, denn Worte werden nur selten den Erkenntnissen gerecht, die man dabei macht. Dennoch haben immer wieder Lehrer, Weise und Berufene versucht, einem interessierten Kreis von Menschen das Erlebnis der Erleuchtung nahe zu bringen. Da Worte alleine nicht ausreichen, sondern Bilder und Symbole bei diesem Vorgang zum Leben erweckt werden, sind daraus rituelle Mysterienspiele entstanden, die nicht allein zum reinen Anschauen, sondern vor allem zum Miterleben dienten.

In den Mysterien wurde dem Einzuweihenden sehr plastisch der Mythos nahe gebracht – und zwar in Form eines interaktiven Schauspiels.

Die Mysterien von Eleusis

Eine der bekanntesten Veranstaltungen der Antike waren die Mysterien in der griechischen Stadt Eleusis bei Athen. Um sie lag viele Jahrhunderte lang der Schleier des Geheimnisses, denn die Eingeweihten schworen, nie ein Wort über das Erlebte zu verlieren, und es scheint, dass sie sich ausgesprochen streng daran gehalten haben. Doch es ist inzwischen gelungen, diese Mysterien zum Teil zu rekonstruieren, wahrscheinlich, weil den Forschern und Wissenschaftlern nicht mehr die engen Grenzen eines dogmatischen Glaubens auferlegt sind und eine freiere Sicht auf alte Riten möglich ist.

Demeter – die Erdmutter

Demeter, die Erd- oder Kornmutter, war bei den Griechen zuständig für Wachstum, Ernte und Welken in der Natur. Ihr Name setzt sich aus »de« für Erde und »meter«, was Mutter bedeutet, zusammen. Die blonde Göttin wird meist mit Weizenähren in der Hand dargestellt. Sie finden ihr Bildnis sogar heute noch hin und wieder in Form von Marienbildern. Die Maria im Ährenkleid ist ihre Nachfolgerin geworden. Demeter hat eine Tochter, Kore. »Kore« bedeutet einfach nur Mädchen, aber sie tritt später noch in einer anderen Gestalt auf, als Persephone oder Proserpina, und sie ist die Zerstörerin, die Herrin der Unterwelt. Die Hexen unter Ihnen werden eine bekannte Dreifaltigkeit darin erkennen. Folgen Sie mir also mit Demeter und Kore in das Reich des Hades.

Der Raub der Kore

In Begleitung ihrer Freundinnen pflückt Kore an einem lichten Frühlingstag auf einer blütenübersäten Wiese Blumen. Doch die Idylle wird jäh unterbrochen, denn die Erde tut sich auf, und auf seinen Rössern stürmt Pluto auf sie zu. Er entführt das Hilfe rufende Mädchen in sein schattiges Reich, den Hades. Demeter hört zwar noch die Schreie ihrer Tochter, kann sie aber nicht mehr retten. Voller Trauer und Zorn wandert sie durch die Welt und sucht vergeblich nach ihrem Kind. Schwarz gekleidet, fastend und mit Fackeln in den Händen irrt sie umher, und erst von Hekate und Helios bekommt sie den Hinweis, dass Kore mit Billigung von Göttervater Zeus zu Plutos Gemahlin und zu Persephone geworden ist. Demeter grollt, und wenn eine Fruchtbarkeitsgöttin ungehalten und wütend ist, dann hört das Wachstum auf, die Felder bleiben unfruchtbar, die Ernte verdorrt und kein Samen im Boden keimt.

Der Demeter-Mythos versinnbildlicht den Jahreslauf. Im Winter ist die Erde in Trauer, wenn ihre Tochter in die Unterwelt zurückkehrt. Es gibt kein Wachstum, bis Kore wieder bei ihrer Mutter ist.

Die Klagen der Hungernden und vor allem die fehlenden Opfergaben machen Zeus schließlich auf den von Demeter verursachten Missstand aufmerksam, und er schickt Götter und Göttinnen vom Olymp zu ihr, um sie umzustimmen. Die Trauernde lässt nicht mit sich reden. Erst wenn sie ihre Tochter wieder bei sich hat, will sie die Erde wieder fruchtbar machen. Zeus hat Verständnis für diese Haltung und schickt den Götterboten Hermes zu Pluto, der diesen

Als ihre Tochter Kore geraubt wurde, versank Demeter, die Göttin der Fruchtbarkeit und des Wachstums, in Trauer, und nichts wuchs mehr auf der Erde.

überredet, seine Gemahlin ihrer Mutter zurückzugeben. Lächelnd willigt der Herr der Unterwelt ein, aber sein Handeln ist nicht frei von List. Als er sich zärtlich von Persephone verabschiedet, reicht er ihr süße Granatapfelkerne, die sie isst. Damit ist sie an ihn gebunden und muss ein Drittel des Jahres im düsteren Dämmer verbringen, dessen Königin und Herrscherin sie nun ist.
Mutter und Tochter begegnen sich voller Freude, und Demeter wird überredet, die zeitliche Teilung anzuerkennen. Und damit wird die Erde wieder fruchtbar.
Soweit die kurze Zusammenfassung des Demeter-Mythos. Die sich darin verbergende Botschaft wurde den Suchenden während der neuntägigen großen Mysterien offenbart. Sie waren ein gewaltiges religiöses Schauspiel mit Publikumsbeteiligung, das jeweils im September und Oktober in Eleusis begangen wurde.

Die persönliche Betroffenheit innerhalb eines heiligen Erlebnisses hat die Initianden zutiefst beeindruckt, und keiner hat je verraten, was er wirklich erlebt hat.

Die Feiern der Einweihung

Mit seinem geistigen Berater, dem Mystagogen, machte sich der Initiand auf den Weg nach Eleusis. Die rituellen Handlungen begannen mit der Reinigung, einem Bad im Meer. Dabei wurden auch die Ferkel gewaschen, die anschließend als Opfergaben für Demeter dienten. Aber auch Votivfiguren in Schweineform wurden ihr geweiht, und daher haben wir heute noch immer Schwein, wenn wir Glück haben. An den folgenden Tagen fasteten die Mysten (die Einzuweihenden) im Gedenken an die trauernde Demeter. Dann versammelten sie sich zu der 20 Kilometer langen Prozession zum Heiligtum. Dabei führten die Priester und Priesterinnen die Kultbilder und Körbe mit den heiligen Gegenständen mit sich. Die Mysten trugen mit Blumen und Myrtenzweigen bekränzte Stäbe, an denen die Beutel mit Proviant und den neuen Kleidern hingen. Mit der Überschreitung des Flüsschens Kephissos war der heilige Bezirk erreicht, und um den »Brunnen der schönen Tänze« tanzten die Mysten aus Freude, endlich am Ziel angekommen zu sein. Am Abend wurde das Fasten gebrochen, doch nur ein Getränk aus Gerstenmehl, Graupen und Minze durfte man zu sich nehmen.
Zuschauer und Begleiter der Einzuweihenden hatten nun den heiligen Bezirk zu verlassen, und die Mysten begingen die heilige Weihenacht. Sie verhüllten ihr Haupt und mussten sich den Flammen der Fackeln stellen, was vermutlich ziemlich beängstigend war.

Dieser Teil der Mysterien galt als Reinigung durch das Feuer. Dann durften die Einzuweihenden, noch immer verhüllt, die heiligen Gegenstände berühren.

Begegnung mit den göttlichen Gefühlen

Alles das hört sich bis hierhin reichlich nüchtern an und wirkt auf Sie wahrscheinlich sehr wenig mysteriös. Aber versuchen Sie sich zum besseren Verständnis in einen der Teilnehmer hineinzuversetzen. Sie sind mit dem Bewusstsein aufgebrochen, ein unergründliches Geheimnis für sich zu entdecken. Sie haben schon tagelang zusammen mit anderen rituelle Handlungen durchgeführt, haben gefastet und sind über den Hunger hinaus in einem höchst aufnahmebereiten Bewusstseinszustand.

Extremsituationen zu erleben bedeutet in jedem Fall eine Änderung der Sichtweise auf das Leben – in welche Richtung auch immer.

Sie werden von Ihren Freunden und Verwandten getrennt, die Augen werden Ihnen verbunden, und was um Sie herum vorgeht, können Sie nur erahnen. Sie sind der Situation vollkommen ausgeliefert. Und nun werden Sie in die Unterwelt geführt, zur Grotte des Hades. Sie werden geraubt wie Persephone, und in den düsteren Kammern der Höhle lauern die – unter Mitwirkung der Priesterinnen – ganz handfesten Schrecken der Unterwelt. Gesänge und Anrufungen machen Sie eins mit der trauernden Göttin, und das blinde Herumirren der suchenden Mutter führt Sie über dunkle Stiegen und enge Gänge schließlich bis hin zur Weihehalle. Hier zeigt der Hohepriester noch einmal die heiligen Gegenstände, Symbole, deren Bedeutungen sich nach der anstrengenden Wanderung im Dunkel plötzlich erschließen. Dann umhüllt Sie wieder die schweigende, erwartungsvolle Finsternis. Sie warten und haben keine Ahnung, was geschehen mag. Dann eine blendende Helligkeit, ein loderndes Feuer, Gongschläge und die Anrufung der Göttin, der Erdmutter, mit ihren uralten Namen. Und es erscheint Kore, das Mädchen mit dem göttlichen Kind.

Nach Reinigung und Fasten nahm der Myste seine trauervolle, verwirrende Wanderung durch die Schatten der Unterwelt auf, Beteiligter und Schauender, der Trostlosigkeit, Zorn und Angst selbst erlebt, um aus dieser Verwirrung heraus den tieferen Sinn des Mysteriums zu erkennen. Wenn er dann das Licht sieht, wird ihm bewusst, dass aus dieser Dunkelheit, aus der Überwindung der Abgründe neues Leben erwächst.

Ein eigener Versuch, die Mysterien zu erkunden

Was die Einweihungsriten von Eleusis den Mysten vermitteln sollten, ist das, was man auch mit einem Gang durch die Hölle oder in die Unterwelt bezeichnet.

Durch die Hölle zu gehen bedeutet, ein erschütterndes Erlebnis zu überleben. Wer das tut, dessen Weltbild ist anschließend nicht mehr so, wie es vorher einmal war. Es ist die schmerzhafteste und gefährlichste Form, wie man seine Grenzen überschreitet und neue Erkenntnisse über sich und die Welt erwirbt. Die Tarotkarte Der Turm symbolisiert eine solche Erfahrung.

Grenzen überwinden und eine neue Stufe der Erkenntnis zu erlangen, das ist auch Inhalt der Initiationsriten aller Völker. Die Initianten werden zum Teil brutalen Zeremonien unterzogen, voller körperlicher Schmerzen und seelischer Qualen, werden mit dem Schrecken konfrontiert und sterben einen rituellen Tod, um als neuer Mensch wieder zurück in die Gemeinschaft geführt zu werden.

Aus dem Mysterienkult von Eleusis können wir lernen: Wer sich selbst überwindet, der kann durch nichts mehr bedroht werden.

Ich will es noch einmal folgendermaßen zusammenfassen: Wir bauen beständig Grenzen um uns herum auf, aus Gewohnheiten, Traditionen, Vorurteilen und Tabus, die nach und nach die Sichtweise auf die Geheimnisse des Lebens verbauen. Wenn die Mauern zu hoch und zu dick werden, bedarf es der Katastrophe, um den Blick wieder freizumachen.

Doch muss man die Erweiterung der Grenzen nicht auf die drastischste Form erleben, um seine innere Freiheit zu erhalten. Wenn man mutig und ehrlich genug ist, sich selbst hin und wieder in Frage zu stellen, und mit eigener Hand die Mauern durchlässig macht, dann braucht es nicht zur Katastrophe zu kommen. Was zu tun ist, gehört aber zu dem, was man gemeinhin mit schwarzer Magie beschreibt, denn Sie rufen dazu die Geister der Finsternis an. Sind Sie bereit, eine Höllenfahrt zu unternehmen?

Gehen Sie doch zur Hölle!

Natürlich sind Höllenfahrten nicht jedermanns Sache. Sie können jetzt das Buch zuschlagen und beschließen, sich nie und nimmer derartigen Unannehmlichkeiten zu stellen. Das ist Ihr gutes Recht. Sie geben damit aber eine Chance aus der Hand, nämlich die, dem eigenen Schatten zu begegnen und dessen verborgene Kraft für sich zu nutzen. Die alten Magier haben es immer so umschrieben, dass die Dämonen, wenn sie denn willfährig gemacht waren, ihren Beherrschern kostbare Schätze und übernatürliche Fähigkeiten schenkten. Und was ist wertvoller als geistige Gesundheit, innere Freiheit und Heiterkeit!

Sie können für den Einstieg auch das Symbol des Erd-Tattwa benutzen, um in eine tiefe Höhle zu gelangen. Von dort werden Sie Ihren Weg finden.

Vorbereitungen zu den Kulthandlungen

Die technische Seite des Visualisierens und einen Ihnen angenehmen Trance-Einstieg sollten Sie bereits beherrschen, wenn Sie sich auf den Weg ins Schattenreich machen. Zusätzlich ist es bei der Konfrontation mit den dunklen Kräften nützlich, wenn Sie die Trance in ein stabilisierendes Ritual einbauen und sich möglicherweise der Hilfe guter Freunde versichern. Sie müssen ihnen aber wirklich vertrauen können, denn was Sie erleben, kann ziemlich an die Substanz gehen und sollte nicht unbedingt zum Beitrag späterer Partygeschichten werden.

Auf jeden Fall sollten Sie einen angenehmen Raum wählen, in dem Sie sich wohl fühlen. Es kann auch hilfreich sein, wenn Sie sich in eine warme, weiche Decke wickeln. Das erhöht das Gefühl, geschützt zu sein, und wärmt Sie, wenn Sie eine innere Kälte schüttelt. Selbstverständlich sind Erdung, Schutz und Reinigung vor und nach der Reise angebracht.

Einstieg in die Unterwelt

Um in die unteren Welten zu gelangen, können Sie als Einstieg eine Treppe visualisieren, die Sie Stufe für Stufe hinabsteigen. An ihrem Fuß werden Sie eine Tür finden, durch die Sie in jene andere Welt treten können. Meist bestimmt die Intention, mit der man die Reise antritt, das, worauf man zunächst trifft. So kann man sich selbstverständlich eine schöne, heile Welt wünschen und sich anschließend zwischen den tanzenden Elfen wiederfinden. Das ist eine hübsche Erfahrung und zum Üben geeignet. Diesmal aber sollte Ihre Absicht sein, die unbekannten Abgründe zu erforschen, und da ist es möglich, dass Sie sich in finsteren Höhlen, wabernden Nebelschwaden, in den lichtlosen Tiefen des Meeres oder gar auf dem feurigen Grund eines Vulkans wiederfinden.

Auseinandersetzung mit den Wesen der Unterwelt

Die Reise kann harmlos mit einem fröhlich plätschernden Bächlein anfangen und in einem Meer von Blut und Leichen enden. Es werden Ihnen verschiedene Gestalten – tierische, menschliche oder monströse – begegnen, die Ihnen den Weg versperren oder Sie angreifen wollen. Aber im Gegensatz zum Traumgeschehen können Sie jetzt eingreifen. Sie kontrollieren diese Welt, es ist Ihre eigene, samt ihren unangenehmen Bewohnern. Sie können die Monster wegschicken oder den Kampf mit ihnen aufnehmen, Sie können fliehen oder Schutzgrenzen ziehen. Sie können sich Waffen schaffen, die Ihnen helfen, die Dämonen in Schach zu halten. Die Magie verwendet das Schwert, den Stab, manchmal als Fackel, aber auch als Lanze, und den Schild. Wenn es irgendwie möglich ist, sollten Sie versuchen, den Namen Ihres Angreifers zu erfahren – damit erhalten Sie immer Macht über ihn!

Machen Sie sich die Hölle untertan. Im Schattenreich finden Sie Unterstützung für das Leben und hilfreiche Geister.

Die schnelle Rückkehr

Wenn Sie trotzdem merken, dass Sie von der Angst überwältigt werden, können Sie jederzeit die Trance abbrechen und in die reale Welt zurückkehren.

Normalerweise geschieht das langsam, indem man die Stufen, die man hinabgestiegen ist, eine nach der anderen wieder emporsteigt. Aber wenn es schnell gehen soll, machen Sie einfach die Augen auf und atmen einige Male tief durch. Das ist der Vorteil der selbst herbeigeführten Trancen ohne Einwirkung von Rauschmitteln. Da wären Sie dem inneren Erleben, dem echten Horrortrip, wirklich ausgeliefert, bis die Wirkung der Droge nachlässt. Aus diesem Grund sollten Sie auch von Rasseln und Trommeln Abstand nehmen, wenngleich ein abrupter Ausstieg auch hier möglich ist. Aber er verlangt mehr Kraft.

Das Protokoll der Höllenfahrt

Um die Erlebnisse in Ihrem Schattenreich später auswerten zu können, sollten Sie laut über das Gesehene sprechen. Entweder lassen Sie ein Aufnahmegerät mitlaufen, oder Sie bitten Ihren Helfer, sich Notizen zu machen. Wenn Sie geübt und konzentriert genug sind, sich die Szenen zu merken, können Sie sich auch nach Ihrer Rückkehr Notizen machen, so wie Sie es vielleicht auch bei Ihren Träumen gewöhnt sind.

Hilfe von den Bewohnern der Unterwelt

Die Hölle ist mit Archetypen bevölkert, und zwar mit denen, die im Himmel keinen Platz haben. Sie treffen hier auf die alten Götter, die im Laufe der Zeit dorthin abgedrängt wurden oder von Anbeginn der Zeit dort ihren Wohnsitz hatten. Sich mit ihnen auseinander zu setzen kann eine hilfreiche Erfahrung sein, wenn man selbst mit den Eigenschaften zu ringen hat, die sie verkörpern, entweder, weil man Angst vor ihnen hat oder weil sie behindern, beschämen oder blockieren. Wenn Sie Ihren Besuch in der Hölle gemacht haben, werden Sie wahrscheinlich auf ein paar dieser Gestalten getroffen sein. Vielleicht sind sie auch in Ihren Träumen schon aufgetreten. Sicher nicht mit ihrem mythologischen Namen, aber mit ihren Eigenschaften. Archetypen sind nun mal allgemein gültige Urformen, und in der einen oder anderen Weise findet jeder Mensch sie in sich wieder. Mit wem Sie das Vergnügen (oder auch Missvergnügen) hatten, können Sie an den nachfolgenden Beispielen herausfinden.

Die bis heute üblichen Teufels- und Dämonenvorstellungen haben sehr oft ihren Ursprung bei den alten, abgelösten Göttern und Naturgeistern.

Nun ist das Erkennen zwar schon ein großer Schritt voran, aber noch wichtiger wird in der nächsten Erfahrungsstufe die Konfrontation mit den Herrschern der Dunkelheit. Und hier hilft die magische Technik der Evokation. Die Anrufung ist in der Tat so etwas wie ein Telefonanruf. Sie wählen die richtigen Kennzeichen, Symbole oder Bilder und nehmen dann den Kontakt auf. Was Ihnen Ihr Gegenüber dann allerdings erzählt, werden Sie selbst herausfinden müssen.

Ich stelle Ihnen einige Mächte der Finsternis vor und gebe Ihnen Anregungen, wie Sie eine Atmosphäre schaffen können, in der Sie mit ihnen in Kontakt kommen. Aber halten Sie sich nicht dogmatisch an jedes Wort. Jeder Mensch betont einen anderen Aspekt dieser vielschichtigen Symbolgestalten, und es kann sein, dass Ihnen Ihr Gefühl sagt, dass sie statt schwarzer Kerzen besser rote nehmen oder statt Weihrauch zu verbrennen besser einen Blutstropfen in einen Kelch mit Wasser fallen lassen. Selbstverständlich ist die Anrufung auch ohne diese Hilfsmittel möglich, aber für den Anfang mögen sie die Ernsthaftigkeit der Unternehmung fördern.

Saturn – Unfähigkeit oder Selbstbewusstsein

In der Astrologie nannte man den Saturn einen Malefiz-Planeten, weil er immer Ärger zu machen schien, wenn er auftauchte. Vor seinem Erscheinen am Himmel hatte man Angst, denn er verhieß Kummer, Leid und Unglück. Selbst in den modernen Büchern über Astrologie verweist ein Saturnübergang auf schmerzhafte Prüfungen und unangenehme Wahrheiten.

Mit den saturnischen Einflüssen müssen wir Menschen uns alle 28 bis 29 Jahre notgedrungen auseinander setzen, denn dann nimmt der Planet dieselbe Position ein, die er auch zu unserem Geburtszeitpunkt hatte. Meist ergibt sich in dieser Zeit eine einschneidende Veränderung im Leben. Kleinere Zyklen sind solche, die alle sieben Jahre eintreten, denn dann steht Saturn in weiteren wirkungsvollen Stellungen zur Geburtssituation.

Mit dem großen Prüfer sollten Sie sich sehr ernsthaft auseinander setzen, denn man kann ungeachtet seiner misslichen Auswirkungen auch viel von ihm lernen.

Mythologische Hintergründe

Der Gott Kronos trägt die Wurzel des griechischen Wortes »Chronos«, es bedeutet Zeit. Dieser Gott brachte Ordnung in die Welt.

Ursprünglich hieß Saturn Kronos. Er ist der Sohn von Himmel (Uranus) und Erde (Gaia). Da Uranus seine Kinder in den Tartaros verbannt hat, überredet Gaia ihren jüngsten Sohn Kronos, Rache zu üben. Das tut er, indem er seinen Vater mit einer Sichel im Schlaf entmannt. Verständlicherweise verwünscht Uranus ihn daraufhin. Er bestimmt, dass die eigenen Kinder Kronos einst entmachten werden. Deshalb verschlingt dieser seinen Nachwuchs bis auf einen, der von seiner Gemahlin Rhea gerettet wird. Zeus überlebt und erfüllt die Weissagung. Er entthront Vater Kronos und schickt ihn in die Verbannung, wo er einen neuen Namen annimmt – Saturn! Er bringt dem Volk, das ihn aufnimmt, die erste Kultur, lehrt es, die Felder bestellen und Recht und Ordnung zu halten, und das Goldene Zeitalter bricht an.

Kronos/Saturn ist der Vater der Zeit, die es vor ihm nicht gab, sondern nur Himmel und Erde. Erst ein chronologischer Ablauf lässt das Wachstum zu, wenngleich die Zeit ihre Kinder auch wieder verschlingt. Die Zeit heilt aber auch Wunden, und nur das wirklich Wichtige überdauert.
Saturn wird meist mit der Sichel dargestellt, einerseits weil er ein Vegetationsgott war, aber die Verbindung zum »Sensenmann«, zum großen Schnitter Tod, ist ebenfalls gegeben.

Eigenschaften und Qualitäten

Saturn ist ein strenger Lehrer. Er verlangt Disziplin und fordert, dass man seine Lektionen lernt und sich auf Prüfungen vorbereitet. Für diejenigen, die seinen Anforderungen genügen, ist er keine Bedrohung, doch Sie erinnern sich sicher an die eine oder andere Aufgabe während Ihrer Ausbildung und kennen das beklemmende Gefühl, wenn man unter dem strengen Blick des Prüfers anfängt, sich hilflos durch den Stoff zu stammeln, weil man nicht vorbereitet ist.

Vielleicht entdecken Sie sogar beim Lesen dieser Zeilen schon einige saturnische Züge in sich – solche, die Sie ablehnen, oder andere, die Sie für gut befinden.

Angst vor Versagen ist eine Qualität des Saturn. Aber es gibt auch eine andere Seite an ihm. Wenn man seine Lektion gelernt hat, ist die Prüfung ein Kinderspiel, und ein trockenes »Gut gemacht« von einem anspruchsvollen Lehrer kann das Selbstbewusstsein in ungeahnte Höhen katapultieren.
Saturn ist kein Diplomat, er macht keine schönen Worte und versucht auch nicht, jemandem etwas schonend beizubringen. Schmerzliches macht er deutlich klar, und die Maske des Selbstbetrugs reißt er jedem schonungslos herunter. Das schafft ihm auch keine besonderen Freunde, denn wenn er sagt, dass etwas schlimm ist, dann ist es schlimm. Und wenn man die Augen davor verschließt, dann kommt es nur umso dicker. Seine Aussage lautet: Widerstände sind da, um überwunden zu werden, nicht, um sie zu ignorieren.
Wer auf die saturnisch warnende Stimme im seinem Inneren hört, hat die Chance, seinen Kurs zu korrigieren. Wer es nicht tut, besteht die Prüfung nicht. Die Auswirkungen sind meist durch Krisen gekennzeichnet – Krankheiten, Beziehungsprobleme, berufliche Zusammenbrüche und was das Schicksal noch so alles an Schlägen bereithält.
Aber so grausam, wie sich das anhört, ist es doch wieder nicht. Denn Geduld ist eine Eigenschaft des Lehrers Saturn, seine wirklich

heftigen Prüfungen hält er nur alle sieben Jahre ab. In der Zwischenzeit hat jeder Mensch die Möglichkeit, wieder den Weg zu sich selbst zu finden.
Auch als Hüter der Schwelle tritt Saturn auf und hält diejenigen, die zu früh eine Grenze überschreiten wollen, mit deutlichen Maßnahmen davon ab, in ein Gebiet einzudringen, auf das sie noch nicht vorbereitet sind. So etwas nimmt man ihm auch meist übel und fühlt sich in seiner Freiheit beschnitten. Aber seine Aufgabe ist wichtig, und seine Warnungen sollte man beherzigen.
Macht man sich mit Saturn auf diese umfassende Weise vertraut, dann kann man seine Kraft für sich nutzen. Er hilft, sich zu konzentrieren, Angelegenheiten in Ordnung zu bringen, sich von unnötigem Ballast zu trennen, Geduld und Ausdauer zu entwickeln und Grenzen zu ziehen.

Saturn setzt Grenzen. Er steht für das Prinzip des verantwortungsbewussten Handelns, nicht nur für Einengung und Beschränkung.

Saturn begegnen

Bevor Sie irgendeine göttliche oder magische Kraft anrufen, müssen Sie sich mit ihr vertraut machen. Ansonsten wird Ihre Magie äußerst seltsame Resultate erzeugen. Also stellen Sie sich Saturn als eine Person vor. Vielleicht haben Sie eine ähnliche Gestalt schon in Ihren Träumen oder Trancen gesehen und gefürchtet. Beschwören Sie ihn in einem Bild, geben Sie ihm ein Gesicht und eine Stimme. Malen Sie ihn sich so deutlich wie möglich aus. Wenn Sie rituelle Unterstützung benötigen, dann können Sie dabei folgenden Symbolen und Analogien Beachtung schenken:
Der Tag des Saturn ist der Samstag (Saturday im Englischen). Die Farbe, die traditionell mit ihm in Verbindung steht, ist Schwarz oder dunkles Blau, deshalb passen schwarzer Onyx oder stumpfes Blei zu ihm. Als Duftstoff unterstützt Sie die Zypresse, und als Blumenschmuck entsprechen ihm alle blauen Blüten, vor allem aber die Kornblume. Die Eibe ist sein Baum, und die Sichel und das Stundenglas sind sein Handwerkszeug.
Wenn Sie ein geistiges Bild von Saturn haben, sprechen Sie mit ihm über seinen Einfluss auf Sie. Er mag zutage treten, wenn es um Recht und Ordnung geht, bei Prüfungsvorbereitungen, bei Problemen bezüglich Konzentration, Disziplin, Ehrgeiz, Macht und Verantwortung und natürlich immer dann, wenn es um Grenzen geht, die einzuhalten sind.

Pluto – Ohnmacht oder Macht

Als 1930 ein neuer Planet unseres Sonnensystems entdeckt wurde, nahmen sich nicht nur die Astronomen, sondern auch die Astrologen seiner an. Und als man einen Namen für ihn suchte, war ganz plötzlich »Pluto« da. Die Ereignisse auf der ganzen Welt, die seitdem geschehen sind, zeigen, dass es kein Zufall war, dass dieser Wandelstern den Namen des Herrschers der Unterwelt erhielt. Denn nur zehn Jahre später entdeckte man das radioaktive Element Plutonium, und damit war der Weg zur Herstellung der Atombombe frei.

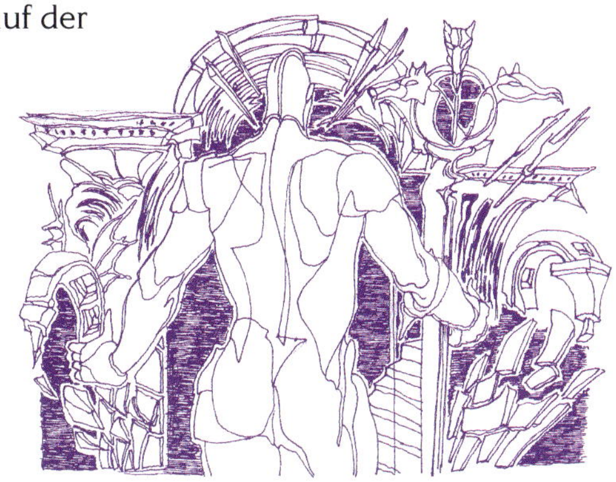

Pluto ist die Atombombe unter den Göttern. Ein plutonischer Übergang über eine wichtige Position im Horoskop kann immer gewaltige Erschütterungen des Gesamtsystems verursachen. Er kann aber auch ungeahnte Energien freisetzen, und die Richtung, in die sie wirken, bestimmt der Mensch selbst. Pluto ist wahrhaftig ein Fürst der Finsternis, und gerade deshalb muss man sich ihm stellen, denn er bestimmt nicht nur das Leben des einzelnen Menschen, sondern das gesamte Schicksal der Menschheit.

Egal, welche Position Pluto in Ihrem Horoskop innehat – die plutonischen Kräfte wirken in der einen oder anderen Form auch in Ihnen. Es wäre sehr schädlich, wenn sie es nicht täten.

Mythologische Hintergründe

Hades (Pluto) ist ein Sohn des Kronos (Saturn) und Bruder von Zeus (Jupiter) und Poseidon (Neptun). Die drei Brüder losen die Herrschaft über die Welt untereinander aus, und Zeus erhält den Himmel, Poseidon das Meer und Hades die Unterwelt. Hier behauptet er sich mit aller Strenge und Härte. Wer einmal bei ihm landet, hat kaum mehr eine Chance, aus seinem Reich zu entfliehen. Götter und Helden, die sich in die Unterwelt begeben, sehen sich meist hinterlistig festgehalten oder mit böswilligen Sanktionen bestraft. Der Sänger Orpheus, der Eurydike befreien will, rührt mit seiner Musik das harte Herz Plutos, und der gibt Eurydike frei – doch nicht ohne Bedingung: Falls Orpheus sich auf dem Weg aus dem Schattenreich nach Eurydike umdreht, muss sie in den Hades zurückkehren. Orpheus willigt ein, doch er kann der Versuchung nicht widerstehen: Er wendet sich um und verliert die Geliebte für immer.

Auch Persephone überlistet er auf üble Weise, wie wir bei ihrer Geschichte gesehen haben.
Die Menschen verehrten Hades nicht besonders, es gab keine Tempel und nur wenige Abbildungen von ihm. Wenn er dargestellt wurde, dann meist mit abgewandtem Gesicht, und wenn man von ihm sprach, versuchte man seinen Namen zu vermeiden, so sehr war er gefürchtet. Stattdessen erhielt er solche Titel wie »der Unsichtbare«, da er eine Tarnkappe besaß, »der Berühmte« oder »der Türhüter«. Der am meisten verbreitete Titel war jedoch Pluton, »der Reiche«. Denn der Herr der Unterwelt war auch der Hüter der in der Erde ruhenden Schätze.

Chthonische Kräfte sind Energien, die mit der Erde in Verbindung stehen. Sie werden mit den Göttern und Göttinnen der Unterwelt in Zusammenhang gebracht.

Eigenschaften und Qualitäten

Ist Pluto der wahrhaft Böse? Er ist kaltherzig, machtbesessen, wollüstig und von unerschöpflicher Energie. Er ist der rücksichtslose Egoist, der sich skrupellos durchsetzt. Aber ist das böse? Gelegentlich schätzen wir diese Attribute ziemlich hoch ein. Fragen Sie mal in den Führungsetagen nach.
Pluto ist gewaltig, er ist auch der Richter über die Schattengestalten in seinem Reich, und wenn er einmal ein Urteil gesprochen hat, gilt es unwiderruflich. Von Gnade ist bei ihm keine Rede. Wen er in seiner Gewalt hat, den wandelt er unbarmherzig. Saturn ist ein harter, aber gerechter Prüfer, Pluto hingegen bildet sich sein Urteil ohne Anhörung des Prüflings. Er setzt seinen Willen mit allen Mitteln durch. Auch bei seinen Partnerinnen ist er erbarmungslos. Persephone entführt er ihrer Mutter, doch sollte man auch bedenken, dass das Mädchen sich nicht dagegen wehrt, bei ihm zu bleiben, und sogar nach ihrer Befreiung zu ihm zurückkehrt. Plutos sexuelle Ausstrahlung ist faszinierend, und seine Leidenschaft lässt die Erde beben. Die plutonischen Kräfte sind auch sonst wie ein Erdbeben: Wenn sie ausgelöst werden, bricht der Boden auseinander, stürzen die Mauern ein, treffen die Folgen gleichermaßen Schuldige und Unschuldige, wird eine gesamte Landschaft verändert. Pluto ist das, was uns vorantreibt, eine tief verborgene Energie, die uns danach streben lässt zu gewinnen, ohne nach rechts und links zu schauen. Wenn wir überleben wollen, ist sie notwendig. Wenn sie anderen Zielen dient, ist sie allerdings gefährlich, vor allem, wenn sie auf materielle Erfolge, Macht und Ansehen ausgerichtet ist.

Pluto ist völlig humorlos und kennt nur den eiskalten Willen zur Macht und zum Überleben.

Pluto begegnen

Mit Pluto hält man kein Plauderstündchen, darüber müssen Sie sich im Klaren sein. Die Unterhaltung mit ihm ist schwierig und wahrscheinlich erschütternd. Vermutlich wird er als Unterdrücker auftreten, als Macht von außen, gegen die Sie sich nicht zu wehren wissen. In dieser Gestalt erscheint er häufig in Alpträumen: der gesichtslose Mann, der Zwang ausübt, Ihnen etwas fortnimmt oder Sie bedroht. Die Angst vor der Einwirkung von außen, gegen die man sich nicht wehren kann – das ist Pluto. Überwindet man diese Furcht, hat man Anteil an seiner gewaltigen Macht. Aber Pluto selbst ruft man nur an, wenn man in höchster Not ist und die ursprünglichsten Überlebenskräfte aktivieren muss. Dann hilft er Ihnen, alles das an kleinlichem Egoismus, Statusdenken, falscher Scham, dummem Stolz, Minderwertigkeitsgefühlen oder Unsicherheit loszuwerden, was Sie im Leben behindert. Sie wischen mit ihm aber auch alle Skrupel, Hemmungen oder Rücksichtnahmen beiseite. Pluto schenkt die unbedingte Macht zu überleben – und die Macht zu vernichten. Denken Sie daran: Je größer die Macht, desto größer ist auch die Gefahr des Missbrauchs.

Pluto kann absolute Rücksichtslosigkeit bewirken, und die ist in den Händen schwacher und dummer Personen eine echte Gefahr.

Pluto und die Babyratte

Damit das Kapitel nicht ganz so dramatisch endet, hier ein Beispiel großer plutonischer Kraft in einem kleinen Tier: Ich schreckte in einer mondlosen, finsteren Nacht durch ein schrilles, anhaltendes Kreischen auf. Es hetzten zwar keine Dämonen durch das Haus, aber als ich Licht machte, sah ich meine zwei Katzen völlig verängstigt auf der Treppe sitzen und eine sie lauthals schmähende Jungratte anstarren. Das Tier, kaum größer als eine ausgewachsene Maus, war drauf und dran, die beiden Jägerinnen anzugreifen, die keinerlei Anstalten machten, ihrer Aufgabe nachzukommen, sondern sich mit gesträubtem Fell zurückzogen. Da ich Ratten im Haus nicht besonders schätze, machte ich mich also mit Handtuch und Fliegenklatsche (ein bewährtes Handwerkszeug, um Mäuse zu verscheuchen) an die Arbeit. Es ging turbulent und sehr laut zu, und

ich entging mehrere Male nur knapp ihren Bissen. Als ich die Ratte dann endlich vor der Tür hatte, musste ich das kleine Tier widerwillig bewundern. Hinkend, blutend, verkrümmt und mit gebrochenen Rippen sah es mich vernichtend an und gab noch ein paar laute Verwünschungen von sich, bevor es im Gebüsch verschwand.
Ratten sind sehr intelligent und mobilisieren ungeheure Kraftreserven, wenn es um das Überleben geht. Sie leben meist, wie Pluto, in der Unterwelt.

Hekate – Unsicherheit oder Souveränität

Die Lamina begleitete nächtens Hekate, und ihr wird nachgesagt, dass sie die kleinen Kinder raubte – ein frühes Erziehungsmittel wie heute der schwarze Mann.

Auch Hekate wurde in der Unterwelt angesiedelt, sie regiert die Nacht, vor allem bei Neumond, und eine beachtliche Geisterschar begleitet sie. Hekate ist eine griechische Göttin, die einige Angst erregende Züge trägt. Die Beherrschung der magischen Kräfte machte sie in späteren Zeiten zur Urform der bösen Hexe. Wenn sie in Erscheinung tritt, trägt sie eine flammende Fackel, schwingt eine Geißel, wird von heulenden Hunden begleitet und verbreitet lähmenden Schrecken unter denen, die ihr begegnen.
Wenn die Angst vor der Dunkelheit und der Finsternis der Seele in Ihnen ist, wenn Sie sich unsicher fühlen, dann sollten Sie sich mit ihr auseinander setzen.

Mythologische Hintergründe

Hekate ist die Tochter des Titanen Perses und der Asteria. Obwohl sie mit Gespensterscharen und den Geistern der Toten umgeht, die in dunklen Nächten die Wanderer schrecken, wurde sie lange verehrt. Vor allem an Weggabelungen legte man Opfer für sie nieder und bat sie, die Wege der Reisenden zu beschützen. Verreiste man selbst, stellte man eine Statue der Hekate vor die Haustür, um ihrem gefürchteten Gefolge klarzumachen, dass das Haus Freunden ihrer Herrin gehörte. Man traf sich Hekate zu Ehren auch bei privaten Festmählern, bei denen man sich über magisches Wissen und Zaubereien unterhielt. Die Reste des Mahles wurden als Gaben für ihre heiligen Hunde vor die Tür gestellt.

Was Hekate auszeichnet

Die Griechen erkannten das hohe Alter der Hekate an, denn die Göttin war schon vor der Zeit der olympischen Götter eine mächtige Gestalt, die auf die großen Muttergöttinnen zurückging. Gerade dieses Alter wurde allmählich mehr und mehr betont, so dass sie zur Königin der Nacht wurde, zur alten Zauberin, zur Göttin des schwarzen Mondes, die über die Geister der Toten regierte, zur Wächterin der Weggabelungen, zur Herrin der Unterwelt. Wem sie wohlgesonnen war, dem schenkte sie übernatürliche Kräfte und magisches Wissen, so glaubte man.

Der innere Dialog, den Sie mit Hekate führen, kann auch die Entwicklung Ihrer magischen Fähigkeiten zum Gegenstand haben.

Die Qualität der Hekate

Wenn man Hekate als eine alte Hexe bezeichnet, dann ist das nicht abwertend gemeint, sondern vielmehr ein Ausdruck der Achtung. Sie ist die alte Frau, die alles gesehen und erlebt hat und die vor nichts mehr Angst hat, vor allem nicht vor der Dunkelheit und dem Tod. Sie ist die dreigesichtige Göttin, die Vergangenheit, Gegenwart und Zukunft kennt und deshalb auch die Kraft der Wahrsagung besitzt. Sie steht an den Scheidewegen zwischen Leben und Tod, und darum ist sie auch eine begnadete Hebamme, denn als Göttin, die über die Seelen der Toten herrscht, gibt sie diese auch wieder dem Leben zurück.

Sie kennt die magischen Kräfte, die geheimen, unsichtbaren Energien, die in das Leben hineinwirken, und damit kennt sie auch die Dämonen, die sie begleiten. Hekate ist die Mutter der Alpträume und der nächtlichen Ängste, denen man sich hilflos ausgeliefert fühlen kann. Sie ist aber auch die furchtlose Alte, die unabhängig und souverän in der Nacht umherstreift. Sie durchschaut die Dunkelheit und kennt alle Geheimnisse und Hindernisse, die unter dem oberflächlichen Geschehen des Tages liegen. Sie weiß, was sich hinter dem verbirgt, was nicht offensichtlich im Licht liegt, sondern was mit Masken und Kulissen verdeckt wird. Was für eine Macht hat sie damit über die Menschen!

Vor derartigen wissenden alten Frauen hat man sich so sehr gefürchtet, sie haben einige Menschen so unsicher gemacht, dass man sie zu Symbolen des Bösen erklärt hat – den Hexen, die in manchen Zeiten gnadenlos verfolgt und vernichtet wurden.

Hekate begegnen

Wenn Sie etwas von der inneren Freiheit einer weisen Frau für sich suchen, dann werden Sie die Angst vor der Nacht und der Dunkelheit und ganz allgemein die Unsicherheit überwinden müssen. Das können Sie rituell machen, indem Sie bei abnehmendem Mond oder bei Neumond zu ihr sprechen. Am besten dafür geeignet sind einsame Weggabelungen. Ihr Gedenktag ist der 16. November, also ziehen Sie sich warm an, wenn Sie sich mit ihr an der Kreuzung treffen wollen.

Weiße Blumen, vor allem Alpenveilchen, liebt sie besonders. Lorbeerblätter als Räucherwerk, vor allem beim Wahrsagen, können Sie einsetzen, auch den Duft von Jasmin, Zypresse oder Thymian. Ein Speiseopfer, das die wilden Tiere fressen können, wird sie Ihnen auch danken, und wenn Sie einen Hund haben, darf er gerne dem Ritual beiwohnen.

Hekate birgt beides in sich – Weisheit und Schrecken. Sie hat sich persönliche Freiheit erkämpft und lässt sich von niemandem einschüchtern.

Freiheit erlangen

Die Angst vor der Nacht ist aber auch die Angst vor dem eigenen Unbewussten und den Abgründen, die sich darin auftun können, den Gespensterscharen und Ungeheuern, den geheimnisvollen Kräften, die von dort aus wirken. Es ist die Angst davor, von seinen eigenen, nicht eingestandenen Persönlichkeitsteilen gesteuert zu werden und von ihnen abhängig zu sein. Wenn Sie diese Angst überwunden haben, verfügen Sie über Hekates Macht: über Souveränität. Geistige Unabhängigkeit ist nicht gebunden an äußere Bedingungen. Das bewusste Erkennen und Beherrschen der eigenen Schwächen und Stärken ist eines der höchsten Ziele, die man als Mensch erreichen kann. Selbst schlimmste Situationen lassen sich damit meistern. Das haben unabhängige Geister in Kerkern und Konzentrationslagern bewiesen.

Wenn Sie sich Hekate vorstellen, können Sie die Göttin als die alte Frau sehen, deren Blick zwar weise, aber nicht trübe ist. Es heißt, dass sie ein weißes Gewand und goldene Sandalen trägt und eine brennende Fackel in der Hand hält. Sie kann Ihre Führerin sein, wenn Sie in Ihre eigenen finsteren Tiefen hinabsteigen, und sie hilft Ihnen, wenn Sie die dunklen Ecken Ihrer Seele ausleuchten wollen und vor allem, wenn Sie über Alter und Tod nachdenken.

Hel – Verschleierung oder Klarheit

In unseren Breiten hat Hel der Hölle wohl den Namen gegeben. Die Herrin von Niflheim, dem alles verhüllenden Nebelland der germanischen Unterwelt, raunt dort ihre geheimnisvollen Runen. Ähnlich wie Hekate oder auch Göttervater Odin reitet sie in stürmischen Nächten mit ihrer wilden Hundemeute über das Land, um Speise- und Trankopfer von den Menschen zu holen. Sie nimmt sich auch der Sterbenden an, um sie in ihre Arme zu schließen und ihren müden Kopf zu stützen.

In ihrem nebelverhangenen Heim verlieren irdische Bedürfnisse ihre Wichtigkeit, und für diejenigen, die an diesen Bedürfnissen hängen, ist sie die Mutter der Trostlosigkeit. Doch ganz trostlos grau ist ihr Reich nicht, es wird von zwölf Flüssen durchzogen und von goldenem Feuer da und dort erhellt.

Mythologische Hintergründe

Hel ist die Tochter der Riesin Angrboda, der Sorgenbringerin, und von Loki, einem recht unfeinen Gott der Hinterlist. Sie hatte zunächst eine hohe Stellung unter den germanischen Göttern, wurde dann aber, vermutlich wegen ihrer Abkunft von den feindlichen Riesen, nach Niflheim verbannt. Ihre Aufgabe ist es, diejenigen auf der Erde nach Niflheim zu bringen, die durch Altersschwäche, Unfall oder Krankheit gestorben sind. Die Helden der Germanen, die auf dem Schlachtfeld gestorben waren, musste sie allerdings Odin und Frigga überlassen, die ihre Walküren ausschickten, um sie in ihre Paläste zu holen.

Hel war ursprünglich eine gütige Göttin, die die Toten bergend in ihrem Schoß – der Unterwelt – aufnahm. Da ihre Mutter eine Riesin war, verbannten die Götter sie in die Unterwelt.

Wie die anderen Unterweltgötter bestimmt auch sie, dass derjenige, der bei ihr wohnt, nicht wieder zurückkehren darf, doch sie macht auch Ausnahmen. Balder, dem jungen, schönen Lichtgott, der durch Lokis Intrige getötet wurde, gab sie eine Chance, vorausgesetzt, dass er so geliebt würde, dass »alle Dinge der Welt, ob lebende oder tote, ihn beweinen.« Alles weint, nur sein Mörder Loki nicht – und er muss bleiben.

Hels Name bedeutet »die Zudeckende« oder »die Verbergende«. Sie ist nicht schön, ihre eine Hälfte ist von heller Menschenhaut bedeckt, die andere Hälfte schwarz und behaart.

Die Qualität der Hel

Hel ist eine ernste Göttin, eine, die nicht viel von sich preisgibt hinter ihren Nebelschleiern, aber sie ist nicht böse. Wer sie ignoriert, dessen Geist verschleiert sich ebenfalls, aber wer sich mit ihr auseinander setzt, dem verhilft sie zu größerer Klarheit seiner Gedanken. In ihrer Unterwelt ist sie Herrscherin über das Vergessen und die Erinnerung, sie räumt mit der Vorstellung auf, dass irgendetwas, das wir Menschen erstreben oder was uns Sorgen macht, besonders wichtig sei. Dass so manche Vorstellung, die wir von uns selbst haben, mehr einem flüchtigen Nebelstreif gleicht, als dass sie von Dauer ist, auch das kann man von dieser Gottheit lernen.

Die undurchdringlichen Nebel der eigenen Existenz etwas lichten – auch das bedeutet Hel.

Auf einen Menschen, der sehr an dem Bild hängt, das er von sich gemacht hat, wirkt Hel natürlich außerordentlich beängstigend, denn sie wird ihm immer wieder in Träumen oder Trancen in Erinnerung rufen, dass er nur eine Rolle spielt, die nicht zu ihm passt.
Auch die Herrin des Schattenreichs ist ein Teil von uns. Es ist das Wesen, das weiß, dass alles irdische Streben letztlich unwichtig ist und dass sich hinter den Schleiern ein größeres Wissen und ein helleres Licht verbirgt. Die Illusionen über unsere persönliche Bedeutung aufzugeben ist sehr ratsam. Darum ist die Konfrontation mit Hel auch vielen Menschen äußerst unangenehm. Hat man aber seine Wichtigkeit relativiert, erreicht man eine geistige Klarheit, die die Welt frei von Nebelschleiern erscheinen lässt. Die Orientierung in einer solchen Welt ist einfacher, und das Leben wird beherrschbar.

Hel begegnen

Ein Helrunar ist ein Mensch, der mit Hel spricht. Er steigt hinab in die Unterwelt und holt sich dort Informationen von den Toten und den Ungeborenen. Dazu muss man erst einmal den Mut haben, in ihr Reich zu gelangen, und da gibt es nicht geringe Schwierigkeiten zu überstehen: Der Weg führt über die Straße der Mühsal bis an das Helgatter. Bevor man vor die Göttin treten kann, muss noch der bedrohlich knurrende Wächterhund Garm überwunden und ein Fluss voller Schwerter und Messer passiert werden.
Um im übertragenen Sinn in Hels Reich in Ihrem Inneren zu gelangen, müssen Sie die Angst vor dem Tod, der Hoffnungslosigkeit und der Leere überwinden. Das fällt Ihnen sicher nicht leicht. Doch wenn

Sie erkennen, dass Sie manchmal viel weniger Angst empfinden, wenn Sie sich keine Illusionen über sich selbst machen, sondern das Schicksal als Chance anerkennen und annehmen, dann wird Hel mit Ihnen raunen.
Wenn Sie symbolische Unterstützung von dieser Göttin benötigen, dann sprechen Sie mit Hel bei einem Spaziergang irgendwo draußen an einem grauen, nebligen Tag oder in einem dunklen Zimmer, das nur von der Glut einer Räucherschale erhellt wird.
Mit Hel Kontakt aufzunehmen bedeutet, dass Sie sich selbst ehrlich ins Gesicht sehen und sich dabei den verdrängten und bequem bestatteten Erinnerungen stellen müssen. Aber auch über Ihre persönliche Wichtigkeit in dieser Welt müssen Sie nachdenken und dabei vielleicht die Vorstellungen von einem lichtvollen Himmelreich und einer qualvollen Hölle aufgeben und sich der Leere stellen.

Weben am Faden der Zeit – die Nornen halten das menschliche Schicksal in ihren Händen. Sie bestimmen Tod und Leben, doch sie sind auch weise Frauen, die Vergangenheit und Zukunft kennen.

Nornen – Verwirrung oder Willensfreiheit

Noch einmal begeben wir uns in die germanische Unterwelt, nämlich in die Halle am Fuße des Weltenbaums Yggdrasil. Dieser Baum verbindet die obere, mittlere und untere Welt oder – wenn Sie so wollen – Ihre intellektuelle, körperliche und unbewusste Ebene. Im unteren Bereich leben die drei Nornen. Sie schöpfen Wasser aus dem Brunnen und besprengen die Wurzeln dieses Weltenbaumes, damit er nicht verdorrt. Denn wenn der Weltenbaum eingeht, wird auch die Existenz des Universums – oder des Menschen – vergehen.

Wenn sie nicht gerade die Wurzeln gießen, weben Urd, Werdand (Naranda) und Skuld, und das, was sie herstellen, ist das Wyrd, das verwirrende Netzwerk des Lebens aus Vergangenheit, Gegenwart und Zukunft. Es ist das Schicksal, das sie in ihren Händen halten, und wer Angst vor seinem Schicksal hat, der sollte sich mit ihnen ernsthaft auseinander setzen.

Mythologische Hintergründe

Urd ist die älteste Norne und wird manchmal mit der Mutter Erde gleichgesetzt. Sie hütet die Quelle der Weisheit, an der die Götter Gericht halten. Sie war es, die dem Göttervater Odin das Wissen der Runen vermittelte. Werdandi, die auf alles Gegenwärtige Einfluss hat, herrscht auch über die Mondphasen und die Mutterschaft. Skuld, die dritte Norne, ist die Göttin des Fluches. Sie fällt die letzte Entscheidung über Leben und Tod eines Menschen. Aber sie ist auch diejenige unter den Nornen, die die Zukunft kennt. Skuld geht immer verschleiert einher und trägt die Schriftrollen des Schicksals bei sich. Denn die Runen ritzenden Nornen wurden auch die Schreiberinnen genannt, die das Buch des Schicksals schreiben.

Die drei germanischen Schicksalsgöttinnen stehen übrigens nicht allein in der Welt der Mythen. In der griechischen und römischen Mythologie haben sie ihre Entsprechungen als die Parzen oder Moiren. Auch diese Damen sind handwerklich tätig. Ihre Mutter ist Anangke, die Notwendigkeit. Klotho spinnt den Lebensfaden, Lachesis misst ihn ab, und Atropos, die Unvermeidliche, schneidet ihn schließlich ab. Das Netz, das sie weben, ist uns heute in einer ganz neuen Form sehr viel deutlicher ins Bewusstsein gekommen. Die technischen Netzwerke – etwa die Kommunikation – fordern von uns immer mehr die Fähigkeit, unter Einbeziehung aller bekannten und meist auch nur geahnten Faktoren zu denken. Nur so können neue Entwicklungen entstehen.

Die Silbe »Ur« deutet an, dass hier die Vergangenheit eine Rolle spielt. In »Werd« steckt das »werden« der Gegenwart, und »Skuld« ist die Wurzel des englischen »should«, des zukünftigen Werdens – aber auch der »Schuld« aus unserer Sprache.

Die Qualität der Nornen

Bevor wir versucht haben, uns ein geradliniges, dem menschlichen Verstand zugängliches Weltbild zu konstruieren, das auf ein paar schlichten mechanischen Gesetzmäßigkeiten basiert, war die Vorstellung, dass das Leben ein vieldimensionales Gewebe ist, viel verbreiteter. Zwar konnte man es nicht berechnen und wissenschaftlich-logisch ableiten, aber man hat versucht, die Zusammenhänge zu erkennen und dabei auch die Intuition eingesetzt. Inzwischen findet auch in den Naturwissenschaften langsam der Gedanke wieder Einzug, dass alles miteinander zusammenhängt, auch wenn wir manche Fäden noch nicht sehen, berechnen oder erklären können. Wer nur geradlinig zu denken bereit ist, den wird das Netz der

Schicksalsgöttinnen immer verwirren, dem werden Schicksalsschläge immer sinnlos erscheinen und der wird sich in den Knoten des Zufalls verfangen und von ihm fesseln lassen.

Ein Netz aus Schicksalsfäden

Die Magie geht schon immer von einem großen Netzwerk, dem Gewebe des Seins aus, in dem wir Menschen nur eines von vielen Fädchen sind. Diese Vorstellung setzt zwar unsere persönliche Bedeutung herab, gibt uns aber die Chance, den Zugang zu allen anderen Fäden zu finden, wenn wir uns dessen nur bewusst sind. Damit eröffnen sich ungeahnte Möglichkeiten – das Internet ist nur ein winziger Abklatsch dieses gigantischen Netzwerks – und doch in gewisser Weise vergleichbar. Es bietet den Zugang zum gesamten Wissen der Welt und die Freiheit der Wahl, sich in dem Gewebe, dem Wyrd der Nornen, zu bewegen. Es setzt aber auch voraus, dass wir für alle unsere Entscheidungen die Verantwortung übernehmen, denn mit dem Netz ist erst das Zaubern möglich.

»Von dort kommen Frauen, vielwissende, drei, aus dem Born, der unter dem Baume liegt; Urd heißt man die eine, die andere Werdandi, sie schnitten ins Scheit – Skuld die dritte; Lose lenkten sie, Leben koren sie, Menschenkindern, Männergeschick«. Edda

Den Nornen begegnen

»Im großen Teppich des Schicksals unserer Erde gibt es viele Muster, in die wir unseren Lebensfaden einweben können«, sagt die Hexe Zsuzsanna Budapest in ihrem Buch über die Schicksalsgöttinnen.
Einen Zauber zu wirken heißt, sich bewusst der Schicksalsfäden zu bedienen, die sich wie ein bewegliches, dreidimensionales Gitterwerk durch Raum und Zeit spannen. Die Muster darin bleiben ähnlich, doch die Verbindungen zwischen den einzelnen Linien wechseln beständig. Unser Leben ist darin ein Kreuzungspunkt vieler Fäden, und Sie können jederzeit wählen, wann und wo und wie Sie mit anderen Menschen und Dingen verbunden sein wollen. Ob Sie mit dem Resultat Ihrer Wahl dann zufrieden sind, ist eine andere Sache, aber es gibt immer eine Lösung, auch wenn Sie Ihnen manchmal nicht gefällt. Das ist das Risiko der Willensfreiheit.
Wenn Sie Ihr Schicksal selbst in die Hand nehmen wollen, dann helfen Ihnen die Nornen. Rituell unterstützend können Sie ein kleines Stück Gewebe oder eine Spindel verwenden und Düfte, Kräuter oder Blumen, die den Geist öffnen: Beifuß, Geißblatt, Goldlack, Heliotrop, Kampfer, Lorbeer, Muskatnuss, Rose, Thymian oder Wermut.

Als eine wirklich hübsche symbolische Geste dient der Kuss auf die eigene Hand zur Begrüßung der Schicksalsgöttinnen. Rufen Sie sie an, und führen Sie einen inneren Dialog, wenn Sie den roten Faden in Ihrem Leben suchen, weil Sie verwirrt (verwyrd) sind und glauben, in einer ausweglosen Situation zu stecken. Die Nornen helfen Ihnen, wenn Sie bereit sind, die Entscheidung für Ihr gesamtes Denken und Handeln zu übernehmen. Aber immer sollten Sie sich ihrer Unterstützung versichern, wenn Sie ein Orakel – vor allem Runen – befragen.

Der gefallene Engel Luzifer wurde wegen seines Hochmuts und seiner Selbstüberschätzung vom Himmel in die Hölle gestürzt.

Luzifer – Überheblichkeit oder Selbsterkenntnis

Eine der Erscheinungsformen des christlichen Teufels ist Luzifer, gemeinhin als Höllenfürst bekannt. Doch der Lichtbringer, denn das bedeutet sein Name eigentlich, hat beim besten Willen nicht die Qualität des personifizierten Bösen.
Das Licht, das er spendet, kann denjenigen, den es unvorbereitet trifft, durchaus in Angst und Schrecken versetzen. Und es kann vor allem denjenigen, der dilettantisch mit ihm umgeht, in die tiefsten Abgründe stürzen. Luzifer ist mit Vorsicht und vor allem mit Maß zu genießen.

Mythologische Hintergründe

Auch wenn Luzifer im Umfeld des christlichen Glaubens auftritt, so ist er doch in der Bibel nicht namentlich geführt. Er ist ein Produkt verschiedener Ableitungen und Interpretationen aus dem Buch Jesaja. In Kapitel 14, in dem ein für heutige Begriffe recht rassistisch eingestellter Gott sich über fremde Völker auslässt, heißt es in dem Spottlied auf den König von Babel: »Auf Würmer bist du gebettet, Maden sind deine Decke. Ach, du bist vom Himmel gefallen, du strahlender Sohn der Morgenröte .« (Jes. 14, 12–15)

Auf diese Stelle bezieht sich im Volksglauben die Vorstellung vom Sturz des Engels

Luzifer. Einst war er die schönste Lichtgestalt, die Gott je geschaffen hat, doch statt beständiger Lobpreisung des Herrn begehrte er auf und wollte den Menschen mit ihrem freien Willen gleichgestellt sein. Manchmal heißt es auch, er habe den Menschen das Licht gebracht. Rebellion aber duldete sein Schöpfer nicht, und er verbannte den aufmüpfigen Engel von seiner Seite. Dieser Akt wurde plastisch ausgemalt als Sturz in die Hölle, wobei der Lichtbringer sein weißes Federkleid einbüßte und schwarze Fledermausflügel bekam. In der Hölle wurde er zum obersten Richter und zum Anführer aller bösen Kräfte. Doch der Sohn der Morgenröte, der vom Himmel gefallene Stern, gab seinen Namen auch dem Morgen- und Abendstern, der Venus.

Die Qualität von Luzifer

Luzifer ist trotz seiner zweifelhaften Quellen ein Archetypus von großer Kraft. Er ist der Rebell gegen die bestehende Ordnung, die ihn zum unfreien Geschöpf degradiert. Zwar lässt ihn diese Welt in Herrlichkeit und himmlischen Verhältnissen existieren, raubt ihm jedoch gleichzeitig jegliche Entscheidungsfreiheit. Als Strafe für seinen Widerstand nahm man ihm die Schönheit und verbannte ihn in die höllischen Bereiche des Daseins.

Das lateinische Wort »luciferus« bedeutet Lichtbringer; diesen Namen trug sogar einer der christlichen Päpste.

Luzifers Macht besteht darin, sich gegen das paradiesische Gefängnis aufzulehnen, gegen die Bequemlichkeit, die Fremdbestimmung und die Abhängigkeit vom Übervater. Er dachte nach und stellte vieles in Frage. Die oberste Autorität, die es – wie manche übervorsichtigen Eltern – eigentlich gut meint und ihre Geschöpfe unter angenehmen Bedingungen leben lässt, wird zur strafenden Instanz, wenn man sich gegen ihre Wohltaten wehrt.

Die Überwindung von Bequemlichkeit, meistens von lieb gewordenen Gewohnheiten, geht immer einher mit dem Überwinden von Grenzen. Dort, im Neuland, warten Gefahren, aber auch Chancen. So wie das Kind, das sich aus der Geborgenheit des Elternhauses herauswagt, auf die Nase fallen oder die wunderbarsten Entdeckungen machen kann, lernt man in jedem Alter dazu, wenn man sich traut, über den Tellerrand zu schauen. Neugierig sein und kritisch nachfragen sind die wichtigsten Mittel, um zur Selbsterkenntnis zu gelangen. Wem das untersagt wird, der bleibt geistig unfrei und kann leicht manipuliert werden.

Für den, der die Macht hat, andere geistig einzuschränken, ist jeder kritische Frager eine Gefahr. Aber auch derjenige, der die Grenzen überschreitet, geht ein nicht zu unterschätzendes Risiko ein. Denn der Eindruck, mehr zu wissen als andere, macht überheblich und sich selbst gegenüber kritiklos. Es sind nicht nur die selbst ernannten Gurus, die ihren Jüngern vermitteln, dass sie die Erleuchtung gepachtet haben, sondern die Hybris ereilt jeden. Wer propagiert, dass er unsinkbare Schiffe bauen kann, der geht irgendwann mit der Titanic unter. Diesen Satz können Sie für viele Errungenschaften der Technik anwenden, die irgendwann ihren Nachteil offenbart haben. Fast alles Menschenwerk führt zu irgendeinem Zeitpunkt zu Übertreibung und mündet in Gefahren, die nicht mehr beherrscht werden können – auch wenn uns vorgegaukelt wird, alles sei machbar. Hochmut kommt vor dem Fall, so nennt das Sprichwort Luzifers Selbstüberschätzung – und die der Menschen, denn Größenwahn und Selbstüberschätzung führen zum luziferischen Absturz. Darum seien Sie vorsichtig mit den Früchten der Erkenntnis. Sie können nie wissen, wie weit andere schon über Ihr Niveau hinaus sind, aber gelernt haben, damit nicht hausieren zu gehen. Und vor allem glauben Sie nie, dass Sie im Besitz der Wahrheit sind. Das sind Sie nämlich niemals vollständig.

Auch andere Kulturen kennen Lichtbringer, Götter, die den Menschen das Feuer brachten. Der bekannteste ist in unserer Sagenwelt wohl der griechische Prometheus.

Luzifer begegnen

Um Luzifer zu begegnen, brauchen Sie keine schwarze Messe zu veranstalten. Der gefallene Engel ist ohnehin nie sehr weit weg. Beim Aufgang des Abend- oder des Morgensterns können Sie ihn rufen. Der schönste der Engel kann Ihnen helfen, Ihre Situation zu analysieren und vor allem, sich aus dem goldenen Käfig zu befreien. Er wird Ihnen aber nicht helfen können, die daraus entstehenden Konflikte zu lösen.

Suchen Sie die Begegnung mit ihm, wenn Sie im inneren Dialog Dogmen hinterfragen möchten oder sich gegen eine erdrückende Autorität zur Wehr setzen müssen, vor allem aber auch, wenn Sie ungeliebte Gewohnheiten loswerden wollen und stattdessen etwas Neues lernen oder sich aus Abhängigkeiten lösen möchten. Es mag auch sein, dass Sie dabei Ihre eigene Göttlichkeit entdecken. Doch Vorsicht, hier liegt der Pferdefuß! Denn den einen oder anderen hat diese Erkenntnis schon größenwahnsinnig gemacht.

Satan – Verführung oder Verantwortung

Die satanische Version des Teufels ist der Verführer. Wobei es ein wenig nachdenklich stimmt, wie ihm das so mühelos gelingt, denn das gehörnte, schwefelstinkende Hinkebein ist nicht gerade der erotische Typ. Liegt seine Anziehungskraft vielleicht ganz woanders? Oder sollte Satan doch ganz anders aussehen, als wir ihn aus Beschreibungen und Abbildungen kennen? Außerdem – wo ein Verführer ist, da muss es auch jemanden geben, der sich verführen lässt. Wenn also Verführung als solches böse ist, dann trägt der Verführte eine Mitschuld und ist auch nicht sehr viel besser als der Verführer. Satan sollte uns also sehr nachdenklich stimmen.

Mythologische Hintergründe

Folgende Szene spielt sich im Paradies ab, als Eva nachdenklich am Baum der Erkenntnis steht: Eine Schlange, ein satanisches Symbol, taucht auf. Und von ihr wird gesagt: »Die Schlange aber war listiger als alle anderen Tiere des Feldes, die Gott, der Herr, gebildet hatte. Sie sprach zur Frau: ›Hat Gott wirklich gesagt: Ihr dürft von keinem Baum des Gartens essen?‹

Nachdem das Unglück passiert ist, verflucht der Schöpfer gleichermaßen Verführer und Verführte. Zur Schlange sagt er: »Auf deinem Bauche sollst du kriechen und Staub fressen dein Leben lang!«, und Eva verspricht er: »Zahlreich werde ich deine Beschwerden machen und deine Schwangerschaften ...«
Ich empfehle dazu die Lektüre des Ersten Buchs Moses, 3. Kapitel (Gen. 3).
Als Versucher tritt Satan dann wieder auf, um Jesus, der lange in der Wüste gefastet hatte und vermutlich in Trance war, mit irdischen Freuden zur Anbetung zu verlocken. Allerdings erfährt man nichts von einer Schlangengestalt, der Fluch war wohl doch nicht so wirksam; nachzulesen bei Matthäus (Mt. 4, 1–10).
Auch im Vaterunser haben wir eine interessante Formulierung, nämlich die Bitte an Gott, uns nicht in Versuchung zu führen.

Wer führt hier eigentlich wen in Versuchung?

Als Verführer wurde Satan bei schlichten Gemütern und buchstabengläubigen Sittenwächtern natürlich als Erstes mit Sex in Verbindung gebracht. Das ist einer der Gründe, weshalb die Sexualmagie auch heute noch in einem Atemzug mit dem Satanismus genannt wird. Aber eigentlich hat Satan ja die Menschen dazu verführt, vom Baum der Erkenntnis zu naschen, auf dass sie plötzlich Gut und Böse unterscheiden konnten. Und damit hat er sich im Grunde erst selbst geschaffen. Was für ein Teufelskreis!

Es sind vor allem die leeren Versprechungen, die der satanische Verführer immer wieder mit einem Augenzwinkern äußert. Selbst dran schuld, wer darauf hereinfällt!

Die Qualität des Satans

Vergessen wir den haarsträubenden biblischen Unsinn, und konzentrieren wir uns auf die archetypische Gestalt des Versuchers. Denn die gibt es nun mal wirklich. Wir lassen uns alle immer wieder verführen, und zwar meistens zu etwas, das uns persönliche Annehmlichkeiten verspricht: Macht, Ruhm, Schönheit, Gesundheit, Freiheit oder geliebt zu werden. Nehmen Sie wahllos drei Werbespots, und Sie wissen, was ich meine. Das Versprechen von irdischen Vorteilen beschäftigt heute eine ganze, außerordentlich florierende Branche, aber keiner käme auf die Idee, das Marketing und die Werbung als satanisch zu bezeichnen. Spirituelle Güter dagegen verspricht eine ganz andere »Branche.« Wie man sich ein angenehmes Leben nach dem Tod sichert, ist ihr Metier, dafür nehmen ihre Vertreter auch gerne Geld. Nicht nur ausbeuterische Sekten bedienen sich dieser Methode, sondern alle religiösen Institutionen seit der Zeit ihres Bestehens. Man denke nur an den florierenden Ablasshandel im Mittelalter. Satanisch ist in diesem Zusammenhang alles, was dem Ego dient, das es verführt, ichbezogen auf den eigenen Vorteil zu schauen. Aber was hat der Schlangengott im Paradies eigentlich wirklich gemeint, als er sagte: »Nein, ihr werdet nicht sterben. Gott weiß vielmehr: Sobald ihr davon esst, gehen euch die Augen auf, ihr werdet wie Gott und erkennt Gut und Böse.« (Gen. 3, 4–6)
Wer aber Gut und Böse definieren kann, setzt Werte und übernimmt Verantwortung für sein Handeln. Er hat anschließend keine Handhabe mehr zu sagen: »Der Teufel hat Schuld!« oder »Das hat Gott so gewollt!« Dieser Satan ruft zur Verantwortung für das eigene Handeln auf. Seltsam, dass ein Gott das verhindern wollte.

Satan begegnen

Den Satan anzurufen, das ist gemeinhin die schwärzeste Magie überhaupt. Und zugegeben, um mit dem großen Versucher in Kontakt zu treten, dazu muss man schon recht gefestigt sein. Stellen Sie sich vor, Sie wollen eigentlich ein paar Kilo abnehmen und essen seit zwei Wochen nur diätetische Lebensmittel in kleinsten Mengen. Wie lange können Sie beispielsweise einem perfekt aufgemachten Bild mit Ihrem Lieblingsessen widerstehen, bevor Sie zum Kühlschrank stürzen? Wenn Sie dann mit vollem Magen und schlechtem Gewissen zur Waage schleichen – wer außer Ihnen hat dann Schuld an diesem Ausrutscher? Der Teufel vielleicht?
Der archetypische Verführer führt uns immer wieder vor, wie willensschwach wir sind, wie bequem, auf den eigenen Vorteil bedacht, und vor allem, wie gerne wir uns vor der Verantwortung drücken und wie groß unsere Neigung zum Selbstbetrug ist. Anzurufen braucht man ihn eigentlich gar nicht, er ist sowieso immer gleich um die Ecke. Wir müssen uns seiner nur immer wieder bewusst werden. Dann kann er uns zeigen, wo unsere Schwächen und Ängste liegen. Der innere Dialog mit dem Verführer ist sicher der schwierigste überhaupt, denn es ist der mit der eigenen Bequemlichkeit oder, wenn Sie so wollen – mit dem inneren Schweinehund.

Wir brauchen keinen Satan, der uns ins Verderben stürzt. Die Menschheit schafft das aus eigener Kraft – und jeder Einzelne hat seinen persönlichen Widersacher in sich.

Von einer, die auszog, das Fürchten zu lernen

Nachdem Sie nun einige der höllischen Bewohner kennen gelernt haben und vielleicht sogar Ihren eigenen Besuch in der Unterwelt gewagt haben, hier noch ein uraltes Beispiel von einer mutigen Frau, die aus eigenem Antrieb und ganz bewusst zu den tiefsten Tiefen hinabgestiegen ist. Von ihrer Höllenfahrt haben Sie schon im Kapitel über Himmel und Höllen (siehe Seite 167ff.) gelesen. Nun möchte ich noch etwas genauer auf diese merkwürdige Göttin eingehen. Ihre Geschichte spielt im Zweistromland, in Mesopotamien, zur Zeit der Sumerer. Als eines der ersten auf der Welt entwickelte dieses kulturell hochstehende Volk eine Schrift, die Keilschrift, und so ist uns der Mythos um die große Göttin Inanna erhalten geblieben.

Der mythologische Hintergrund

Inanna, die Königin von Himmel und Erde, wurde im Morgen- und Abendstern verehrt, der in einem späteren Zeitalter mit Luzifer, dem Lichtbringer, gleichgesetzt wurde.
Die Mondgöttin Ningal ist ihre Mutter, doch sie wird von Enki, dem Gott der tiefgründigen Weisheit, erzogen. Später gewinnt die trinkfeste junge Göttin bei einem Wettstreit im Biertrinken die 14 *me*-Kräfte von ihm, mit denen sie die Herrschaft über das Land erlangt. Inannas Liebesleben ist ein wenig problematisch. Sie heiratet widerstrebend den Hirtengott Dumuzi. Auch wenn ihre Beziehung nicht frei von Leidenschaft ist, scheint es überwiegend Ärger zu geben. Vor allem, als Inanna beschließt, in die Unterwelt hinabzusteigen.

Inanna wurde bei anderen Völkern auch unter dem Namen Ischtar oder später auch Astarte verehrt und bei den Hebräern zu Aschtoreth.

»Hoch droben im Großen Oben stellte Inanna die Ohren auf und horchte auf das Große Unten ... Sie verließ ihr Amt der heiligen Priesterin, um in die Unterwelt hinabzusteigen«, heißt es von ihr. Und das bedeutet, Inanna horcht in sich hinein und fühlt, dass sie ihre Unterwelt erkunden muss. Mutig und selbstbewusst macht sie sich auf den Weg, geschmückt mit den sieben Insignien ihrer Macht. Aber sie ist auch eine umsichtige Göttin, denn sie bittet ihre gute Freundin Ninshuba, aktiv zu werden, wenn sie nach einer bestimmten Zeit nicht zurückkommt.

Zu allen Zeiten wollten die Menschen die unbekannten Welten erkunden. Bis in jeden Winkel des Kosmos reicht auch unser heutiges Wissen noch nicht ganz.

Die Aufgabe der Identität

Und dann beginnt das Abenteuer. Auf ihrem Weg nach unten gelangt Inanna an das erste Tor. Der Wächter schnauzt sie unfreundlich an: »Wenn du wirklich Inanna, die Königin des Himmels bist, auf deinem Weg nach Osten, warum hat dein Herz dich auf den Weg geführt, von dem kein Wanderer jemals zurückkehrt?« Inanna antwortet, dass sie ihre ältere Schwester Ereschkigal besuchen möchte, die Königin der Unterwelt. Der Wächter geht zu seiner Herrin und meldet ihr den Vorfall. Ereschkigal befiehlt ihm, die sieben Tore der Unterwelt zu schließen und Inanna bei jedem Tor ein Stück ihrer königlichen Kleider abzunehmen, damit die Himmelskönigin tief gebeugt zu ihr gelangt. So geschieht es, und jedes Mal, wenn Inanna fragt, warum sie etwas von sich abgeben muss, dann bekommt sie lapidar zur Antwort: »Still, Inanna, die Wege der Unterwelt sind vollkommen. Sie dürfen nicht in Frage gestellt werden.« Schließlich steht sie nackt und wehrlos vor ihrer älteren Schwester. »Dann heftete Ereschkigal die Augen des Todes auf Inanna. Sprach Worte des Ingrimms gegen sie aus. Schleuderte ihr Schreie der Anklage ins Gesicht. Sie schlug sie nieder. Inanna wurde zum Leichnam. Ein Stück faulenden Fleisches und wurde an einem Haken in der Wand aufgehangt.«

Die Darstellung, wie Inanna Stück für Stück ihre Insignien abgibt, ist ein bildhaftes Beispiel, wie ein Mensch seine unterschiedlichen Rollen ablegt.

Rettung aus der Unterwelt

Die Suche nach und die Begegnung mit den eigenen Schattenseiten ist keine Erfindung der modernen Psychologie – sie ist eine uralte Methode, um zu einem authentischen, heilen Leben zu gelangen.

Nachdem Inannas Freundin Ninshuba drei Tage nichts von ihr gehört hat, setzt sie wie zuvor verabredet die Rettungsaktion in Gang. Als die zum Leben zurückgekehrte Inanna wieder in der Oberwelt auftaucht, wird sie von einem Pulk Dämonen aus der Unterwelt begleitet, die einen anderen zum Austausch mitnehmen wollen. Ihre Freundin Ninshuba und ihre zwei Söhne verweigert Inanna den Dämonen, doch als sie ihren Gatten Dumuzi wieder trifft, der sie noch nicht einmal vermisst, sondern sich inzwischen sogar ihre Macht angeeignet hat, schickt sie ihn zur Hölle.
Wie alle Mythen spiegelt sich auch in dieser Geschichte menschliches Verhalten wider. Wenn man eine Phase der persönlichen Dunkelheit durchlebt, aufgrund von Trauer, Krankheit, Depressionen oder auch, weil man es so will, dann verliert man dabei etwas von sich selbst, es stirbt ein Teil in dieser Finsternis. Es werden die Zeichen der Macht, die königlichen Gewänder, abgegeben, diese oberflächliche Maskerade und Gefühle, und schließlich stirbt sogar das eitle Ich. Inanna begegnet ihrer »älteren Schwester«, der dunklen, missgünstigen, wütenden Ereschkigal. Jeder von uns hat so eine dunkle Schwester (oder einen Bruder) in der eigenen Unterwelt, den Schatten. Und die Begegnung mit ihm ist ziemlich genau das,

Die Vorstellungen von Himmel und Hölle sind eng mit dem Oben und Unten, dem Dunkel und dem Licht verbunden.

was der Mythos schildert. Hat man die Begegnung überstanden, kehrt man zurück – verändert, aber auch weiser. Wie Inanna. Die Dämonen aus der Unterwelt begleiten uns zwar noch immer, aber sie sind ans Licht gekommen und können beherrscht werden.
»Der Schatten ermöglicht uns den ersten Einblick in den unbewussten Teil unserer Persönlichkeit, und so stellt er den ersten Abschnitt des Weges zur Begegnung mit dem Selbst dar. Es gibt sogar keinen anderen Zugang zum Unbewussten und zu unserer eigenen Wirklichkeit als durch den Schatten! ... Erst wenn wir uns in tiefem Erschrecken so sehen, wie wir wirklich sind (und nicht mehr, wie bis dahin, so, wie wir zu sein hoffen oder glauben), können wir den ersten Schritt auf unsere individuelle Wirklichkeit zu tun.« So fasst Edward C. Whitmont die Begegnung mit den Schatten zusammen.

Die Hölle in uns selbst

Sie haben jetzt Bekanntschaft mit der Hölle gemacht, zumindest in den Bildern, die ich Ihnen zu vermitteln versuchte. Von Ihrer eigenen Hölle müssen Sie sich selbst ein Bild machen.
Es ist nicht zu leugnen, dass es eine fürchterliche, Angst erregende, peinigende Unterwelt für jeden Einzelnen gibt, doch eine ewige Verdammnis gibt es nicht. Man kann der eigenen Hölle mit den verschiedensten Methoden begegnen. Sie können in ihr die fauligen Abgründe und Müllberge aufräumen, Sie können die peinigenden Dämonen ans Licht zerren und verwandeln, Sie können sich dem Herrscher der Unterwelt stellen und seine Macht anerkennen. Oder in nüchterneren Worten gesagt, man kann sich seiner verdrängten und verleugneten Ängste bewusst werden und seinen eigenen Schattenseiten ins Gesicht sehen. Selbsterkenntnis ist der beste und erfolgreichste Weg aus der Hölle. Die schwarze Magie, die hier wirkt, ist hohe Magie. Sie ist dämonisch, denn sie setzt die dämonischen Kräfte frei. Wenn Sie sie zähmen und transformieren, also sich nutzbar machen, dann erhalten Sie Kraft und Macht.
Sie können diese Kraft für sich nutzen und damit Einfluss auf andere ausüben. Sie können damit manipulieren, Schaden anrichten und Verbrechen begehen. Sie können damit auch eine persönliche Freiheit erleben, eine heitere Unabhängigkeit, die Sie vor schädigenden Einflüssen schützt und Ihnen Macht über Ihr eigenes Leben schenkt. Es ist Ihre Entscheidung, für welche Ziele Sie sie einsetzen.

Die Mystiker und Denker der Vorzeit waren in ihren Vorstellungen gar nicht so weit von den heutigen wissenschaftlichen Erkenntnissen entfernt.

Chaotische Zustände

Wenn man sich den eigenen Teufeln und Höllen – den Ängsten des Unbewussten – gestellt hat, ihr Vorhandensein akzeptiert und mit der einen oder anderen unangenehmen Vorstellung seinen Frieden geschlossen hat, dann sind die Bedrohungen aus der Unterwelt geringer geworden. Wenn die Hölle ihre Schrecken verloren hat, wo liegt denn dann nun wirklich das Grauen? Da natürlich, wo jede Ordnung zusammenbricht – im Chaos.

»Was tat Gott, bevor er Himmel und Erde schuf?«, fragte einst Augustinus. »Er hat Höllen geschaffen, für Leute, die solche Fragen stellen!« Das war zwar nicht seine Antwort, sie passt aber ausgezeichnet zu unserem Thema.

Vorstellungen vom Weltenbeginn

Am Anfang gab es nur die ungeordnete Masse, Festes und Flüssiges waren miteinander vermengt. Daraus formte sich Gaia, die Erde: »Als Erster vor allen anderen war Chaos, aber als Nächstes die weitbrüstige Erde, der unerschütterliche Grund des Seins.«

Grauenvolle Urzeit

So sahen die Griechen den Anfang, und die Germanen standen ihnen in nichts nach: »Urzeit war es, da Ymir hauste: Nicht war Sand noch See noch Salzwogen, nicht Erde unten noch oben Himmel, Gähnung grundlos, doch Gras nirgend.« So heißt es in der Seherin Gesicht, doch die Weise prophezeit auch noch, dass am Ende der Zeit wieder alles im Chaos versinken wird: »Die Sonne verlischt, das Land sinkt ins Meer; vom Himmel stürzen die heiteren Sterne. Lohe umtost den Lebensnährer; hohe Hitze steigt himmelan.« Aber damit es nicht allzu trübsinnig wird, gibt sie auch zu Hoffnung Anlass: »Seht aufsteigen zum anderen Male Land aus den Fluten frisch ergrünend ... «

In Japan waren es Izanami und ihr Gefährte Izanagi, die auf einem Regenbogen standen und die chaotische Urmasse mit einem Speer aufrührten, bis sich feste Materie formte, und die alttestamentarischen Elohim, die Götter, schufen Himmel und Erde, doch die Erde war öd und leer – hebräisch: *tohu wa bohu* – und der Geist schwebte über den Wassern des Chaos.

Bild links: Geheimnisvolle Strukturen von überwältigender Schönheit bilden im Kleinen das Große ab. Die Chaosforschung und die Magie haben Gemeinsamkeiten.

Praktische Chaoserfahrung

Ein Haufen Sand kann bis zu einer bestimmten Höhe aufgeschüttet werden, und sein Kegel bleibt ziemlich stabil, auch wenn Sie Eimer für Eimer weiter aufschütten. Aber dann kommt ganz plötzlich der Augenblick, in dem nur ein einziges Sandkörnchen hinzukommt, und Sie werden sehen, der ganze Berg beginnt zu rutschen. Aus dem stabilen System ist mit einem Mal ein dynamisch sich veränderndes geworden, das sich so lange bewegt, bis es eine neue, stabile Form gefunden hat.

Dieses Experiment können Sie selbst durchführen. Aber benutzen Sie dafür lieber eine Sandkiste als eine Skipiste, denn genau so entstehen Lawinen.

Chaos als Unordnung zu beschreiben ist eigentlich falsch, denn der ungeformte Urzustand beinhaltet Ordnung und Unordnung.

Eines der Kriterien des Chaos ist, dass es sich nicht vorhersagen lässt. Es gibt eine trügerische Stabilität, die durch irgendeine Kleinigkeit plötzlich alles in einen völlig ungeordneten Zustand übergehen lässt. Der sprichwörtliche Reissack, der in China umfällt, kann, entgegen landläufiger Meinung, wirklich ein Chaos auslösen, wenn er das letzte Glied in der Kette ist. So viel zur Bilderwelt des Chaos.

Chaos war und Chaos wird sein, sagen die Mythen. Chaos ist immer irgendwo, sagt die Naturwissenschaft. Und eigentlich ist Chaos schön. Warum haben wir dann eine solche Angst davor?

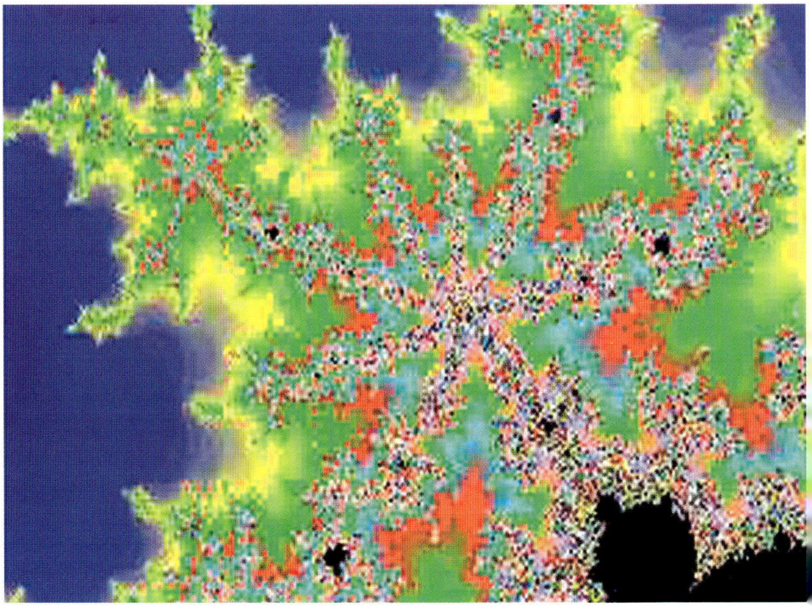

Bei näherer Betrachtung enthüllt sich die Ordnung im Chaos, die Struktur in der scheinbaren Unordnung,

Ein bisschen Chaos muss sein

Als die Wissenschaftler und Ingenieure die ersten Maschinen bauten, die nichtmenschliche Energie verbrauchten, fingen sie an, die Wirkungsgrade zu berechnen, und stellten mit Entsetzen fest, dass diese eingesetzte Energie nicht vollständig in neue Produkte umgewandelt werden konnte, viel Energie ging einfach verloren. Ist der Energievorrat jedoch endlich, wird schließlich irgendwann einmal alle Energie verloren sein, kurz, die Entropie, also die ungerichtet durcheinander taumelnden Moleküle, werden eine chaotische Brühe bilden, ähnlich wie sie die Schöpfungsmythen als den Urzustand des Kosmos beschreiben. Das bedeutet, dass das Ende der Welt vorprogrammiert ist.

Ein Ei, das vom Küchentisch fällt und zerbricht, kann in unserer Wahrnehmungswelt nicht wieder zum ganzen Ei werden – das bezeichnet man als Entropie: die Zunahme der Unordnung.

Eine andere Form von Ordnung

Aber inzwischen ist man nach und nach hinter eine seltsame Ordnung hinter dem Chaos gekommen, Gesetzmäßigkeiten, die zwar nicht eine Berechenbarkeit der zu erwartenden Entwicklungen ermöglichen, aber einen Bereich der Möglichkeiten definieren. Und damit ist das Chaos, wenn auch nicht beherrschbar, so doch einigermaßen begreifbar geworden. Wenn Sie Interesse an den faszinierenden wissenschaftlichen Hintergründen haben, lesen Sie doch etwas darüber nach. Im Literaturverzeichnis finden Sie einige Vorschläge für verhältnismäßig leicht verständliche Bücher zum Thema der Chaosforschung.

Die Ordnung der Dinge

Noch aber ist das Chaos ein weitgehend negativ verstandener Begriff, und jemanden als Chaoten zu bezeichnen ist für ihn nicht eben schmeichelhaft. Chaos ist Unordnung, unstrukturiertes Gewirr, ziel- und richtungsloses Agieren, grenzenlose Instabilität, eben ein völliges Tohuwabohu, aus dem nur höchst zufällig mal etwas Brauchbares auftaucht. Wie unangenehm Unordnung sein kann, erfahren Sie immer dann, wenn Sie in einem unaufgeräumten Büro ein wichtiges Dokument suchen. Wir sind als Menschen bestrebt, unser Leben in eine gewisse, unseren Verstandesfähigkeiten angemessene Ordnung zu bringen. Sie hat, um das gleich vor-

wegzunehmen, für jedes Individuum eine andere Form. Der eine verplant schon vor dem Aufstehen jede Minute seines Tages, der andere hat allenfalls eine grobe Vorstellung vom Jahresablauf und unterscheidet lediglich die Zeit vor und nach Silvester. Dennoch gibt es nicht nur zeitliche Ordnungen, sondern vor allem geistige Ordnungskriterien. Wir sind auf eine ganze Reihe davon schon gestoßen, als wir die Werte betrachtet haben. Sie sind Ordnungsbegriffe im zwischenmenschlichen Dasein, sie regeln aber auch unsere Gedanken und Gefühle. So haben wir zwar die Fähigkeit, alle möglichen Vorstellungen zu entwickeln, aber bestimmte Tabus religiöser, moralischer oder ethischer Art hindern uns daran, sie zu zeigen oder auszuleben. Auch Denkschranken legen wir uns manchmal auf, weil es in dem von uns und unserer Umgebung geprägten Weltbild heißt, dass Magie böse und Träume nur Schäume sind.
Wir befinden uns aber inmitten eines chaotischen Systems, das sich Leben nennt, und brauchen solche Grenzen, um nicht geistig und körperlich unterzugehen. Das Land jenseits dieser Grenzen ist gefährlich – ist es auch böse?

Was sind das für Menschen, die freiwillig ins Chaos gehen? Das müssen doch Narren sein! Oder sind sie im Gegenteil weiser als andere?

Im Land hinter den Grenzen

Jenseits der Zäune liegt die Wildnis, das Unbekannte, das Land der unerwarteten Zufälle. Es wird bevölkert von gefährlichen Tieren und Pflanzen, es ist besiedelt von kaum vorstellbaren andersartigen Lebewesen, voller lockender Fallen, verwirrender Spiegelungen, faszinierender Möglichkeiten und seltsamer Anziehungskräfte. Ein Schritt hinein, und man ist in den verworrenen Pfaden verloren, findet nicht mehr zurück in das sichere Heim, in dem Beständigkeit und überschaubare, stabile Verhältnisse herrschen. Jeder warnt davor, sich in diesen Dschungel hinauszuwagen. Nur die Zaunreiterinnen, die Hexen, sitzen souverän auf dem Mäuerchen zwischen dem einen und dem anderen Gebiet und sind dabei mit einem Bein immer ein wenig im Chaos. Noch mutiger sind manche großen Sucher, Mystiker oder Schamanen, die sich ganz bewusst hineinbegeben in die fremden Welten. Sie kommen verwandelt wieder – wenn sie wiederkommen. Auch Magier betreten diese Welten, geschützt durch ihre Rituale und deren strenge Befolgung. Manchmal stürzt jemand auch ganz ungewollt ins Chaos, und das ist dann wirklich gefährlich.

Der Narr – die Nullnummer im Tarot

Ein Tarotspiel hat 22 große Arkana oder Trümpfe, aber traditionell ist die letzte Karte die Nummer 21, denn die erste Karte, der Narr, trägt die Zahl Null, und das hat auch einen Grund, denn die Null ist vor allen anderen Zahlen und sie hat keinen Wert. Sie ist sozusagen das mathematisch definierte Nichts, das uranfängliche Chaos. Mit dem Archetypus, der mit der Null gekennzeichnet ist, sollten Sie sich auseinander setzen, denn er hat seinen ganz eigenen Zauber und eine besondere Wirkung.

Kluge und dumme Narren

Ein Narr ist ein Mensch, der sich nicht nach den Regeln richtet, entweder weil er zu dumm dazu ist oder zu weise. Närrisch sein bedeutet verrückt sein. Ver-rückt, aus der Ordnung gerückt, im Chaos. Der dumme Narr wird sich immer im Chaos verlieren, der weise Narr wird darin die Geheimnisse der Schöpfung entdecken.
Die Narrenkraft ist eine der wichtigsten magischen Kräfte, denn nur durch sie ist es möglich, die Grenzen zu sprengen. Das ist auch der Grund, warum Magie als gefährlich angesehen wird. Sie ist es auch für alle, die nicht über den eigenen Tellerrand ins Chaos schauen möchten, denn närrisch sein bedeutet auch, den Kontakt zur sichtbaren Wirklichkeit aufzugeben und die anderen Wirklichkeiten neben der eigenen anzunehmen. Nur in der zeitweiligen Orientierungslosigkeit liegt die Möglichkeit zur Wandlung, verbergen sich alle Chancen und Risiken des Neubeginns.

An Narrentagen wurde früher oft das Herrschaftsverhältnis umgekehrt: Narrenkönige und Narrenbischöfe regierten das Volk, die Sklaven spielten die Herren, und die Herren bedienten die Sklaven.

Der Narr bringt einen zum Lachen

Ein Narr ist auch jemand, der uns zum Lachen bringt. Wir freuen uns über sein närrisches, weil unerwartetes Verhalten, das eigentlich immer die eigene allzu festgefahrene Situation überzeichnet. Er ist in den Mythen als der Trickster bekannt, als jemand, der immer wieder einen Weg findet, sich durchzumogeln. Auch dazu gehört die Fähigkeit, unerwartete Dinge zu tun, denn Durchmogeln bedeutet ja auch, sich durch die Grenzpfähle der Gesetze zu winden. Manchmal werden solche trickreichen Gesellen aber auch erwischt und hinter Gitter gebracht.

Wenn Sie in einer Legung die Tarotkarte Der Narr vorfinden, so steht sie für die Erfahrung, sich ins Unbekannte zu begeben. Sie bedeutet auch, den Mut zu haben, dabei vielleicht auf die Nase zu fallen. Um ein praktisches Gefühl für die Narrenkraft zu entwickeln, versuchen Sie einmal, närrisch zu sein, vielleicht am 1. April, dem Tag der Narren. Unternehmen Sie etwas Magisches – etwas, was Sie noch nie gewagt haben, weil es nicht »in der Ordnung« war. Es muss nichts Gefährliches sein, nur etwas, das außerhalb Ihrer üblichen Grenzen liegt.

Wir sind immer so ängstlich darauf bedacht, in der Ordnung zu leben und Chaos zu vermeiden. Doch die Ordnung setzt Grenzen und schränkt ein. In der Ordnung liegt die Gewohnheit, und mit der Gewohnheit kommt die Abstumpfung. Wandel ist nicht mehr möglich. Ist das wirklich erstrebenswert?

Wir haben auch die Zeit geordnet und den Tag gevierteilt in Morgen, Mittag, Abend und Nacht, das Jahr in Frühling, Sommer, Herbst und Winter.

Noch einmal Tarot: Der Kaiser

Die Karte Der Kaiser trägt im Tarot die Zahl Vier, und sie ist ebenso bedeutungsvoll wie die Null. Die Vier nämlich bedeutet Stabilität und Ordnung. Vier Himmelsrichtungen ermöglichen die Orientierung überall auf der Welt. Ein Koordinatensystem, in dem jeder Punkt der Ebene eindeutig definiert werden kann, hat vier Quadranten. Nach alter Sichtweise besteht die Welt aus den vier Elementen Luft, Feuer, Wasser und Erde, und wenn diese nicht im Gleichgewicht sind, dann laufen wir Gefahr, dass unsere Erde sehr plötzlich wieder in ein Chaos versinkt.

Eine ordnende Hand

Der Kaiser ist der Ordnung schaffende Herrscher, der die Grenzen seines Reiches errichtet, bewacht und notfalls verteidigt. Er gibt die weltlichen Gesetze vor und spricht Recht. Seinen Untertanen verschafft er Sicherheit vor den Gefahren, die an den Grenzen lauern, Schutz vor den Feinden und der Wildnis. Dafür verlangt er Anpassung, Gehorsam und Hingabe. Er ist der Patriarch, die archetypische Vaterfigur, und seine besten Seiten sind, dass er Klarheit schaffen und Richtung weisen kann. Er ist eine Stütze, wenn man verwirrt und unsicher ist, hilfreich in Krisen und energisch, wenn man selbst schwach ist. Er ist der Starke, der einen aus dem Sumpf zieht, in dem man zu versinken droht, und er übernimmt die Verantwortung für die, die sich ihm anvertrauen.

Auch seine Stärke ist eine magische Kraft, ohne den Willen zur Abgrenzung verpuffen alle Energien im Leeren. Darum ziehen wir auch immer den rituellen Kreis um uns, wenn wir uns konzentriert mit dem magischen Wirken befassen.

Das Leben ist eine Gratwanderung zwischen Ordnung und Chaos, aber nur hier, auf dieser schmalen Grenze, ist es überhaupt möglich.

Bedauerlicherweise hat der Kaiser aber auch einen Hang zum Autoritären. Er repräsentiert all die erdrückenden Überväter, die eine freie Entfaltung ihrer Kinder nicht zulassen und bei denen das Gesetz gilt: »Solange du deine Füße unter meinen Tisch steckst, benimmst du dich so, wie ich es dir befehle!« Diesen Patriarchen haben wir vor langer Zeit zu einem Gott erhoben, der da sagt: »Ich bin der Herr, dein Gott, du sollst nicht andere Götter neben mir haben!« Basta!

Wenn Sie in einer Legung die Karte Der Kaiser vorfinden, dann bedeutet das, dass Sie Verantwortung tragen, etwas strukturieren, was zuvor ein Durcheinander war, dass sich eine Situation stabilisiert oder dass dogmatische Prinzipienreiterei Ihr Leben beeinflusst.

Die Kraft des Kaisers können Sie immer dann verspüren, wenn Sie irgendwo Ordnung schaffen, sei es in Ihrem Haus, auf Ihrem Schreibtisch, in den Verzeichnissen Ihres Computers, in Ihren Finanzen oder in Ihren Gedanken.

Sie können selbst weitere Bilder suchen, die für kontrollierbare Struktur auf der einen, das unbeherrschbare Chaos auf der anderen Seite stehen. Tun Sie es ruhig, wann immer Sie daran denken – es schärft die Wahrnehmung!

Synthese von Narr und Kaiser

Es gibt beide Kräfte, die Ordnung und das Chaos, den Kaiser und den Narren, und nur zusammen sind sie ausgewogen. So durfte der Hofnarr aussprechen, was andere, diplomatisch geschulte Untergebene dem Herrscher nie zu sagen wagten. Der Narr darf Grenzen lächerlich machen, die der Kaiser gezogen hat.

Die herbe Rationalität des Machers kann der phantasievolle, spielerische Spinner erträglich machen, die willkürlichen und sprunghaften Einfälle des Phantasten kann der wissenschaftliche Denker zu einer genialen Erfindung gestalten.

In einem System, in dem sich Atome völlig ungeordnet bewegen, wird es zu keiner stabilen Verbindung kommen, alles zerfällt wieder, ohne sich weiterzuentwickeln. In einem System, in dem alle Teilchen starr gebunden sind, ist es ebenfalls unmöglich, eine dynamische Entwicklung in Gang zu bringen. Lediglich an der Grenze, an

dieser ungemein feinen Scheidelinie zwischen Chaos und Ordnung, sind die Chancen gegeben, dass die Kräfte des einen und des anderen miteinander agieren und der Zufall es ermöglicht, dass lebensfähige Gebilde entstehen, aus denen sich nach und nach der Prozess des Lebens entfalten kann.
Ein Beispiel will ich hier noch anführen: Wenn Gottvater der große, ernste und ordnende Weltschöpfer war, dann kann der Widersacher nur der närrische, lachende Teufel sein. Und das ist doch auch eine interessante Facette dieses Herren.
Goethe hat darüber wohl auch nachgesonnen und lässt seinen Mephisto zum Herrn sagen: »Mein Pathos brächte dich gewiss zum Lachen, hättst du dir nicht das Lachen abgewöhnt!«

Die großen Chaoten

Ganz tief unten lauern nicht nur die unbeherrschbaren Triebe, sondern auch das hemmungslose Lachen, weshalb man durchaus mal in das Chaos abtauchen sollte.

Nicht nur in der Hölle hausen die Teufel, Dämonen und abgedrängten Götter, auch das Chaos ist mit schaurigen Archetypen bevölkert. Ein paar von ihnen reichen bis in die tiefste Urzeit zurück und sind so schrecklich, dass man kaum wagt, ihnen ins Gesicht zu sehen. Andere sind durchtrieben und versuchen mit allen Tricks, ihre selbstsüchtigen Ziele zu verfolgen.
Auch irgendwo ganz tief unten, unter der mehr oder minder geordneten Oberfläche unserer Persönlichkeit lauert das Chaos, das unkontrollierbare Gewirr von Trieben und Begierden, von denen manche so schrecklich sein mögen, dass wir ihnen nicht ins Gesicht sehen wollen, und die doch mit allen Mitteln versuchen, sich durchzusetzen. Versuchen wir, diesen mytischen Gestalten auf die Spur zu kommen, um sie kennen zu lernen und ihre Spielräume einzugrenzen, damit diese Chaoten nicht willkürlich unsere sicheren Bastionen stürmen und unsere Existenz bedrohen.

Neptun – Rausch oder Mysterium

Vor gut 150 Jahren wurde Neptun, der achte Planet unseres Sonnensystems, entdeckt. Die Astrologen waren zunächst irritiert von seinem Auftritt. Doch nach einer längeren Phase der Unsicherheit fand er, genau wie seine beiden anderen transsaturnischen Kollegen Pluto und Uranus, einen passgenauen Platz in der Horoskopdeutung. Pluto zeigt sich als die untergründige Energiequelle, Uranus als der spontane Exzentriker und Neptun als der irrationale Chaot. Wird er im Horoskop wirksam, dann ist die Gefahr der Haltlosigkeit nahe, aber auch das Eintauchen in die seltsamsten Abgründe der Seele.

Mythologische Hintergründe

Poseidon hieß er bei den Griechen, und wir erkennen den Erderschütterer an seinem Dreizack, mit dem er gelegentlich Erd- und Seebeben verursacht. Als Bruder von Zeus und Pluto, die Olymp und Unterwelt beherrschen, erhält er das Reich der Meere. Dort residiert er in einem gewaltigen Unterwasserpalast in der Ägäis, umgeben von Delfinen und wunderlichen Meeresungeheuern. In seinem Gefolge treten all die Meeresjungfrauen, die verführerischen Sirenen, Nymphen und Nereiden auf. Seine Liebesgeschichten sind zahllos, und in vielen Episoden wird über sein eigenwilliges Treiben berichtet. Besonders gern stiftet er Verwirrung, indem er Gerüchte und verschwommene Andeutungen ausstreut, worauf sich Götter und Helden dann mächtig in die Haare bekommen. Beliebig setzt er sein Element, das Wasser, ein, indem er es entweder dem Land vorenthält und Dürren verursacht oder aber Überschwemmungen und gewaltige, zerstörerische Wogen schickt. Vor allem Odysseus hat auf seiner Heimreise unter seinen Ränken zu leiden, sei es, weil er den verzaubernden Stimmen der Sirenen erliegt, sich berauschenden Getränken und vergifteten Speisen hingibt, die Nymphen ihm kredenzen, sei es, weil er durch die hinterhältigen Machenschaften von Scylla und Charybdis, Poseidons Geliebter und Tochter, behindert wird.

Als Seefahrer war man bemüht, sich Neptuns Gunst zu erhalten, und an der Küste befanden sich viele seiner Kultstätten. Später musste Neptun allerdings seinen Dreizack dem Teufel abgeben.

Die Qualität des Neptuns

Schon sein Herrschaftsbereich kündet seine Eigenschaften an – es ist das Meer, Symbol des Unbewussten, das Wasser, ständig in Bewegung, haltlos, ungebändigt, tiefgründig. Man kann darin versinken, untergehen und nie wieder auftauchen. Das geschieht,

Sich zeitweise ziellos treiben zu lassen setzt viel Energie frei; aber man muss es schaffen, wieder zur Ordnung zurückzukehren, sonst geht man in Neptuns Reich verloren.

wenn man die Wirklichkeit flieht, sich durch Süchte und Drogen verführen lässt. Im Rausch wie im Wasser lösen sich dann Teile der Persönlichkeit auf und werden zersetzt. Das Denken wird unklar, das Leben haltlos. Das Abtauchen in diese Tiefen birgt in der Tat Gefahren, vor denen nüchterne Menschen warnen. Doch wie sich immer wieder zeigt, gilt diese Warnung nur dann, wenn man sich unvorbereitet und unbewusst in Neptuns Reich begibt. Ist man sich im Klaren darüber, dass man die wahrhaft chaotischen Tiefen aufsuchen will, dann tritt man dort über die Grenzen des Ichs hinaus und hat die Chance, mit der Ureinheit zu verschmelzen. Dieses Erlebnis streben die Mystiker an und nennen es manchmal die Verbindung zu Gott. Andere nennen es die Rückerinnerung an das Schweben des Fötus im Fruchtwasser. Auf jeden Fall hilft aber dieses Erlebnis, die eigene Wichtigkeit etwas distanzierter zu betrachten, und damit lösen sich meist eine ganze Reihe von Problemen ganz von selbst. In dem Urozean liegen alle Möglichkeiten, aus ihm hat sich das Leben gebildet, und aus ihm erhalten wir unsere Inspiration und unser Einfühlungsvermögen.

Dialog mit Neptun

Ob in der Badewanne oder im Meer – sich im Wasser treiben zu lassen ist eine der entspannendsten Übungen, die man sich denken kann. Man gerät in Trance, ohne auf irgendwelche psychoaktiven Substanzen zurückgreifen zu müssen. Eine technische Spielerei, die mit diesem Phänomen arbeitet, ist der Samadhi-Tank. Samadhi bedeutet Versenkung, und in der schall- und lichtdichten Isolationskammer liegt der Körper in einer hochkonzentrierten Salzwasserlösung. Die entspannende Wirkung des Wassers und das Wegfallen aller äußeren Sinnesreize führt dazu, dass sich das Bewusstsein erweitert.

Der Besuch eines solchen Tanks ist aber nicht notwendig, um sich mit Neptun auseinander zu setzen. Die Badewanne tut es auch, oder Sie verwenden das Wasser-Tattwa, die silberne Mondsichel, um in sein Reich einzutauchen. Lassen Sie die Bilder aus dem Deep Blue emporsteigen, und betrachten Sie sie später bei Tageslicht. Sollte sich wirklich das Gefühl der Ich-Auflösung und die Verbindung mit der Ganzheit einstellen, genießen Sie es. Aber werden Sie anschließend nicht überheblich und nicht süchtig danach.

Dionysos – Wahnsinn oder Göttlichkeit

Wenn einer der alten Götter eine Vorlage für den christlichen Teufel geliefert hat, dann war es selbstverständlich Dionysos, der Sohn des Zeus, denn er war ein Fruchtbarkeitsgott, der zuweilen Bocksgestalt annahm. Von ihm übernahmen die immer kreativen Kirchenfürsten die Hörner, die Behaarung und die Bocksfüße und vor allem die sexuelle Begehrlichkeit, um den Teufel zu erschaffen.

Mythologische Hintergründe

Zeus ist mal wieder auf Abwegen und verführt Semele, die prompt schwanger wird. Die eifersüchtige Göttergattin Hera intrigiert, und als Resultat erscheint Zeus seiner Geliebten in Gestalt eines Blitzes. Das überlebt diese natürlich nicht, aber der Göttervater rettet das ungeborene Kind und trägt es in seinem Schenkel aus. Dionysos kommt zur Welt, aber Hera ist weiterhin rachsüchtig hinter Semeles Sprössling her und belegt ihn mit Wahnsinn. So irrt er durch die orientalischen Länder, bis er endlich von Kybele geheilt wird. Er lernt die orientalischen Riten und Kulte kennen und bringt sie nach Griechenland. Bei seinen Festen ging es entsprechend phantasievoll zu. Man trug Tierfelle und Efeukränze, trommelte und blies Flöten und zog so in die Berge. Der Wein, der getrunken wurde, die Musik und die Tänze versetzten die Gefolgschaft in Rausch, wenn nicht sogar in Ekstase. Dieses Aus-sich-heraus-Treten und gleichzeitige Hineinrufen der Gottheit (Invokation) führte dazu, dass sich die Feiernden von dem Göttlichen erfüllt glaubten. In diesem Zustand wurden Tiere geopfert, zerrissen und das rohe Fleisch gegessen. Dieses Detail des Kultes hat sich am tiefsten eingeprägt und das Bild der bluttriefenden Bacchantinnen, die sich in orgiastischen Feiern austobten, geschaffen.

Als Mänaden oder Bacchantinnen zogen die Griechinnen mit Musik und Tanz zu den Mysterien des Dionysos in die Berge. Nicht erst zu christlichen Zeiten stand man dem weinlaubbekränzten Gott aus den orientalischen Ländern kritisch gegenüber, auch die Griechen mit ihren heldenhaften Olympiern ignorierten ihn in ihren Epen. Die Frauen jedoch liebten Dionysos.

Die Qualität des Dionysos

Wahnsinn und Ekstase gehören zu Dionysos. Wahnsinn ist das endgültige Überschreiten der Grenzen hinein in das seelische Chaos, dort wo die üblichen Regeln nicht mehr gelten, wo die Wahrnehmung der Realität nicht mehr der entspricht, wie »normale« Menschen sie haben. Was Wahnsinn ist, wie er definiert wird, ist aber zeit- und kulturabhängig. Lange Zeit hat man beispielsweise die Schamanen als Wahnsinnige oder als Epileptiker abgetan, weil sie von Reisen in andere Welten berichten konnten. Heute weiß man, dass Schamanen ganz geordnete Grenzüberschreitungen betreiben, die zwar durch Methoden erreicht werden, die uns unheimlich oder verrückt erscheinen mögen, aber durchaus sinnvoll sind. Krankhafter Wahnsinn kann furchtbar sein, wenn die Welt, die für den Kranken Wirklichkeit ist, von Dämonen bewohnt wird. Wenn sie es nicht ist, kann sich der Betroffene dabei auch in einer besseren Welt aufhalten. Der bewusste, zeitlich begrenzte Wahnsinn ist die Ekstase, in der die Persönlichkeit sich für eine Weile verändert.

»… denn letztendlich handelt es sich hierbei (der Invokation), da sollte man sich nichts vormachen, um eine milde, gesteuerte Form der Schizophrenie. Aber das ist in der Magie ohnehin fast immer der Fall.«
Frater Apfelmann

Dionysos begegnen

Dionysos begegnet man in der Ekstase, im Rausch. Das große Problem an diesen hochwirksamen Techniken des Heraustretens und Hineinrufens liegt darin, dass man seine Handlungen nicht mehr verantworten kann. Darum sollten Sie, falls Sie unbedingt mit derartigen Methoden experimentieren möchten, sich immer einen strikten rituellen Rahmen geben und vor allem dabei nie alleine sein, sondern immer Menschen um sich haben, die Sie an zerstörerischen oder selbstzerstörerischen Handlungen hindern.

Andererseits ist die Erfahrung des Göttlichen eine überwältigende, sie wird das Leben desjenigen, der so etwas erlebt hat, für immer verändern. Sie müssen selbst wissen, ob Sie dieses Risiko eingehen möchten, denn niemand kann Ihnen sagen, was und wie Sie es erleben und welche Folgen es für Sie hat.

Odin – Wildheit oder Weisheit

Auch die Germanen hatten ihren Gott der Ekstase – Odin, den Obersten der Asen. Bei den Westgermanen wurde er auch Wodan oder Wotan genannt, und sein Name weist eine nahe Verwandtschaft zu dem Wort »wüten« auf.

Der Walvater hat aber im Gegensatz zu dem mystisch angehauchten Dionysos eine eher männliche Gefolgschaft, denn er liebt den

Kampf, die Jagd und den Rausch. Gelegentlich wird auch seine Verwandlung in eine Bärengestalt beschrieben, und so wurde er von den Berserkern – den in Bärenfelle gehüllten Kriegern – verehrt. Die Berserker waren dafür berüchtigt, dass sie im Drogenrausch kämpften und sich dabei absolut tobsüchtig gebärdeten.

Mythologische Hintergründe

Doch hat Odin nicht nur eine wilde Seite, er ist auch stark an Weisheit und Magie interessiert. Um Wissen zu erwerben, opfert er sogar ein Auge, weshalb er in den mythologischen Darstellungen oft einen Schlapphut trägt. Es sind vor allem die Runen, die magischen Zeichen, deren Kräfte er kennen lernen wollte, und diesen Wissensschatz hütet Urda, die älteste der Nornen. Damit sie ihm ihr Wissen überlässt, muss sich Odin in eine tiefe Trance versetzen, die er auf sehr schmerzhafte Weise erreicht:

Ich weiß, dass ich hing / am windigen Baum.
Neun Nächte lang / vom Speere verwundet
Dem Odin geweiht / ich selbst mir selbst.
Am Ast des Baumes / von dem niemand
weiß, aus welcher Wurzel er spross.
Man gab mir weder / Brot noch Met.
Da neigte ich mich nieder / und nahm die Runen auf.
Ich nahm sie schreiend / und fiel zu Boden.

Die kursiv abgedruckten Zeilen stammen aus dem Havamal, einem Teil der Lieder-Edda – eine Sammlung der germanischen Mythologie.

Hier wird eine schamanische Initiation beschrieben, eine magische Einweihung in das Wissen. Das Hängen im Baum, Fasten und die Schmerzen der rituellen Wunden versetzen den Initianden in einen Bewusstseinszustand, der es ihm ermöglicht, losgelöst vom rationalen Denken Erfahrungen und Wissen aufzunehmen.

Die Qualität Odins

Nach seiner Prüfung hat Odin ein Wissen erhalten, das über alles Maß hinausgeht, er hat einen schmerzhaften Lern- und Erkenntnisprozess absolviert und eine Prüfung bestanden. Nun beherrscht

er die Worte der Macht, die magischen Kräfte der Runen. Darüber hinaus beschafft er sich auch noch den Skaldenmet, nach dessen Genuss er die Dichtkunst wie kein anderer beherrscht.
Andererseits gibt er ein wunderbares Vorbild für einen Dämon ab, denn mit seinem schwarzen Schlapphut, der die leere Augenhöhle bedeckt, den zwei Wölfen, die ihm auf den Fersen folgen, und den beiden krächzenden Raben auf seinen Schultern wandert er gerne durch die nächtlichen Lande.

Hin und wieder setzt Odin sich auch auf sein achtbeiniges Ross und führt das Wilde Heer an. Als wütender Sturmgott hat er Freude daran, ein richtiges Chaos zu hinterlassen.

Odin begegnen

Odin begegnet man in der Ekstase der körperlichen Erschöpfung. Die drastische Form des Hängens im Baum ist dabei nicht gemeint, sondern ganz normale Anstrengungen können – weniger gesundheitsschädlich – zum gleichen Ergebnis führen. Wer schon einmal gejoggt ist, bis der Zustand eingetreten ist, dass man den eigenen Körper nicht mehr fühlt, der hat dieses Stadium erreicht. Auch bei anderen Tätigkeiten, die Ausdauer erfordern, setzt irgendwann Trance ein, tritt man aus sich heraus und wird unanfällig für die äußerlichen Gegebenheiten. Es ist eine schwierige Form, die Grenze zu überschreiten, und sie verlangt Selbstdisziplin. Denn bevor die Leichtigkeit einsetzt, muss man sich anstrengen und sich selbst überwinden.

Loki – Verschlagenheit oder Intelligenz

Odin hat einen Blutsbruder, der kräftig Unruhe in das Reich der Götter und der Menschen brachte. Loki, der Trickreiche, der Verwandlungskünstler, der Lauscher und Gerüchteausstreuer, ist ebenfalls gerne als Vorbild für den Teufel genommen worden. Aber Loki ist nicht nur böse, er greift oft auch hilfreich ein, nur sind seine Handlungen immer von großer Unberechenbarkeit.

Mythologische Hintergründe

Eine der charakteristischsten Darstellungen des listenreichen Gottes findet man in der Edda. Es handelt sich dabei um Lokis Zankreden. Die Götter sitzen zusammen bei einem kräftigen Schluck Äl

(Bier), als Loki uneingeladen die Halle betritt. Kaum hat man ihm sein Bier kredenzt, fängt er auch schon an, einen nach dem anderen zu beleidigen. Da er die heimlichen Laster und die verborgenen Ängste der Anwesenden kennt, verursacht ihnen das Unbehagen.
»Schweig doch, Byggwir! Gar schlecht verteilst du unter den Männern das Mahl; im Stroh unter der Bank versteckst du dich, zogen die Krieger zum Kampf.« So bezichtigt er den einen des Geizes und der Feigheit. Über die Demütigung eines anderen berichtet er mit folgenden Worten: »Schweig doch, Njörd! Geschickt warst du ostwärts als Geisel fürs Götterreich; in den Mund machten dir die Mädchen Hymirs und nahmen zum Nachttopf dich.«
Was Loki aber wirklich mit dem Chaos verbindet, sind seine drei Kinder. Fenrir, der Wolf ist so gefährlich, dass man ihn in Fesseln legen musste. Die Midgardschlange umschließt die ganze Erde, und ihre Bewegungen verursachen Ebbe und Flut sowie gewaltige Sturmfluten. Hel aber sitzt als Herrin des Totenreiches in ihrem nebligen Heim und wartet dort auf das Ende der Welt.

Die Qualität Lokis

Er hält den Seinen den Spiegel vor, er konfrontiert sie mit ihren versteckten, verdrängten oder beschämenden Eigenschaften und macht sie lächerlich. Loki ist der Narr, der sich über die Grenzen des Anstands hinwegsetzt und sich damit weidlich unbeliebt macht. Er nutzt sein Wissen, um andere gegeneinander auszuspielen, sie in Gefahr zu bringen – oder sie zu retten. Aber schließlich führen seine Ausgeburten die ganze Welt ins Chaos, aus dem sie anschließend wieder neu entsteht. Loki ist hochintelligent und kenntnisreich, die von der Gemeinschaft aufgestellten Regeln missachtet er souverän und zeigt damit manchmal ihre Absurdität und vor allem ihre Lächerlichkeit auf. Ohne Regeln aber wird irgendwann die Götterdämmerung hereinbrechen.

Ragnarök, der Untergang der Welt und der Sturz in das Chaos, wird von Lokis Kindern, dem Fenrirswolf und der Midgardschlange, ausgelöst. Wenn die Götterdämmerung kommt, reißt sich der Wolf los und verschlingt die Sonne, und die Midgardschlange bewegt die Erde.

Loki begegnen

Loki begegnen Sie, wenn Sie Regeln umstoßen, vor allem erst einmal solche, die Sie selbst betreffen. Natürlich können Sie Geschwindigkeitsbegrenzungen übertreten und sich dem Rausch der Gefahr aussetzen. Es gibt aber auch weniger selbstzerstörerische Möglichkeiten, etwas Verrücktes zu tun. Wie ein kluger Narr lernen Sie plötzlich eine neue Freiheit kennen. Überprüfen Sie Tabus und Einschränkungen, die Sie davon abhalten, Sie selbst zu sein. Manchmal sind es Kleinigkeiten wie beispielsweise das Tragen von eleganten, aber unbequemen Schuhen, nur weil man glaubt, ohne sie nicht korrekt angezogen zu sein. Oder Sie stellen sich einer peinlichen Situation aus der Vergangenheit, bei der Sie noch immer rot werden, wenn Sie sich daran erinnern. Und dann versuchen Sie, das Lächerliche in dem Vorkommnis zu finden.

Wenn man das Lächerliche an einer Situation erkennt, hat man sich über sie erhoben und ein verborgenes Muster erkannt. Erkenntnis ist auch immer mit Humor verbunden.

Tiamat – verschlingende und zerstückelte Mutter

Tiamat hat den schönen Titel »Drache des Chaos« erhalten, und doch war sie einst die Dea Mater, die Muttergöttin, die babylonische Schöpferin der Welt. Denn: »Als droben der Himmel noch nicht bekannt war, und als der feste Grund unten noch nicht benannt war, als nur der uranfängliche Apsu, ihr Erzeuger, und Mummu-Tiamat, sie, die alle gebar, ihre Wasser vereinigten ...«, da wurden die Götter geboren. An ihrer Geschichte zeigt sich beispielhaft, wie aus einer Mutter ein Drache werden kann.

Mythologische Hintergründe

Die vielen Wesen, die Tiamat geboren hat, gehen mit ihrem Gelärm dem Vater Apsu auf die Nerven, und er verlangt von der Mutter, sie wieder zu entfernen. Tiamat weigert sich, wie es wahrscheinlich jede Mutter tun würde. Aber es geht rau zu im babylonischen Himmel, und als die Götter von Vater Apsus Befehl hören, töten sie ihn. Darüber wird Tiamat nun wirklich zornig, und es beginnt eine gewalttätige Auseinandersetzung, bei der Marduk, ganz der selbstgerechte Sohn, seine Mutter zum Zweikampf auffordert.
»Als Tiamat ihn so rufen hörte, da kam sie vor Wut und Ingrimm von Sinnen. Ihr Leib erbebte in mächtigem Zorne. Aufbrüllt sie und raste dem Feinde entgegen.« Vergeblich, Marduk, der Held, ermordet sei-

ne Mutter, und zwar nicht ganz emotionslos: »Da trat er voll Wut in ihr totes Gebein, er spaltet den Schädel mit furchtbarer Kraft ...« Doch dann wird er ruhiger, und schließlich vollführt er eine seltsame Tat. Er teilt den Leichnam seiner Mutter in zwei Teile: »Zum Himmelsdach macht er die eine Hälfte, zur Erde macht er die andere.« Und somit ist Tiamat, der Drache des Chaos, allgegenwärtig.

Tiamat ist eine fruchtbare und eine furchtbare Mutter, sie schützt ihre Kinder, doch wenn sie von ihnen bedroht wird, vernichtet sie sie auch.

Die Qualität Tiamats

Tiamat ist wie die Natur selbst, die allem Leben Raum gibt und doch alles Leben wieder nimmt. Die alten Göttinnen sind so. Sie haben nicht den demütig-liebevollen Augenaufschlag der fürsorglichen Mutter, sie können auch entsetzlich wütend werden und ihre eigenen Kinder vernichten. Die archetypische Gestalt der »Verschlingenden Mutter« ist eine, die vor allem Männer fürchten, und wenn sie sie auf Frauen projizieren, dann wird sie zum Angstauslöser, der zur Gewalt gegen Frauen führt. Die Mutter wird zum Feindbild gemacht, das solche Helden wie Marduk besiegen müssen. Diese Angst vor der Fesselung und Überwältigung entsteht bereits in der Kindheit, wenn der kleine Mensch beginnt, sich von der Mutter zu trennen, und die eigene Selbstständigkeit entdeckt. Sie muss natürlich nicht in krankhaften Frauenhass umschlagen, sondern kann auch dazu befähigen, einen durchaus erfolgreichen Kampf um die eigene Unabhängigkeit zu führen.

Tiamat begegnen

Tiamat treffen Sie in der aufbegehrenden Wut gegen enge Grenzen, im Schrei nach Befreiung, im Tobsuchtsanfall, bei dem Sie sich gänzlich gehen lassen. Unkontrollierte Begegnungen mit Tiamat sind in der Tat erschreckend und gefährlich, denn sie sind ein Amoklauf, der nicht gebremst werden kann. Als kontrollierte Erfahrung wird sie bei jedem Wettkampf gemacht, bei dem es um den ganzen körperlichen und geistigen Einsatz geht. Und dabei muss der Gegner noch nicht einmal ein Mensch sein, sondern auch Berge, Eiswüsten, Meere und Wildwasser können die Herausforderer sein. Es ist ein gewalttätiges und anstrengendes Überwinden von Grenzen.

Tiamat ist nicht nur die verschlingende Göttin sondern auch die sorgende Mutter. Doch die zu starke Fürsorge bedroht die Selbstständigkeit des Schutzbefohlenen.

Kali Ma – Zerstörung oder Schöpfungskraft

Kali ist nicht einfach nur eine Göttin, sie ist auch einer der vielfältigen Aspekte der Mahadevi, der großen Göttin, der Königin des Kosmos.

Die Schwarze, die Grausame, die nach Blut dürstende Göttin, die ekstatisch tanzende Schöpferin, Kali Ma, die Vielgestaltige hat eine neue Gestalt angenommen. Ich beschreibe hier nicht die eigentlich hinduistische Göttin, denn ich maße mir nicht an, auch nur ein Quäntchen der verschlungenen indischen Mythologie zu verstehen. Aber Kali Ma hat sich als die Dunkle Mutter aus unserer abendländische Unterwelt erhoben, und vor Kali Ma darf man Angst haben. Sie will das. Sie verlangt Opfer, unter ihren stampfenden Füßen zermalmt sie die Schädel der Dämonen, sie wird trunken von ihrem Blut und tanzt auf ihren Leibern, bis die Welt in Stücke bricht.
Die schwarze Mutter der Zeit ist in den Frauen erwacht, die seit Jahrtausenden zu hilflosen, dämlichen, zweitrangigen Dienerinnen der Männer degradiert worden sind.

Mythologische Hintergründe

In ihrer religiösen Heimat zeigt sich Kali mit einem schwarzen Gesicht, drei rot geränderten Augen, und ihre Zunge hängt ihr weit aus dem Mund. Sie ist mit Girlanden aus Schädeln und Leichenteilen geschmückt und trägt Waffen in ihren Händen. Der Schleim aus den Fußknochen von Leichen und die Asche von Scheiterhaufen dienen ihr als Schminke. Ihre Wildheit kann nur ihr Gemahl Shiva zähmen, der Fürst des Tanzes, indem er sich selbst als Opfer vor ihre Füße wirft. Er tritt als weinendes kleines Kind auf, und Kali Ma hält in ihrem zerstörerischen Tanz ein, um es zu trösten und an ihren Brüsten zu stillen.
Die europäischen Kolonisatoren mussten natürlich in Kali die abschreckende, abgrundtief böse Göttin sehen, eine menschenfressende Dämonin, deren Kult in der Nähe von Leichenverbrennungsstätten gepflegt wurde. Und ihre Anhänger konnten nur ebenso abgrundtief böse Heiden sein. Doch trotz ihrer nachweislichen Grausamkeit ist Kali eine der beliebtesten Göttinnen Indiens. Worin liegt ihr Geheimnis?

Die Qualität von Kali Ma

Weder die alten Erdmütter noch die große Allmutter Isis noch die in Nacht und Nebel herrschenden Göttinnen Hekate und Hel haben eine so gewaltige Macht und Ausstrahlung wie die wilde, blindwütige, ekstatische, liebende und tröstende Kali. Schon erst recht nicht haben die blassen Madonnen und hingebungsvollen Märtyrerinnen des Christentums einen Hauch ihrer Qualitäten. Erinnern wir uns: Wie oben, so unten, wie im Himmel, so auf Erden. Wie die Götter, so die Menschen. Keine Figur ist so dem Chaos verhaftet wie Kali Ma, keine kann so extreme Bilder der Angst heraufbeschwören wie sie, keine kann sie so gründlich vernichten wie die schwarze Göttin. Keine tanzt so hingerissen, keine kämpft so besessen, keine liebt so leidenschaftlich wie sie.
Pluto ist der kaltherzige Machthaber der Unterwelt, Kali Ma ist das heißblütige, selbstverlorene, rasende Vollweib des Chaos. Sie richtet nicht, sie wägt nicht ab, sie handelt ohne Vorsatz. Sie ist eins mit dem Kreislauf von Werden und Vergehen, und sie genießt beides, die Schöpfung und die Zerstörung, das Chaos und das Leben. Es ist der Unterschied zwischen dem Wandern zu einem Ziel und dem Tanz im Rhythmus des Seins.

Da sie die Dämonen durch ihren Tanz zermalmt, ist Kali Ma eine wahrhaft gütige Göttin, denn die Dämonen sind die Ängste, die unter ihren Füßen sterben.

Kali Ma begegnen

Kali Ma zu begegnen bedeutet, allen Ängsten der Vernichtung gegenüberzustehen. Und aus dieser absoluten Konfrontation gelangt man, ob Sie es glauben oder nicht, zum tiefsten Trost, der darin liegt, dass man erkennt, dass das Chaos der Ursprung des Lebens ist.
Wie Sie zu Kali Ma kommen, das wird Ihr persönliches Mysterium sein, in Worten ist es nicht zu beschreiben. Wie bei Pluto kann die Begegnung mit Kali Ma gewaltige Energien freisetzen. Für den Anfang ist es wahrscheinlich besser, Sie meditieren zunächst einmal über die Eigenschaften der wilden Göttin. Wenn Sie unbedingt symbolische Unterstützung bei einer Anrufung einsetzen wollen, dann können Sie hier wirklich tief in die Schatulle der schwarzen Magie greifen und mit Knochen, Gräten, Totenköpfen, Friedhofserde, Modergeruch, Menstruationsblut oder Samenflüssigkeit, Asche und schwarzen Kerzen arbeiten. Ansonsten reicht es,

wenn Sie buchstäblich bis zum Umfallen tanzen. Wenn Kali Ma erscheint und Sie ihrer Ausstrahlung standhalten, dann überlassen Sie ihr alle Ihre Dämonen. Gelingt Ihnen das nicht, brauchen Sie anschließend gute Freunde als Beistand, denn, wie gesagt, ein Rendezvous mit Kali Ma bleibt nicht ohne Folgen, denn sie ist die Chaos verbreitende Göttin.

Der Teufel – Lügen oder viele Wahrheiten

»Des Chaos wunderlicher Sohn«, so tituliert Dr. Faust den Teufel in Gestalt des Mephisto, und der erzählt ihm: »Ich bin ein Teil des Teils, der anfangs alles war, ein Teil der Finsternis, die sich das Licht gebar.« Kurz und gut, der Teufel ist ein Teil des uranfänglichen Chaos. Und damit ist er so entsetzlich schwierig zu fassen, denn er ist ein trickreicher Lügner, der sich wandelt, einer der schwindelt, was das Zeug hält.

Zweifeln Sie ruhig bewusst hin und wieder an sich selbst und an dem, was Sie als Ihre absolute Wahrheit definieren. Wenn Sie es nicht machen – der Teufel tut es gewiss. Und der hat viele Gestalten!

Mythologische Hintergründe

Der Vater der Lüge ist eigentlich nirgendwo wirklich beschrieben, und doch ist er in jedermanns Munde. Er ist die Illusion, die Wünsche weckt und mit Verlockungen narrt. Er verwirrt und führt auf Irrwege, er steckt im Detail genauso wie im Großen und Ganzen. In den vielen Geschichten, die sich um ihn ranken, nimmt er stets wechselnde Gestalten an, aber immer wieder versucht er, durch seine Darstellung der Realität die Menschen zu schändlichen Handlungen zu bewegen und Zweifel zu wecken. Er benutzt die Lüge – aber was ist schon Lüge? Das Gegenteil von Wahrheit? Das ist etwas zu einfach. Jeder, der sich einmal Zeugenaussagen anhört, wird feststellen, dass die Ermittlung der Wahrheit gar nicht so einfach ist. Selbst bei der einfachen Schilderung einer Verkehrssituation, etwa wie schnell ein Fahrzeug fuhr, wie groß sein Abstand zu einem anderen war oder sogar welche Farbe es hatte, ganz zu schweigen vom Nummernschild, wird jeder Zeuge etwas anderes gesehen haben. Jede Wahrnehmung durchläuft auch die inneren Bereiche

des Unbewussten, und dort verbindet sie sich mit den dort angesiedelten Wünschen, Ängsten und Gefühlen der betreffenden Person. Dass wir die »wahre« Wahrheit nicht herausfinden – das erscheint uns teuflisch.

Die Qualität des Teufels

Für die Menschen vor dem 17. Jahrhundert war es die einzige richtige und erfahrbare Wahrheit, dass sich Sonne, Mond und Sterne um die Erde bewegen. Als Galilei von den Planeten berichtete, die um die Sonne kreisen, geriet er in große Konflikte mit der Kirche und musste diesem für lügnerisch gehaltenen Glauben öffentlich am 22. Juni 1633 abschwören.

Wir neigen dazu, je nach Veranlagung und Neigung das, was uns die Naturwissenschaften, die Kirche, die Presse oder die Politiker vermitteln, ebenfalls bedingungslos zu glauben und für wahr zu halten. Es ist eine erschreckende Erfahrung, wenn man dann plötzlich feststellt, dass es neben diesem sicheren Gebäude noch eine andere Wahrheit gibt, und nicht selten wird sie zunächst als Lüge bezeichnet. Der Teufel – die andere Wahrheit – wird verdammt, bekämpft und beschimpft. Denn Zweifel tun weh. Wer zweifelt, dessen Glaube befindet sich nicht mehr im Rahmen der Ordnung, sondern im Chaos.

Unsere Wahrnehmung ist selektiv – wir sehen immer nur das, was uns im Augenblick wichtig erscheint. Was geschieht in diesem Moment vor Ihrem Fenster?

Dem Teufel begegnen

Dem großen Lügner begegnen Sie immer dann, wenn ein lieb gewonnenes Weltbild in die Brüche geht. Und das beginnt schon sehr früh im Leben. Wenn der Weihnachtsmann seinen falschen Bart verliert, die Eltern nicht mehr der sichere Hort sind, sondern auch nur fehlbare Menschen, wenn die Lehrer nicht mehr die Quelle allen Wissens sind, wenn die Glaubensvorstellungen den harten Realitäten nicht mehr standhalten, wenn eine Versicherung nicht für den Schaden zahlt, von dem man meinte, sie würde ihn abdecken, wenn Vertragspartner wortbrüchig werden ...

Zweifel hat jeder schon mal gehabt, und wer daran verzweifelt, der ist auf dem besten Weg ins Chaos. Mit Zweifel muss man lernen umzugehen, dann kann man ihn konstruktiv nutzen und sein Weltbild erweitern.

Chaosmagie

Es gibt seit einiger Zeit eine neue Richtung in der Magie – eine angepasst moderne Stilrichtung –, die die mittelalterlich verschnörkelten und ethnologisch verbrämten Strukturen überwunden hat und auf direktere Methoden zurückgreift. Die Chaosmagie, die sich aller denkbaren Mittel bedient, um der Realität die gewünschte Form zu geben, kann in der halbverstandenen, auf Schockeffekte ausgelegten Anwendung in die gleiche Schublade rutschen, in der auch das ruht, was unter schwarzer Magie und Satanismus verstanden wird. Das liegt allerdings daran, dass in der Chaosmagie weder ein bestimmtes Glaubensmodell noch starre Zeremonialvorschriften existieren, sondern alles nach Maßgabe dessen, was wirkungsvoll und als persönlich nützlich empfunden wird, eingesetzt wird.
Dieses Verfahren verlangt entweder eine recht eingehende Beschäftigung mit den herkömmlichen magischen und religiösen Systemen oder aber eine ungeheure eigene Kreativität. Grundsätzlich geht die Chaosmagie davon aus, dass der Glaube ein psychologisches Phänomen ist und nicht an spezielle Gottesvorstellungen gebunden ist. Damit ist eine geistige Freiheit verbunden, die erschreckend wirken kann, weil man darin jeden Halt in traditionellen Vorstellungen verliert. Zu keinem Gottvater, keinem Teufel, keiner Erdmutter, keiner dreifaltigen Göttin, keinem Planeten kann man mehr einen persönlichen Bezug herstellen. Es gibt nur noch die Vorstellung, dass eine Kraft, der Äther, existiert, die auch die Menschen nutzen können, um ihre Realität zu formen.

Auch die Magie entwickelt sich weiter, so wie sich das Wissen der Menschen erweitert. Die Formen des Mittelalters oder gar noch früherer Zeiten sind überholt, wenn auch die Kräfte geblieben sind.

Glauben als ein Mittel zum Zweck

Um mit dieser magischen Kraft etwas erreichen zu können, nimmt man für eine kurze Zeit ein passendes Glaubenssystem an, handelt darin, um Magie zu wirken, und legt es dann wieder ab. Ob dabei alte Rituale korrekt durchgeführt werden oder mit selbst gestalteter Chaossprache experimentiert wird, bleibt dem Einzelnen überlassen. Wesentlich ist, dass der Magier sich in einen Zustand versetzt, in dem er keinen Zweifel an der Wirksamkeit seines Tuns hat. Dieser Zustand wird von den Chaosmagiern »Gnosis« genannt und meint auf die unterschiedlichsten Arten herbeigeführte Ekstase. »Im Augenblick der Trance bildet der Geist eine direkte Schnittstelle zur

nichtkausalen Verbundenheit aller Dinge im Universum. Starke emotionale Reaktionen sind der am leichtesten zugängliche Schlüssel zur Gnosis«, schreibt Joseph Max in seinem Buch »Techniques of Chaos Magic«.
Versuchen Sie es, wenn Sie den Mut haben! Denn wer sich mit der Chaosmagie beschäftigt, wird über kurz oder lang feststellen, dass nichts wahr und nichts wirklich ist und dass er kein reales Selbst besitzt. Ist das nicht eine teuflische Vorstellung?

In der praktischen Magie werden magische Werkzeuge ganz real eingesetzt, in der hohen Magie werden Verstand, Wille, Gefühl und Tatkraft ohne Hilfsmittel bemüht.

Noch einmal Tarot: Der Magier

Die Karte, die auf den Narren folgt und die Nummer Eins trägt, nennt sich Der Magier. Auf den meisten Tarotkarten sehen Sie ihn mit einer Hand zum Himmel erhoben, die andere deutet auf den Boden. In dieser symbolischen Geste liegt das ganze Geheimnis der Magie verborgen. Denn mit ihr stellt er die Verbindung her zwischen Oben und Unten. Das hört sich zunächst sehr banal an, doch wenn man Oben und Unten etwas näher betrachtet, gewinnt die Aussage eine ungeahnte Tiefe.

Oben auf unserem Körper sitzt unser Kopf und denkt, unten stehen unsere Füße auf dem Boden der Realität. Oben im Himmel herrschen die Götter oder die magischen Kräfte des Universums, unten auf der Erde gestalten wir unsere Realitäten. Im Tagesbewusstsein nehmen wir die äußere materielle Welt wahr, unten, im Unbewussten, liegt die innere, die eigene magische Welt. Magie verbindet diese Welten von Oben und Unten, von Innen und Außen.
Als Hilfsmittel hat der Magier seine Werkzeuge: das Schwert – seinen Verstand, den Stab – seinen Willen, den Kelch – seine Gefühle und das Pentagramm – seinen irdischen Körper mit den Möglichkeiten zu handeln. Diese vier Symbole sind ebenfalls auf der Karte abgebildet. Im Ritual werden diese Gegenstände zur Unterstützung eingesetzt, um bei den praktischen magischen Operationen die Verbindung von Oben und Unten herzustellen. Die Anrufung der magischen Kräfte – Götter, Geister, Engel, Dämonen oder Archetypen –, die Trancen und die Ekstasen sind die Mittel, um mit dem Oben oder Innen in Kontakt zu treten und die magischen Kräfte in die

materielle Welt herabzuholen. Hier manifestieren sie sich dann in der Realität, was bedeutet, dass Wünsche in Erfüllung gehen. Sowohl die guten wie die bösen. Im Raum der Möglichkeiten ist alles enthalten, und beschränkt wird es nur durch die Fähigkeiten des Magiers. Denn Magie und Machen sind zwei Worte, die eng miteinander verwandt sind. Der Magier ist ein Macher, er setzt gedankliche Vorstellungen durch einen Willensakt in die Realität um. Wie weit diese Vorstellungen gehen, hängt von seiner geistigen Freiheit und seiner persönlichen Ethik ab. Damit räumt der Magier aber auch mit einem der großen Missverständnisse, die die Magie betreffen, auf: Zaubern löst ein Problem nicht. Die rechten Zutaten, ein eindrucksvolles Ritual, die ausgefeilte Anrufung einer magischen Kraft alleine verändern noch nichts, sondern das alles ist nur ein mehr oder weniger amüsantes Schauspiel. Erst wenn Sie wirklich etwas wollen, kann Magie wirken. Und nur, wenn Sie anschließend auf die Zeichen achten, kann sich die Wirkung der Magie in der Realität manifestieren. Wer zaubert, sich dann zurücklehnt und meint, seinen Teil getan zu haben, der wird von der Magie bitter enttäuscht sein. Eigenverantwortung und das Ergreifen von gebotenen Chancen müssen dem magischen Akt folgen. Ein alchemistischer Lehrsatz drückt das sehr präzise aus: »Du musst alles selber tun.«

Ein Unterschied zwischen schwarzer und weißer Magie besteht darin, dass der schwarze Magier die Geister zwingt, der weiße sie hingegen bittet.

Ein ziemlich chaotisches schwarzes Ritual

Bislang habe ich Ihnen eine präzise Beschreibung eines schwarzmagischen Rituals vorenthalten. Das soll an dieser Stelle nachgeholt werden. Bitte nehmen Sie jedes Wort bitterernst, denn die Worte und Handlungen sind jahrhundertelang überliefert und werden derzeit im Internet verbreitet. Den hochwirksamen Zauberspruch allerdings habe ich dazu beigesteuert. Versuchen Sie nur ja nicht herauszufinden, was er bedeutet, dann verliert er jegliche Wirksamkeit! Und nun wählen Sie einen finsteren Ort, an dem Sie das Ritual ausführen, etwa einen feuchten, spinnwebverhangenen Kellerraum oder einen von Nebelschwaden umwogten Kreuzweg, an dem einst ein Galgen stand. Mitternacht bei Neumond bietet sich als Termin geradezu an. Ziehen Sie einen magischen Kreis um sich, und bilden Sie vor allem außerhalb dieses Kreises ein magisches Dreieck. Dann beschwören Sie einen Dämon Ihrer Wahl mit folgenden, mit vibrierender Stimme gesprochenen Worten:

Du großer, mächtiger Geist (korrekter Name des Dämon), *ich beschwöre dich an diesem Tag und zu dieser Stunde hier, um dir bestimmte Angelegenheiten aufzutragen. Bevor ich aber damit fortfahren kann, ist es notwendig, dass du dich gut sichtbar vor mir zeigst. Und höre, solltest du unter irgendeinem Bann stehen oder andersweitig beschäftigt sein, darf dich dennoch nichts davon abhalten, der Kraft meiner fürchterlichen Beschwörung zu widerstehen. Ich kommandiere dich, und solltest du meinen Worten nicht gehorchen und unwillig sein zu kommen, dann verfluche ich dich auf die schrecklichste Art und Weise, dann werde ich dir deine Macht nehmen und dich an einen schauerlichen Ort verbannen. Deshalb komme sofort und sichtbar, du Geist ... und erscheine in dem magischen Dreieck außerhalb des Kreises.*

Machen Sie hier eine dramatische Pause, damit der Dämon Zeit findet, sich zu materialisieren. Dann fahren Sie mit erhobener Stimme fort und zitieren rückwärts (und wehe, Sie lachen dabei!):

Nie rigam, red remmi run ethculf,
nnew re uz nrebuaz ethcusrev,
red nnak hcis tztej thcin rhem negalkeb,
nned re beirhcsrev fpok tmastim negark
med lefuet, red nhi ethcuseb!

Was den anderweitig beschäftigten Dämon anbelangt, so können Sie einmal einen magischen Wettkampf mit einem Magierkollegen ausfechten, der den Dämon zur selben Zeit herbeizitiert.

Jetzt können Sie dem Dämon seinen Auftrag erteilen. Passen Sie aber auf, dass weder Sie Ihren Kreis verlassen noch der Geist sein Dreieck überschreitet oder gar Ihren Kreis betritt. Anschließend erfolgt die Verabschiedung mit folgenden Worten:

Oh großer und machtvoller Geist (korrekter Name des Dämon), *da du in allen meinen Forderungen gehorcht hast, beschwöre und binde ich dich abschließend, damit du weder mich verletzt noch diesen Ort oder irgendetwas, das mir gehört, beschädigst oder zerstörst und dass du sorgfältig alle Dinge ausführst, die ich dir aufgetragen habe. Und jetzt erlaube ich dir, in deinem Schlupfwinkel im Unsichtbaren zu entschwinden. Friede sei zwischen mir und dir, und komme du schnell, wenn ich dich wieder beschwöre.*

Lachen Sie bloß nicht dabei!

Jenseits von Gut und Böse

Wenn Sie mir bis hierhin gefolgt sind, dann mag es sein, dass Sie entweder entsetzt sind oder sich in berechtigtem Zweifel befinden, was denn nun Gut und Böse ist. Diesen Zweifel wollte ich ganz bewusst auslösen, denn nur wenn man sich mit ihm beschäftigt, findet man die eine oder andere erfrischende Einsicht für sein Leben. Höhere Einsichten ziehen aber auch immer eine magische Wandlung nach sich, verschieben die Wichtigkeiten und verändern damit die Welt, in der wir leben.

Für den Einzelnen war die Möglichkeit zur Entfaltung zwar eingeschränkt, doch bot die Gesellschaft Hilfe und Geborgenheit, wie wir sie mit unseren anonymen Versicherungen und Sozialleistungen nicht mehr kennen.

Vom Teufel und »negativen Wesenheiten«

Trotz aller Aufklärung und Erkenntnis gibt es noch heute unzählige Menschen, die an den leibhaftigen Teufel und seinen Dämonen fest glauben. Sie geistern als »negative Wesenheiten« durch die Welt und vor allem durch die Presse.

Es sind vor allem sehr junge Menschen, aber auch solche, deren Bildung lückenhaft oder die nicht sehr intelligent sind, die diesen Vorstellungen von nichtmenschlichen bösen Existenzen unterschiedlicher Form anhängen. Man kann zwei Erklärungen dafür finden: Zum einen fehlt diesen Menschen noch oder überhaupt eine ausreichende Lebenserfahrung und die Kenntnis ihrer eigenen Potenziale, zum anderen unterstützt die Bilderwelt unserer Religion und der Medien sie in ihrem Glauben. Außerdem ist es natürlich so, dass negative Kräfte wie Hass, Habsucht, Neid, Bosheit und viele andere mehr selbstverständlich existieren. Wie ich Ihnen versucht habe darzustellen, wirken sie tatsächlich so, wie man es den Dämonen und Teufeln seit jeher zugeschrieben hat. Mit einem Unterschied – sie sind keine vom Menschen getrennten Wesen, keine eigenständigen Gestalten, sondern lediglich Projektionen eines jeden Einzelnen.

Bild links: Paradiesische Zustände wünschen wir uns wohl alle, sowohl im Himmel als auch auf der Erde.

Junge und/oder unerfahrene Menschen werden durch Lebenserfahrung, Wissenszuwachs und Selbsterkenntnis irgendwann feststellen, dass es keine außermenschlichen »Wesenheiten« gibt – weder den Weihnachtsmann noch die Dämonen. Wer jedoch durch seine Schatten so stark gehemmt ist, dass er die eigenen Probleme, Ängste und Schwächen in sich nicht sehen kann oder will, der wird immer zu der einfachen Lösung greifen und die geleugneten Bestandteile seines Selbst auf die Vorstellung von externen »Wesenheiten« projizieren.

Anders als die Menschen, die in den Generationen vor uns lebten, haben wir heute alle Zeit und alle Möglichkeiten, an der eigenen Entfaltung zu arbeiten. Wir müssen es nur tun.

Wer sie anruft, weckt nichts anderes als seine eigenen negativen Seiten. Wer sie dabei erkennt, transformiert und schließlich gewandelt in seine Persönlichkeit übernimmt, der wird zum authentischen, selbstbewussten und selbstverantwortlichen Menschen. Wer durch diese Akte anderen Lebewesen schadet, sie körperlich oder seelisch misshandelt, der verhält sich kriminell. Mit Okkultismus hat das Ganze nichts zu tun.

Über den Schatten springen

Das Mittelalter ist vorüber, wir können den Erkenntniszuwachs, den die Menschheit seither hatte, nicht verdrängen. Neue Technologien verändern das Leben, die Mobilität ist größer geworden, die Grenzen des Geistes sind durchlässiger. Freiheit – das große Wort der Französischen Revolution – hatte nicht nur positive Auswirkungen. Familienverbände haben sich seither aufgelöst, Handwerksbünde und Innungen sind bürokratische Einrichtungen geworden, die Kirche hat sich mit ihren strengen Doktrinen selbst geknebelt, die gesellschaftlichen Schichten haben sich neu formiert und sind durchlässiger geworden. Die persönliche Freiheit, die wir damit errungen haben, kann schmerzhaft sein, und eines der Resultate ist die Einsamkeit des Individuums. Wir müssen also auch neue Wege finden, um mit einer persönlichen Einsamkeit fertig zu werden, die die Generationen vor uns noch nicht kannten. Regression hilft hier nicht weiter, zurückkehren können wir nicht mehr. Notgedrungen muss sich jeder selbst aus dem Gefängnis der Dualität befreien, das wir uns geschaffen haben, indem wir vom Baum der Erkenntnis gekostet haben und damit Gut und Böse, Licht und Schatten, Sünde und Tugend definiert haben.

Es ist eine schwierige Aufgabe, diesen Weg in die persönliche Freiheit, in die Selbstentfaltung zu gehen, auch wenn die Rahmenbedingungen dafür geschaffen sind.
Unsere Lebensbedingungen befreien uns weitgehend von dem harten Überlebenskampf, Freizeit, Wissen und Bildung stehen jedem zur Verfügung, die Freiheit des Denkens und des Glaubens ist gewährleistet. Dafür aber ist der Werterahmen erschreckend elastisch geworden. So steht jeder, der sich auf den Weg zum Individuum macht, erst einmal in der Wüste. Denn da, wo es keine klaren Richtungen gibt, liegt die Last der Entscheidung bei dem Einzelnen. Letztendlich muss jeder heute seine eigene Ethik schaffen und über die Bewertungen von Gut und Böse, Richtig und Falsch nachdenken. Erschreckenderweise tut das aber kaum jemand, denn es ist ja so viel bequemer, vorgegebene Meinungen zu übernehmen, den Medienmeldungen zu glauben, dem Trend zu folgen, die Moden kritiklos mitzumachen und die eigenen Vorurteile zu pflegen.
Um über den Schatten zu springen, muss man Kraft aufbringen.
Wer sich stattdessen aber der Bequemlichkeit hingibt und die Verantwortung für die eigene Entscheidung nicht übernimmt, der ist ein wahres Opfer jeder schwarzen Magie – der Manipulation und Fremdbestimmung!

Es ist eine schwierige Aufgabe, diesen Weg in die persönliche Freiheit, in die Selbstentfaltung zu gehen, auch wenn die Rahmenbedingungen dafür geschaffen sind.

Das Mysterium der Entscheidung

Die Welt ist – mehr nicht. Sie hilft uns nicht in der Bewertung der Wirklichkeit. Wir müssen selbst entscheiden, und das Mysterium der Entscheidung ist sicher eines der größten. Unendlich viele Bestandteile wirken in diesen Vorgang hinein. Vielleicht hilft Ihnen folgendes Bild aus dem Tarot, das ich persönlich für das tiefgründigste halte.

Tarot: Die Mäßigkeit

Die archetypische Kraft der Mäßigkeit wird im Crowley-Tarot Die Kunst genannt, und es bietet sich an, über diese Bezeichnung nachzudenken. Auf der Karte wird eine Frau dargestellt, die aus zwei Kelchen unterschiedliche Flüssigkeiten in einen Kessel gießt. Sie weiß, dass es auf die Kunst der Mischung ankommt.

Eine ungemein magische Tätigkeit ist gutes Kochen und ein hervorragendes Beispiel für den Begriff »Mäßigkeit«. Salz beispielsweise ist an sich neutral, aber eine ungesalzene Speise schmeckt fade, und die versalzene Suppe ist ungenießbar. Das Zuviel eines Gewürzes erschlägt den Eigengeschmack des Essens, das richtige Maß erhöht diesen Geschmack, veredelt ihn und macht die Mahlzeit zu einem Kunstwerk.

Das magische Weltbild begründet sich auf die vier Elemente, die vier wesentlichen Kräfte, die das Leben bestimmen. Jedes von ihnen ist wie das Salz in der Suppe.

Übertragen Sie diese Kunst der Mischung auf die vier magischen Elemente, und Sie sehen, wie wichtig es ist, Maß zu halten. Noch einmal zur Erinnerung:

Das Maß aller Dinge müssen wir finden, die Mitte zwischen Gut und Böse – dann kann unser Leben gelingen.

- Die Erde steht für alles Materielle und die Tatkraft.
- Die Luft bedeutet den Intellekt und den logischen Verstand.
- Das Feuer meint den Willen und die Energie.
- Das Wasser ist das Element der Gefühle und die Intuition.

Ist das Element Erde (das Materielle) in Ihrem Leben richtig dosiert, bedeutet es Geduld, Beharrlichkeit, Ausdauer und Festigkeit. Zu viel davon verursacht Starrheit und Sturheit, zu wenig Haltlosigkeit und Unrast.

Der ausgeglichene Einsatz des Elementes Luft (der Intellekt) bedeutet einen klaren Verstand und schnelles Denken, zu viel davon jedoch kalte Berechnung, Hartherzigkeit und Dogmatismus. Zu wenig lässt einen schlicht in Dummheit verfallen.

Das Feuer (der Wille) in Maßen gibt Energie und Antrieb, zu viel explodiert in wildem Zorn oder verbissenem Ehrgeiz. Zu wenig bedeutet Lethargie und Resignation.

Das Wasser (die Gefühle) im richtigen Maß schenkt lebendige Empfindungen und eine kreative Phantasie, zu viel davon Tränenrührseligkeit und Verschwimmen in Traumwelten. Zu wenig führt zu einem kalten Herzen und zu Gefühllosigkeit.

Wann immer Sie vor einer wichtigen Entscheidung stehen, halten Sie einmal kurz inne, und prüfen Sie, wie weit die vier Elemente im richtigen Mischungsverhältnis stehen. Wenn Sie unsicher sind, begeben Sie sich in Ihren magischen Kreis, und rufen Sie die Elementarkräfte zu Hilfe. Achten Sie darauf, dass nicht eine Kraft die andere beherrscht, dass nicht das Gefühl den Verstand, nicht das Wollen die Machbarkeit dominiert. Alle Entscheidungen im Leben werden aus diesen vier Ingredienzen gemischt. Wenn das, was dabei herauskommt, Sie zufrieden stellt, dann war es wahre Kunst.

Das Maß aller Dinge

Das Maß aller Dinge sind Sie selbst. Mit Ihrem freien Willen und der Macht Ihrer Gedanken gestalten Sie die Wirklichkeit. Was darin gut oder böse, Licht oder Schatten, Sünde oder Tugend ist, bewerten Sie. Es gibt keine höhere Instanz, die es besser weiß.

In einem stellenweise sehr klugen Buch finden Sie diese Aussage vom Propheten Jesaja bestätigt: »Das Licht bilde ich und erschaffe die Finsternis; ich bewirke das Heil und schaffe das Unheil! Ich, der Herr, bin es, der all dieses wirkt.« (Jes. 45,7)

Das ist jedoch kein Freibrief für Sie, jetzt jede Hemmung fallen zu lassen und jedes Gesetz zu übertreten – das zumindest sollten Sie inzwischen auch erkannt haben. Denn was immer Sie in der Wirklichkeit gestalten, wirkt auf Sie zurück.

Das ist die Verantwortung, die Sie übernehmen. Im äußeren Handeln kann es geschehen, dass Sie von der Gemeinschaft, in der Sie leben und auf die Sie angewiesen sind, gemaßregelt werden, wenn Sie das Gleichgewicht stören. Und diese Gemeinschaft, das sind nicht nur die Familie, die Kollegen, die Nachbarn, nicht nur die Bürger Ihres Landes oder die Völker der Welt, das sind alle Lebewesen, einschließlich des Planeten Erde.

Magie kann beides – Gutes und Böses – wirken. Sie entscheiden, zu welchem Ergebnis ihr magisches Handeln führen wird.

Im inneren Leben wirkt es genauso auf Sie zurück – Sie erinnern sich an den magischen Grundsatz: »Wie oben, so unten, wie innen, so außen ...« Damit entscheiden Sie selbst, ob Ihre Unterwelt – Ihr Unbewusstes – eine Hölle voller Qualen ist oder nur eine andere, ungemein fruchtbare, bunte und lebendige Welt voller Überraschungen. Mit allem, was in diesem Buch über die schwarze Magie geschrieben wurde, können Sie Schaden anrichten, Macht über andere ausüben und sie ihrer Kraft berauben. Mit allem, was in diesem Buch über die schwarze Magie geschrieben wurde, können Sie Schäden heilen, Macht über sich gewinnen und Kraft aus sich selbst schöpfen. Es liegt in Ihrer Verantwortung, was Sie damit tun. Es liegt in Ihrer Verantwortung, was dann mit Ihrem Leben passiert. Denn: Magie ist wertfrei.

Literatur

Mythos und Mysterien

Bancroft, Anne: Ursprünge des Heiligen, Walter, Düsseldorf 1993. *Leicht verständliches Werk über die Mystik der alten Völker*

Campbell, Joseph: Der Heros in tausend Gestalten, Insel, Frankfurt 1999. *Ein Klassiker unter den Werken, die sich mit den hintergründigen und übergreifenden Bedeutungen der Mythen, Sagen und Märchen beschäftigt*

Capra, Fritjof: Das neue Denken, Knaur, München 1998. *Beschreibt die zarten Bande zwischen Naturwissenschaft und Mystik*

Die Bibel, Verlag des Borromäusvereins, Bonn 1966. *Ein stellenweise verblüffendes Buch*

Giebel, Marion: Das Geheimnis der Mysterien, Artemis & Winkler, 1990. *Detaillierte und spannend aufbereitete Darstellung der klassischen Mysterienkulte*

Messadié, Gerald: Teufel, Satan, Luzifer, dtv, München 1999. *Eine detaillierte und außerordentlich erfrischende Herkunftsgeschichte des Teufels*

Wilber, Ken: Eine kurze Geschichte des Kosmos, Fischer, Frankfurt 1997. *Na ja, kurz ist etwas untertrieben für diese umfassende Beschreibung der Evolution*

Wilber, Ken: Vom Tier zu den Göttern, Herder 1997. *Wie der Mensch zum Glauben kommt*

Zingsem, Vera: Göttinnen großer Kulturen, dtv, München 1999. *Gute Quellentexte, anregende Vergleiche*

Magie allgemein

Budapest, Zsuzsanna: Der Einfluss der Schicksalsgöttinnen, Knaur, München 1999. *Über das Wirken der Nornen in den unterschiedlichen Lebensphasen*

Carrol, Peter James: Liber Kaos, Ananael, Bad Ischl 1994. *Eine Empfehlung für Unerschrockene*

Dvorak, Josef: Satanismus, Heyne, München 1994. *Eine etwas abgehobene Szenebeschreibung*

Fries, Jan: Visuelle Magie, Edition Ananael, Bad Ischl 1995. *Präzise Anweisungen und Übungen zum Visualisieren und den Umgang mit den magischen Kräften*

Fries, Jan: Helrunar, Ananael, Bad Ischl 1997. *Weiterführendes für Runen-interessierte*

Gabriel, Vicky: Der alte Pfad, Arun, Engerda 1999. *Erfreulich pragmatische Hinführung zur Naturreligion, ohne Schnörkel, aber mit einem Lächeln geschrieben*

Goethe, Johann Wolfgang: Faust, Goldmann, München 1995. *Goethes Faust ist der Spezialist in schwarzer Magie – alle Vorurteile sind in dem Werk sauber literarisch verarbeitet!*

Graves, Tom: Wyrd positiv, Neue Erde, Saarbrücken 1995. *Wie man das Chaos im Leben sinnvoll nutzt*

Kickhefer, Richard: Magie im Mittelalter, dtv, München 1995. *Basiswissen über die Entwicklung der Magie*

Lerch, Frank: Nightworks, Bohmeier, Lübeck 1998. *Eine Empfehlung für ganz Hartgesottene*

Lévi, Eliphas: Transzendentale Magie, Ansata, München 1998. *Der Klassiker seit 200 Jahren, aber nicht eben leicht zu lesen*

Maliza, Enrico: Das Hexenrezeptbuch, Goldmann, München 2000. *Prächtig recherchiertes Werk über die alten Rezepte und Zaubersprüche*

Sandra: Weiße Magie, schwarze Magie, Satanismus, Goldmann, München 1999. *Für eine Hexe ziemlich einseitig angelegt*

Symonds, John: Aleister Crowley, das Tier 666, Heyne, München 1997. *Man muss ihn kennen, nicht lieben, den Altmeister der Magie*

Wolf, Katja: Magie, Knaur, München 1992. *Eine unterhaltsame Beschreibung der Kunst des Wollens und der Macht des Willens*

Psychologie

Abrams, Jeremiah und Zweig, Connie (Hrsg.): Die Schattenseite der Seele, dtv, München 1991. *Inspirierende Textzusammenstellung zu diesem Thema*

Bischof, Norbert: Das Kraftfeld der Mythen, Piper, München 1998. *Die Verbindung zwischen Persönlichkeitsentwicklung und den Abenteuern der mythischen Helden*

Feinstein, David und Krippner, Stanley: Persönliche Mythologie, Heyne, München 1995. *Wie wir unsere eigenen Mythen schaffen und sie umschreiben können*

Richter, Horst-Eberhard: Umgang mit Angst, Econ, München 2000. *Die Hintergründe der Angst – ein wichtiges Buch*

Seiler, Susanne G.: Die richtige Therapie finden, rororo, Reinbek 1998. *Ein Verzeichnis aller ganzheitlichen Therapien*

Chaos

Briggs John: Chaos, Carl Hanser Verlag, München 1993. *Wundervoll bebildertes, leicht verständliche Werk*
Cohen, Jack, Steward, Ian: Chaos und Antichaos, dtv, München 1994. *Über das Einfache im Komplexen und umgekehrt*
Gleick, James: Chaos – die Ordnung des Universums, Knaur, München 1990. *Einigermaßen leicht zu lesen*

Tarot und Kabbala

Wolf, Katja: Der kabbalistische Baum, Knaur, München 1989. *Leicht verständliche Kabbala*
Leuenberger, Hans-Dietrich: Der Baum des Lebens, Bauer, Freiburg 1993. *Die Verbindung zwischen Tarot und Kabbala*
Banzaf, Hajo: Der Crowley-Tarot, Kailash, 1991. *Deutung der Karten und ihre Analogien zu Kabbala, Astrologie, Runen und I Ging*

Traum und Trance

Aeppeli, Ernst: Der Traum und seine Deutung, Knaur, München 1984. *Ein Basiswerk und Klassiker*
Grasse, Ellen: Traum, Tod, Transzendenz, Knaur, München 1994. *Gute Deutungstechnik mit umfangreichem Traumsymbollexikon*
Linn, Denise Whitefeather, Ein Kissen voller Träume, Smaragd, Neuheit, o.J. *Anregend vor dem Schlafengehen mit kurzem Traumlexikon*
Holloway, Gillian: Der Traumführer – Wege zum Selbst, Herder, Freiburg 1995. *Gute Anleitung zur Traumdeutung im Kontext*
Jung, Carl Gustav: Traum und Traumdeutung, dtv, München 1990. *DER Klassiker*
Tegtmeier, Ralph: Die heilende Kraft der Elemente, Heyne, München 1986. *Tattwa-Therapie, griffig und leicht verständlich dargestellt*
Starhawk: Wilde Kräfte, Bauer, Freiburg 1987. *Ein Buch über die Kraft der Angst und ihre Transformation*

Nachschlagewerke

Biedermann, Dr. Hans: Lexikon der magischen Künste, VMA, Wiesbaden 1998. *Historische Magie, Alchemie, Geheimlehren und Zauberkunst*

Biedermann, Dr. Hans: Knaurs Lexikon der Symbole, Knaur, München 1998. *Sehr gut beschriebenes alphabetisches Nachschlagewerk*

Bauer/Dümotz,Golowin: Lexikon der Symbole, Heyne, München 1995. *Nach Themenkreisen aufbereitetes, ausgefallenes Nachschlagewerk*

Gerlach, Walter: Das neue Lexikon des Aberglaubens, Piper, München 2000. *Als Analogiekunde nicht schlecht*

Gottschalk, Herbert: Lexikon der Mythologie, Heyne, München 1993. *Ein Handwerkszeug jeden Magiers!*

Miers, Horst E.: Lexikon des Geheimwissens, Goldmann, München 1993. *Ein Nachschlagewerk über Logen und Orden*

Monaghan, Patricia: Lexikon der Göttinnen, O.W. Barth, Bern 1997. *Umfassende Aufstellung der Göttinnen aus aller Welt*

Pickering, David: Lexikon der Magie und Hexerei, Bechtermünz, München 1999. *Was man zu den mittelalterlichen Hexen wissen muss*

Walker, Barbara: Die geheimen Symbole der Frauen, Heyne, München 2000. *Viele Symbole aus weiblicher Sicht gedeutet*

Walker, Barbara G.: Das geheime Wissen der Frauen, dtv, München 1995. *Götter, Göttinnen und Heilige in neuem Blickwinkel dargestellt*

Impressum
© 2001 W. Ludwig Buchverlag, München in der Econ Ullstein List Verlag GmbH & Co.KG, München

2. Auflage 2001

Redaktion
Margit Brand

Projektleitung
Karin Stuhldreier

Redaktionsleitung
Dr. Reinhard Pietsch

Bildredaktion
Gabriele Feld

Umschlag
Hempel/Langkau, München

DTP/Satz
Mihriye Yücel

Produktion
Manfred Metzger (Leitung), Annette Aatz, Monika Köhler

Printed in Slovenia
Gedruckt auf chlor- und säurearmem Papier

ISBN 3-7787-3928-X

Über die Autorin

Ansha beschäftigt sich seit vielen Jahren mit Magie und artverwandten Gebieten. Sie versucht eine Synthese zwischen alten magischen Praktiken und den neuesten wissenschaftlichen Erkenntnissen herzustellen - Beziehungen, die insbesondere in den Bereichen Physik, Psychologie und alternativen Heilmethoden bestehen.

Bildnachweis

Die Illustrationen stammen von Beate Brömse, München

AKG, Berlin: 12, 15, 93, 122, 126, 133, 144, 142, 160, 176; Dr. Bahnmüller, Geretsried: 22 (Lisa Bahnmüller), 152; Bildarchiv Steffens, Mainz: 80; BPK, Berlin: 147 (J. P. anders), 162 (Joseph Martin), 179; Rainer Binder, München: 43; Fotoarchiv, Essen: 10 (Toma Babovic), 26, 28 (Owen), 38, 40, 48, (Markus Matzel), 55 (Henning Christoph), 61, 82, 94 (Claus Meyer), 74 (Dan McCoy), 101 (Bernhard Nimtsch), 102 o. (Fred Ward), 107 o. (Glenn Oakley), 148 (P.R. Well Dunn), 167 (Max Schmid), 208 (Andreas Riedmiller); Image Bank, München: Titel / Fond (Pete Turner), Titel/ Einklinker (J.W.Burkey); Jump, Hamburg: 174 (Annette Falk); Mendell Institut: 58; Okapia, Frankfurt: 79 (NAS/T. Mc Hugh), 97, 103, 104 u. (Hans Reinhard), 100, 107 u. (Harald Lange), 102 u. (Raimund Cramm), 104 o. (Henry Ausloos), 105 u. (Nas N. Smythe), 106 u. (J. L. Klein), 105 o.; Felix Paturi: 207; Südwest Verlag, München: 66, 69 (S. Sperl), 137, 112, 174; Tony Stone, München: 154 (S. Ellis); Transglobe, Hamburg: 30 (Wolfgang Watzl), 33 (TWSF), 236 (König); Visum, Hamburg: 19 (José Manuel Navia), 20 (Jörg Axel Fischer), 70 (Gerd Ludwig), 76 (IMS), 106 o. (Frank Siemers); Zefa, München: 210

Anmerkung der Redaktion

Diesem Buch liegt die im Juli 1996 in Wien beschlossene und seit 1.8.1998 verbindliche Neuregelung der deutschen Rechtschreibung zu Grunde.

Hinweis

Das vorliegende Buch ist sorgfältig erarbeitet worden. Dennoch erfolgen alle Angaben ohne Gewähr. Weder Autorin noch Verlag können für eventuelle Schäden, die aus den im Buch gemachten Hinweisen resultieren, eine Haftung übernehmen.

Register

Aberglaube 90ff.
Affirmationen 145
Aggressionen 75ff., 80, 103
Alpträume → Träume
Amulette 40, 62, 67
Analogiezauber 8, 64ff., 92
Ängste 13f., 16ff., 43, 45ff., 50, 53, 74, 84, 90ff., 97, 109f., 112, 120, 123ff., 128f., 165ff., 193
– bannen 132
Angsttagebuch 46f.
Archetypen 86, 112, 139ff., 147, 185, 218ff., 233
Arkana 112
Aura-Dusche 59
Aura-Magie 57
Autogenes Training 85

Bannrituale 8
Basistechniken der Magie 49ff.
Baum umarmen 51
Bewusstsein 13, 135
Bly, Robert 157
Buddhismus 173

Carroll, P.J. 145
Chaos 211ff.
Chaosmagie 232ff.
Charakterzüge 149f.
Crowley, Aleister 31f.

Dämonen 43f., 45, 47, 53, 109, 120, 123ff., 128ff., 142, 149, 151, 164ff., 169, 171, 222, 233
Dee, Dr. John 61
Demeter-Mythos 178ff.
Diebe 111
Dionysos 221f.
Divinationen 62
Drache 126
Drogen, bewusstseinsverändernde 42
Duftöle 54f., 60, 69

Echsen 102f., 126
Einbildung 90
Ekel 77ff., 90, 95, 124
Ekstase 79, 87, 222, 232f.
Elemente 54, 88, 240
Engel 9, 56f., 141, 233
Entropie 213
Erde (Element) 54, 56, 89, 216, 240
Erde, Beschäftigung mit 51
Erden, küchenmagisches 52
Erdung 50ff., 146
Erdungshaltung, klassische 50f.
Erlösung 151ff.
Erzengel siehe Engel
Esoterik 24f.
Ethik/Moral 27f.
Evokationen 141ff., 185
Exorzismus 35, 155

Fabelwesen 99f.
Farben 65, 146
Feen 108f.
Fetische 40, 92, 143
Feuer 54, 56, 88, 216, 240
Fische 104, 127
Fledermäuse 105, 127
Fliegen 101f., 126
Fluch 72, 92
Formalismus 63
Freiheit 237ff.
Freud, Sigmund 83
Fruchtbarkeit 79
Fünfstern ziehen 53f.

Gabriel, Erzengel 56
Gardner, Prof. Dr. Gerald 32
Gehenna 175
Geier 105
Gespenster 109
Gewalttätigkeit 77, 79
Gilgamesch-Epos 172
Glaskugel 68
Glaube 90
Gleichgewicht, inneres 53
Gnosis 232f.
Götter/Göttinnen 168, 233
– bei den Ägyptern 169
– bei den Germanen 171f.
– bei den Griechen 170f.
– bei den Kelten 169f.
– bei den Römern 171
– in Mesopotamien 172
Graue Eminenz 110, 128
Grimoires 40, 100
Große Mutter 152f.
Grundsätze, magische 136ff.
Gut und Böse 237ff.

Halbgott in Weiß 110, 128
Hekate 192ff.
Hel 195ff.
Henochsche Magie 61
Hermes Trismegistos 137
Hexen 111, 128, 155, 178, 193, 214
Hinduismus 173
Hohe Magie, Grundtechniken 135ff.
Hölle 163f., 177, 182ff. → Unterwelt

I-Ging-Hexagramme 67
Imaginative Magie 9, 65
– Grundtechniken 83ff.
Inanna 172, 206ff.
Individualität 237
Initiation 8, 80f., 182
Innenwelten 89
Inquisition 43, 155
Inspiration 13, 118
Intuition 198, 240
Invokationen 144ff.

Jugendsatanismus 37f.
Jung, Carl Gustav 83, 138

Kaiser 216ff.
Kali Ma 228ff.
Karma 25
Karten 67, 93, 111
Katzen 106, 127
Käuze 105
Kerzen 54, 68
Kind, göttliches 142
Kirlian-Fotografie 57
Klangschalen 59
Knoblauch 65
Konfuzianismus 173
Kore 178f., 181
Krafttier, schamanisches 57, 97f.
Kräuter 65, 199
Krebserkrankungen 43
Kreis, magischer 54f.
Kröten 104, 127

La Vey, Anton Szandor 32, 36
Lavendel 60
Lerch, Frank 81
Lévi, Eliphas (Alphonse-Louis Constant) 49, 90
Licht 25, 56
Liebesmagie 26

Loki 224ff.
Luft (Element) 54, 89, 216, 240
Lustangst 17
Luzifer 200ff.
Malizia, Enrico 41
Manson, Charles 32
Mäßigkeit 239ff.
Messadié, Gerald 171, 175
Michael, Erzengel 53, 56, 102
Mobbing 43
Mond 117f., 168
Mörder 111
Musik 34, 69
Mütter, mächtige 111, 128
Mysterien von Eleusis 178ff.
Mystery/Mysterium 17ff., 136, 178
Narr 215ff.
Neptun 218ff.
Nervosität 50, 53
Nestelknüpfen 92
Nornen 197ff., 223
Numerologie 67
Odin 222ff.
Ogam (kelt. Baumalphabet) 67
Opferkulte, archaische 73f.
Ordnung 213f., 216
Orgasmus 79
Panikattacke 132
Pendel 68
Pentagramm 54, 69
Placebos 42
Pluto 189ff.
Poltergeister 109
Projektionen 160f.
Prophezeiung, sich
selbst erfüllende 93
Psyche 8, 12, 118
Psychologie 83f.
Psychopharmaka 44
Püppchen 92
Raphael, Erzengel 56
Ratten 106, 127, 191f.
Räucherwerk 55, 59f., 69
Reinigung 29, 58ff., 62, 146
Resonanz 138
Rezepte, magische 40f.
Richter, Prof. Dr. H.-E. 74, 81, 156
Rituale 49, 60ff., 234f.
Ruhelosigkeit 50, 53
Runen 67, 69, 198, 200, 224
Salbei 59
Salz 59, 220
Samadhi-Tank 220
Satan 203ff.
Satanismus 33ff., 47, 232
Saturn 186ff.
Schadzauber 146
Schamanentum 9, 173, 214, 222
Schlange 100, 125f., 203
Schreiben, automatisches 130f.
Schutz-Pentagramm 53
Schutzrituale 8, 53, 146
Schutzübungen 53ff.
Schwarze Magie
– Gefahren 8, 147
– Hohe 46
– imaginative 45
– praktische 45
Schwarze Messe 33f.
Schwarzer Mann 110, 128
Seele 12ff.
Selbsterkenntnis 15, 149f., 161,
166, 200ff.
Sexualität 13, 34, 78ff., 107
Sexualmagie 31, 34
Souveränität 194
Spiegel, magischer 68
Spinnen 101, 126
Spukgestalten schätzen 127f.
Steine, Kraft der 51
Stress 50, 53
Suggestion 41f., 44
Sündenbock 161
Symbole 14, 67ff., 86, 88ff., 112,
124, 143, 146
Sympathiezauber 8, 64, 66, 92, 146
Synchronizität 138f.
Tabus 71ff.
Talismane 62, 65, 67, 143
Tanzen 52
Taoismus 173
Tarotkarten 111ff. s.a. Karten
– Der Gehängte 115f.
– Der Kaiser 216
– Der Magier 233ff.
– Der Mond 117f.
– Der Narr 215f.
– Der Teufel 116f.
– Der Tod 113f.
– Der Turm 114f., 156, 182
Tattwas 88f., 220
Teufel 9, 11ff., 116f., 142, 149,
157ff., 230ff. s.a Satan
Teufelsanbetung 33, 47
Teufelsdreck 64, 77
Teufelskreis 165f.
Tiamat 226f.
Tier 666 siehe Crowley, Aleister
Tiere 95ff.
Tod/Sterben 73ff., 80, 113f.
Traditionen, magische 60f.
Trancen 9, 87f., 97, 99, 140, 143,
146, 183f., 223f., 233
Traumdeutung 86f.
Träume 9, 13, 85ff., 97ff., 118,
123ff., 140, 146, 193
Traumsymbole 68
Traumtiere deuten 125f.
Übungen
– Angsttagebuch 46, 128
– Atemtechnik gegen
die Angst 132
– Den Teufel an die Wand
malen 158f.
– Der blinde Fleck 119f.
– für Unerschrockene 19
Umwelt wahrnehmen 137f.
Unbewusstes 83f., 99, 118,
167, 241
Unglücksrabe 104f.
Unterwelt 14, 140, 169ff., 177,
182ff., 241 s.a. Hölle
Urängste 129
Uriel, Erzengel 57
Verführung 203ff.
Verhaltenskodex 23f.
Visualisieren 9, 55f., 84f., 146, 183
Wahnsinn 221f.
Wahrsagen 8
Wasser (Element) 54, 56, 89, 216,
219f., 240
Weihrauch 59
Weiße Magie 9, 21ff., 45, 234
Werteskala 21ff., 26, 28, 35f.
Whitmont, Edward C. 209
Wicca-Kult 32
Wilber, Ken 140
Wolf/Werwolf 107, 127
Wünschelrute 68
Wünschen/Wollen 9, 145ff.
Würmer 100f., 126, 129
Yggdrasil (Weltenbaum) 197
Yoga 88f.
Zarathustra 174
Zauber, praktischer 64ff., 146
Zaubertrank 41
Zehn Gebote 22f.
Zeichnen, automatisches 130
Zeremonialmagie 61
Ziegenbock 107